리라이팅 클래식 004

# 장자,
## 차이를 횡단하는 즐거운 모험

**리라이팅 클래식 004**
**장자, 차이를 횡단하는 즐거운 모험**

초판 1쇄 발행 _ 2007년 8월 10일
초판 12쇄 발행 _ 2014년 1월 25일

지은이 _ 강신주

펴낸이 _ 노수준 · 박순기
펴낸곳 _ (주)그린비출판사 · 등록번호 제313-1990-32호
주 소 _ 서울시 마포구 동교로17길 7, 4층(서교동, 은혜빌딩)
전 화 _ 702-2717 | 팩 스 _ 703-0272

그린비 출판사 나를 바꾸는 책, 세상을 바꾸는 책
홈페이지  www.greenbee.co.kr
전자우편  editor@greenbee.co.kr

리라이팅
클래식
004

# 장자,
## 차이를 횡단하는
## 즐거운 모험

강신주 지음

B
그린비

# 책을 시작하며

아직도 많은 사람들은 장자의 사유를 노자철학의 각주 정도로 이해하고 있습니다. 그러나 나는 장자에게서 노자를 발견할 수 없었습니다. 처음에는 이런 인상이 『장자』를 제대로 이해하지 못해 생긴 결과라고 믿고 싶었습니다. 그러나 아무리 반복해서 『장자』를 읽어 보아도 나의 첫인상은 변하지 않았습니다. 아니 오히려 지금까지 그렇게 오해된 장자를 보면서 나는 몹시 억울하다는 생각마저 들었습니다. 그런데 얼마 지나지 않아 나는 그런 오해들이 단순한 무지의 결과가 아니라는 것을 알게 되었습니다. 그것은 장자철학이 지닌 혁명성을 은폐하려는 무의식적인 저항 때문에 가능했던 일이기 때문입니다.

처음 그린비 식구들이 『장자』에 대한 글을 부탁했을 때 나는 많이 망설였습니다. 이미 과거에 장자와 관련된 책을 세 권이나 출판하였기 때문입니다. 유사한 글을 다시 쓴다는 것은 나 자신이나 독자들에게 있어 전혀 도움이 되지 않는 일일 테니까요. 그러나 나는 이번 기회에 『장자』에 등장하는 아나키즘적 전통에 대해 글을 써야겠다는 결단을 내리게 되었습니다. 결국 나는 다시 『장자』를 꺼내 들고 새로운 마음으로 읽기 시작했습니다. 그런데 얼마 지나지 않아 나는 『장자』가 내 자신에게 매우 새로운 의미로 다가오는 뜻하지 않은 경험을 하게 되었습니다. 물론 그렇다고 해서 이전에 내가 썼던 책들이 잘못되었다는 말은 아닙니다. 좀더 전체적인 시선에서 나는 장자의 문제의식, 철학적 해법 그리고 정치철학적 함축들을 조망할 수 있게 되었다는 말입니다. 그래서 이제야 나는 내가 하려고 했던 것을 제대로 말할 수 있게 되었다고 확신합니다.

장자에게 그의 철학을 돌려주기! 켜켜이 쌓인 해묵은 오해의 지층들을 뚫고서 장자라는 샘물이 우리에게 다시 용솟음치도록 만들기! 『장자』에는 노자사상을 위험에 빠뜨릴 수 있는 매우 혁명적인 사유가 숨겨져 있습니다. 그것은 망각과 연대의 실천 철학이라고 불릴 수 있을 만한 아주 근본적인 사유이지요. 망각과 연대는 간명하게 표현하자면 소통(疏通)이라는 말로 정리될 수 있을 것입니다. 그런데 소통이라는 개념을 '커뮤니케이션'(communication)이라는 용어와 혼동하지는 마십시오. 커뮤니케이션은 어원 그대로 어떤 공적인 (communis) 영역의 권위를 전제하는 개념입니다. 그래서 이 개념은 자유로운 혹은 야생적인 개체를 주어진 공동체의 규칙으로 몰아넣는다는 의미를 갖습니다. 이와 달리 소통은 글자 그대로 '막힌 것을 터버린다'는 뜻의 소(疏)와 '새로운 연결'을 뜻하는 통(通)의 의미를 동시에 지니고 있는 개념입니다. 결국 이 개념은 기존의 고정된 삶의 형식을 극복하여 새로운 연결과 연대를 모색하려는 의지를 반영한다고 할 수 있습니다. 보수적인 의미를 갖는 커뮤니케이션과는 달리 소통이란 개념이 혁명적인 뉘앙스를 갖는 것도 이런 이유에서입니다.

장자의 정신은 "도는 걸어가야 이루어진다", 즉 "도행지이성"(道行之而成)이라는 짧은 구절에 잘 응축되어 있습니다. 노자를 포함한 대부분의 사상가들에게 도는 우리가 구성하는 것이 아니라, 우리가 발견해야만 하는 지고한 대상이었습니다. 그리고 그들은 도를 발견하여 신처럼 떠받들 수 있다면, 우리의 삶은 장밋빛과 같을 것이라고 기대에 차서 선전하고 다녔습니다. 그러나 이 대목에서 장자는 삶을 부정하는 어두운 정조를 발견하게 됩니다. 흔히 진리가 우리를 자유롭게 한다고들 이야기합니다. 그러나 장자는 이런 주장에 단호하게 반대합니다. 진정으로 자유로울 수 있을 때에만 우리는 진리를 창조할 수 있기 때문입니다.

진정한 자유는 종교, 국가, 자본 등 초월적 가치라고 생각되는 것들을 완강히 거부하고, 우리의 삶을 되찾는 것으로부터 시작됩니다. 지금까지 우리는 자신의 삶을 불완전하고 부정적인 것으로서 폄하해 왔습니다. 그만큼 종교, 국가, 자본 등의 초월적 가치들이 우리의 삶을 좀먹고 있었던 것이지요. 그것들은 바로 우리의 불행과 우울을 먹고 증식되는 가치들입니다. 그러나 이제 우리들은 자신의 고유한 삶을 되찾고 자신의 삶을 자랑스럽게 드러낼 필요가 있습니다. 오직 이럴 경우에만 우리들은 자유를 되찾을 것이고, 지금까지 우리 삶에 기생해 왔던 초월적 가치들을 단호하게 끊어낼 수 있을 것입니다.

분명 우리가 갈 길은 멀고도 험합니다. 우리의 자유는 오직 자유로운 연대의 구성에 의해서만 항구적으로 지켜질 수 있는 것이기 때문입니다. 장자도 기존의 모든 초월적 가치를 단순히 거부하는 데에만 만족하지 않았습니다. 바로 그 점으로부터 한 발자국 더 나아갈 필요가 있기 때문이었습니다. 타자와의 자유로운 연대를 구성하는 일이 바로 그것입니다. 새로운 연대를 통해서만이 우리는 해묵은 우울함을 버리고 유쾌함의 전망을 이 세계에 번식시킬 수 있을 것입니다. 지금까지 우리는 자유로운 연대가 외적인 압력으로, 혹은 내부적인 문제로 좌절된 역사를 오래도록 경험해 왔습니다. 그러나 경쾌한 발걸음으로 우리가 함께 어깨를 맞대고 걸어갈 수만 있다면, 우리의 꿈은 결코 실현 불가능한 것이 아닙니다.

그러나 잊지 말아야 할 중요한 점이 있습니다. 자유로운 개체들의 연대는 타자에 대한 맹목적인 애정이나 민중들에 대한 연민의 감정으로부터 모색되어서는 결코 안 된다는 점입니다. 그렇게 된다면 연대의 운동은 또 다시 초월적 가치의 형태들 가운데 하나로 전락하고 말 것입니다. 우리가 추구하는 자유로운 개인들 간의 연대, 그것은 오직 우리 자신의 삶을 되찾기 위한, 그리고 우리 자신의 삶을 지키기 위한 불가피한 운동으로 진행되어야만 합니다. 다시 말해 이 운동은 그 자체로서 우리 삶의 전체 과정이 되어야 한다는 것입니다. 오직 그럴 때에만 우리의 삶과 연대는 비로소 수단과 목적이 통일된 유쾌한 대장정이 될 수 있을 것이기 때문입니다.

이제 시작하는 말을 마무리할 시간이 된 것 같습니다. 지금 내 눈 앞에는 이 책이 근사한 모습으로 나올 수 있도록 도와준 많은 분들의 얼굴이 스쳐지나갑니다. 초롱초롱한 눈으로 내 강의를 들어 준 사랑하는 학생들, 그리고 나를 아껴주신 익명의 독자 여러분, 자신들이 수줍게 던진 많은 질문들이 나에겐 무엇과도 바꿀 수 없었던 훌륭한 스승이었다는 사실을 그들은 알고 있을까요? 또 거친 초고를 읽고 제게 유익한 조언을 해준 그린비의 여러 식구들도 머릿속에 떠오르는군요. 그들의 도움이 없었다면 이 책이 지금과 같은 모양으로 나올 수 없었을 것입니다. 감사합니다. 여러분 모두 기대하지 않은 행운과 자주 만나게 되길 기원합니다.

2007년 7월

강신주

## :: 차 례

# 프롤로그 _ 겨울산의 차가운 바람소리

바람을, 그것도 몸이 날아갈 듯 불어오는 겨울바람을 경험해 본 적이 있는가? 정신을 쏙 빼놓을 정도의 강한 바람을 맞으며 끝도 보이지 않는 길을 걸어가 본 적이 있는지? 매년 한 해가 가기 전 추운 겨울에 나는 소백산(小白山)으로 떠난다. 그곳에는 우리가 상상하지 못할 칼 날 같은 매서운 바람들이 모여살기 때문이다. 보통 소백산하면 사람들은 능선에 아름답게 핀 화려한 철쭉꽃, 그리고 그 꽃을 부드럽게 애무하는 봄바람을 연상하곤 한다. 그러나 진정으로 매력적인 소백산의 정경은 겨울이 되어야만 만날 수 있다.

　내게 있어 소백산은 모든 것을 날려 버릴 것만 같은 강력한 바람으로 기억되는 산이다. 소백산으로 떠나기 전날 밤, 나는 배낭을 꾸리며 어린 아이처럼 흥분한다. 나 없이 외롭게 불고 있을 바람이 마치 나를 기다리고 있을 것만 같다. 겨울의 소백산을 상상하는 나의 설렘, 그것은 아름다운 사람을 처음으로 만날 때의 기대 그 이상이다. 내일이면 나는 소백산의 겨울바람, 나를 하늘로 솟구치게 할 것만 같은 차가운 바람 속에 내던져져 있을 것이다.

소백산은 지형학적으로 볼 때 단양으로 이어지는 북쪽의 경사로가 완만하다. 이와 달리 남쪽으로는 급경사를 이루며 풍기와 영주로 이어진다. 한편 동서 방향으로는 길게 능선을 이루고 있다. 그래서 그런지 겨울에 소백산의 바람은 유독 거칠고도 날카롭다. 저 멀리 시베리아에서 불어오는 바람들이 단양 쪽의 완만한 경사를 타고, 마치 깔때기에 물이 모이듯 함께 모여 예상치 못한 거대한 바람으로 불어 닥치기 때문이다. 이렇게 만들어진 강력한 바람이 소백산 능선을 넘어 다급하게 풍기와 영주 지방으로 떨어져 내려온다.

이 때문에 풍기와 영주 지역의 사과는 제대로 익을 틈이 별로 없다고 한다. 바람이 모든 것을 세차게 떨어뜨리기 때문이다. 특히 풍기 지역의 바람은 예나 지금이나 그 강력함으로 매우 유명하다. 그러나 사실 이것은 단양과 영주를 동서로 가르는 능선 위에서 맞는 바람에 비하면 아무것도 아니라고 할 수 있다. 소백산의 능선은 거의 8시간 정도 걸어야 완주할 수 있는 곳이다. 능선을 타는 사람이라면 그 누구라도, 단양에서부터 불어오는 강력한 바람이 자신을 영주 지방으로 날려 보낼 것만 같은 매서운 경험을 8시간 내내 맛봐야만 한다.

아직도 해가 뜨지 않은 이른 시간에 나는 차에 몸을 싣고 소백산 능선이 시작되는 죽령(竹嶺)으로 향했다. 죽령은 충청북도의 동쪽 끝에 위치한 단양으로부터 경상북도의 풍기로 넘어가는 아주 높은 고갯길이다. 나는 죽령에서부터 시작하여 동쪽 방향으로 연화봉에 올라, 능선을 타고 소백산 정상인 비로봉(1440m)에 다다르는 길을 특히 좋아한다. 이 코스에서 나는 휘몰아치는 겨울바람과 그야말로 본격적으로 만날 수 있기 때문이다.

꾸불꾸불한 도로를 타고 한참을 오른 뒤 마침내 우리의 차는 죽령에 이르렀다. 차문을 열자마자 예상보다 더 강력한 바람이 서늘한 냉기를 품은 채 차 안으로 거세게 밀려 들어온다. 심호흡을 하고 차에서 내리자마자 나의 몸이 바람결에 휘청거린다. 바로 코앞에서 불어 닥치는 강력한 겨울바람에 나는 눈을 뜨기조차 버겁다. 벌써 나의 방문을 알고 있기라도 하듯 소백산이 만만찮은 바람의 사신을 보낸 것만 같다. 서 있기조차 몹시 힘들다. 나는 서둘러 근처 죽령 휴게소로 누구에게 쫓기기라도 하듯 떠밀려 갈 수밖에 없었다.

\* \* \*

사실 『장자』(莊子)를 읽는다는 것은 자신을 공중으로 들어 올렸다가 속절없이 내팽개치는 강력한 겨울바람과 마주치는 일과도 같다. 겨울과 이른 봄을 피해 소백산에 들른 등산객들은 이 산을 따뜻하고 부드러운 여성적인 산으로 기억한다. 어쩌면 그들은 철쭉제에 함께 참여해서 미풍을 맞으며 막걸리라도 한잔 걸칠 수 있을지도 모르겠다. 그러나 그 누구도 왜 소백산 능선 주변에 나무들이 그토록 잘 자라지 못하는지에 대해서는 별로 주목하지 않는다. 겨울에 소백산 능선을 타 본 사람만이 그 이유를 알고 있을 것이다. 그렇게도 강력한 겨울바람을 맞고 어느 나무인들 크게 성장할 수 있겠는가?

아직도 많은 사람들에게 『장자』는 철쭉제와 같은 따뜻한 훈기를 주는 고전으로 읽히고 있다. 물론 이것 역시 가능한 독법의 하나일 수 있다! 그러나 천지를 뒤흔들 것 같은 겨울바람의 흔적을 철쭉이 지니고 있듯, 『장자』의 따뜻함 또한 모든 것을 쓸어버릴 강력한 바람의 흔적을 감추고 있다. 『장자』에 나오는 다음과 같은 얘기를 한번 들어보았는지?

대지의 기운을 내뿜는 것을 바람이라고 말한다. 이것은 일어나지 않으면 그뿐이지만, 일어나기만 하면 모든 구멍이 성난 듯이 울부짖는다. 너는 무섭게 부는 바람소리를 듣지 못하였는가? 높고 깊은 산이 심하게 움직이면 백 아름이나 되는 큰 나무의 구멍들, 마치 코처럼, 입처럼, 귀처럼, 병처럼, 술잔처럼, 절구처럼, 깊은 웅덩이처럼, 좁은 웅덩이처럼 생긴 구멍들이 각각 물 흐르는 소리, 화살 나는 소리, 꾸짖는 소리, 숨을 들이마시는 소리, 울부짖는 소리, 아우성치는 소리, 탁하게 울리는 소리, 맑게 울리는 소리 등 온갖 소리를 낸다. 앞의 것들이 '우우' 하고 소리를 내면 뒤의 것들은 '오오' 하고 소리를 낸다. 산들 바람에는 작은 소리로 대답하고, 거센 바람에는 큰 소리로 대답한다. 그러다가 사나운 바람이 가라앉으면 모든 구멍들은 고요해진다. 너는 저 나무들이 휘청휘청하거나 살랑살랑거리는 것을 들어보지 못했는가?─「제물론」

夫大塊噫氣, 其名爲風. 是唯无作, 作則萬竅怒呺. 而獨不聞之翏
부 대 괴 애 기   기 명 위 풍   시 유 무 작   작 즉 만 규 노 효   이 독 불 문 지 료

翏乎? 山林之畏佳, 大木百圍之竅穴, 似鼻, 似口, 似耳, 似枅, 似
료 호   산 림 지 외 가   대 목 백 위 지 규 혈   사 비   사 구   사 이   사 병   사

圈, 似臼, 似洼者, 似汚者, 激者, 謞者, 叱者, 吸者, 叫者, 譹者, 宎
권 사 구 사 와 자 사 오 자 격 자 효 자 질 자 흡 자 규 자 호 자 요

者, 咬者. 前者唱于而隨者唱喁. 泠風則小和, 飄風則大和. 厲風濟
자 교 자 전 자 창 우 이 수 자 창 우 령 풍 즉 소 화 표 풍 즉 대 화 려 풍 제

則衆竅爲虛. 而獨不見之調調, 之刁刁乎?
즉 중 규 위 허 이 독 불 견 지 조 조 지 조 조 호

　　장선생님〔莊子〕이라고 불리는 장주(莊周)의 사유는 무엇보다도 먼저 바람에 대한 사유로 이해될 필요가 있다. 이 세상에는 너무도 많은 바람들이 존재한다. 또 헤아릴 수 없이 많은 구멍들이 동시에 존재하고 있다. 여기에서 내가 강조하고 싶은 것은 바람소리가 가지는 존재론적 위상이다. 바람소리는 누가 가지고 있는가? 바람들 자신이 가지고 있는 소리인가? 아니면 구멍들이 가지고 있는 소리인가? 사실 바람소리는 바람들이 가지고 있는 소리도, 혹은 구멍들이 가지고 있는 소리도 결코 아니다. 그것은 바람과 구멍의 예기치 않은 마주침에서, 다시 말해서 다양한 강도와 방향을 가진 바람 그리고 다양한 모양과 깊이를 가진 구멍 사이의 우연한 마주침에서 만들어진 것이다.

　　흔히 「제물론」(齊物論)을 『장자』에서 가장 중요한 편이라고들 말한다. 그렇다면 이 중요한 편을 시작하는 이야기가 바로 바람과 구멍의 마주침 그리고 그로부터 발생하는 바람소리라는 점은 매우 의미심장하다. 이 대목에서 장자는 바람과 구멍을 통해 과연 무엇을 말하려고 했던 것일까? 그리고 또 이 둘 사이의 마주침이란 사건은 무슨 의미가 있는가? 빈 하늘에 울려 퍼지는 다양한 바람소리들, 그것은 바람과 구멍 그리고 마주침이란 사태가 없었다면 존재할 수 없던 것

들이었다. 어떤 바람과도 마주치지 못하는 구멍 혹은 공허하게 허공만을 가로지르는 바람, 그들 사이에 마주침이란 사건이 없었다면, 이 세상은 거의 존재하지 않는 공백과도 같았을 것이다.

\* \* \*

우리가 잠시 살펴본 '바람 이야기'는 남곽자기(南郭子綦)라는 가상의 인물이 제자 안성자유(顔成子游)에게 자신의 생각을 들려주기 위해 만들어낸 이야기였다. 애써 고안한 '바람 이야기'는 바로 남곽자기가 제자의 질문에 답하기 위한 서막이었던 셈이다. 사실 이 이야기를 하기 전 남곽자기는 제자에게 '땅의 피리'〔地籟〕, '사람의 피리'〔人籟〕, '하늘의 피리'〔天籟〕에 대해, 그리고 이 세 가지 피리소리의 구분에 대해 물어본 적이 있다. 스승의 질문에 당혹해 하던 안성자유는, 세 가지 소리에 대해 다시 한번 선생에게 질문할 수밖에 없었다. '도대체 지금 스승은 무슨 이야기를 하고 싶은 것일까?' 이런 상황에서 남곽자기는 우선 바람 이야기를 아주 길게 들려줄 수밖에 없었다.

역동적이고 생생한 남곽자기의 바람 이야기가 끝을 맺자, 제자인 안성자유는 자신의 생각을 피력하며 여전히 남아 있는 의문을 스승에게 하소연한다. 도대체 '하늘의 피리', 즉 '천뢰'(天籟)란 무엇을 의미하는 것입니까? 남곽자기의 난해한 대답, 마치 선불교(禪佛敎)에서나 볼 수 있는 화두(話頭)처럼 들리는 듯한 다음의 이야기는 바로 이 시점에서부터 시작되었다.

안성자유가 물었다. "'땅의 피리'는 결국 여러 구멍들에서 나오는 소리라고 할 수 있습니다. 반면 '사람의 피리'는 대나무로 만든 악기에서 나는 소리이지요. 그런데 '하늘의 피리'는 어떤 소리인지 듣고 싶습니다."

남곽자기가 말했다. "만 가지로 다르게 소리를 내지만 모두 자신으로부터 연유하는 것이다. 모두 스스로 초래한 소리라면, 그렇게 소리 나도록 한 것은 무엇이란 말인가?" ―「제물론」

子游曰, 地籟則衆竅是已. 人籟則比竹是已. 敢問天籟. 子綦曰, 夫
자유왈 지뢰즉중규시이 인뢰즉비죽시이 감문천뢰 자기왈 부
吹萬不同, 而使其自己也. 咸其自取, 怒者其誰邪?
취만부동 이사기자기야 함기자취 노자기수야

안성자유뿐만 아니라 이 구절을 읽은 그 누구라도 지금 남곽자기가 무슨 이야기를 하려는지 쉽게 이해할 수 없을 것이다. 여러분은 장자의 의도를 진정으로 알고 싶은가? 그렇다면 우리는 하늘의 피리 소리가 과연 무얼 의미하는지 알아보는 일부터 시작해야 할 것이다.

소백산을 제대로 경험해 보고 싶은 사람이라면, 그는 칼날처럼 가파른 능선에서 매섭게 불어 닥치는 겨울바람과 맞설 용기를 가져야만 한다. 죽령 휴게소의 친절한 노부부가 권하는 따뜻한 커피를 마시며, 바람과의 강렬한 마주침을 기대하던 나의 흥분된 감정도 조금씩 가라앉기 시작했다. 이곳에서 나는 아이젠과 스패치, 그리고 두꺼운 장갑을 착용했다. 겨울바람과 제대로 마주치기 위해서는 그에 걸맞는 준비가 필수적이기 때문이다. 조심하라는 노부부의 따뜻한 염려를 뒤로 하고 나는 심호흡을 크게 내쉬면서 휴게소 문을 나섰다.

자, 이제 바람과 마주쳐야 할 시간이다. 그리고 하늘의 피리소리를 들어 보아야 할 순간이 왔다.

*  *  *

『장자』는 작은 산이 아니라, 정상에 오르기까지 수많은 봉우리와 난관을 품고 있는 거대한 산이다. 『장자』는 어느 한 사람에 의해 정합적으로 쓰인 완결된 텍스트가 결코 아니다. 이 텍스트는 다양한 사상적 흐름들이 모여서 내는 일종의 불협화음을 닮아 있다. 장자 본인의 목소리뿐만 아니라, 장자를 진정으로 이해했던 사람들의 목소리, 장자를 좋아했지만 그의 사상을 오해했던 사람들의 목소리, 장자를 팔아서 그와는 전적으로 무관한 사유를 전개했던 사람들의 목소리. 그리고 태생적으로 장자와는 적대적이기까지 했던 노자(老子)를 숭배하는 사람들의 목소리까지, 이 책에는 너무도 이질적인 다양한 사유의 흔적들이 남아 있다.

이 다양한 목소리들이 각기 『장자』라는 거대한 산의 봉우리 하나씩을 형성하고 있다. 아직도 정상 근처에 이르지 못하여 길을 잃고 헤매는 사람들 그리고 정상이 아닌 작은 봉우리를 정상이라고 믿고 있는 사람들, 그런 사람들이 많은 이유가 바로 여기에 있다. 다행스러운 것은 가장 높은 정상에선 장자 본인의 목소리가 겨울산의 바람소리처럼 강렬하게 울려 퍼지고 있다는 사실이다. 이 책을 통해서 나는 장자의 목소리가 울려 퍼지는 이 산의 정상부로 가장 빠르고 효과적으로 독자들을 안내하려고 한다. 따라서 이 길은 콧노래를 부르며 편안하게 오를 수 있는 그런 종류의 가벼운 산책길은 아니다.

나를 따라 독자들은 가장 빠른 직선코스로 장자라는 정상에 이를 수 있는 능선으로 올라설 것이다. 여타의 다른 봉우리들에 한눈을 팔 틈이 별로 없다. 아주 빠르고 경쾌하게 움직여야만 한다. 비록 힘들더라도 한발 한발 능선을 향해 집요하게 오르면, 능선에 올라 땀을 닦는 독자들은 이미 능선이 끝나는 저 먼 지점에서 구름에 덮인 정상의 면모를 발견할 수 있을 것이다. 능선에서부터 정상에 도달하기까지는 대략 세 개의 봉우리들을 넘어서야만 한다.

그 첫째 봉우리는 '장자와 철학'이라는 이름이 붙은 곳이다. 이곳에서 우리는 장자가 타자 그리고 소통의 문제를 집요하게 고민했다는 점을 확인할 수 있을 것이다. 둘째는 '해체와 망각의 논리'라는 이름이 붙은 봉우리이다. 이 봉우리에서 우리는 장자가 말한 해체와 망각이 현실로부터의 도피가 아니라, 타자와 만나는 삶의 세계로 새롭게 출발하는 방법이라는 사실을 이해하게 될 것이다. 마지막 셋째 봉우리는 '삶의 강령과 연대의 모색'이라는 이름이 붙은 곳이다. 이곳에서 우리는 장자가 던지는 최종적인 전언, 즉 "잊어라! 그리고 연결하라!"는 강령이 어떤 사회적·정치적 전망을 가지고 있는지 살펴볼 수 있을 것이다.

능선에 올라서는 것만도 힘든 일이지만, 능선에 올라왔어도 이 세 봉우리를 넘는 것 역시 만만치 않은 일이다. 그래서 나는 「인터메조」라고 불리는 작은 휴식처 두 곳을 각각의 봉우리 사이에 만들어 놓았다. 이곳에서 우리는 주변을 둘러보며 능선 주변의 다른 봉우리들, 조금만 잘못 생각했다면 그리로 오를 수도 있었을 다른 봉우리들을 잠깐 살펴보게 될 것이다. 이 두 곳의 「인터메조」를 통해 잠시 동안의 휴식을 취한 사람이라면, 곧바로 다음 봉우리로 이동하면 된다. 자! 그럼 이제 우리의 경쾌한 산행을 시작하도록 하자.

1부

장자와 철학

**「소나무 숲에 앉아 쉬다」**(사빈謝彬, 17세기)

세상의 분주함을 버리고 자연을 벗삼아 유유자적하는 삶, 이것이 아마 대부분의 사람들이 노자와 장자에게서 기대하는 모습일 것이다. 그러나 이런 식으로 이해된 자연은 실제로 존재하는 자연이 아니라, 상상 속에서만 존재하는 자연일 뿐이다. 온갖 짐승들과 해충들이 출몰해 인간의 삶을 위협하는 곳이 바로 자연이 아닌가? 어쩌면 상상적인 자연은 경제적·정치적으로 안정된 지위를 갖고 있는 자들의 허영의 표현일 수도 있을 것이다. 춘추전국시대라는 참혹한 아비규환의 현장에서 노자와 장자가 과연 이런 허영을 피력했던 것일까?

# 1장 _ 철학과 철학자의 숙명

우리에게 확신을 주는 것은 확실한 인식이 아니라 관습이나 선례인 것 같다. 그러나 좀처럼 발견하기 어려운 진리는 여러 사람에 의해서가 아니라 어떤 한 사람에 의해 발견되는 법이다. 이것은 여러 사람의 동의가 진리의 타당성을 확보해 주지 않는다는 것을 말해 준다. ─데카르트, 『방법서설』

## 1. 여행, 비행 그리고 철학

철학이란 과연 무엇인가? 나아가 철학자란 무엇을 하는 사람인가? 내 강의를 듣는 학생들과 사적으로 만나면 항상 듣는 질문이다. 그럴 때마다 나는 그들에게 철학이란 여행과 같고, 철학자는 여행을 즐기는 여행자와 같다고 비유하곤 한다. 아주 낯선 곳을 여행해 본 적이 있는가? 그리고 그 낯섦이 사라질 때까지 끈덕지게 그 여행지에 머물러 본 적이 있는지? 여행지가 더 이상 나에게 낯설지 않게 될 때, 우리는 놀라운 경험을 하게 된다. 우리가 떠나왔던 바로 그곳이 오히려 낯설어지기 때문이다. 그렇다면 이제 우리의 여행은 거의 끝나가고 있다고 말할 수 있다. 우리 자신이 떠나왔던 그곳으로 다시 되돌아갈 시간이 된 것이다. 그러나 이렇게 되돌아올 때, 우리는 이미 자신의 삶과 터전을 낯선 무엇으로 성찰해 볼 수 있는 시선을 가질 수 있다. 이것이 바로 모든 여행이 지닌 참다운 가치라고 말할 수 있을 것이다.

철학은 분명 이런 여행을 닮아 있다. 그 안에는 외부로 나아가려는 운동, 그리고 다시 그 외부로부터 내부로 돌아오려는 운동이 동시에 진행되고 있기 때문이다. 이런 점에서 나는 철학을 다음과 같이 정의하고 싶다. 철학은 현실을 비판적으로 성찰할 수 있는 낯섦과 차이를 제공하는 학문이라고. 바로 이러한 이유 때문에 우리는 철학을 필요로 한다. 철학은 현실을 맹목적으로 수용하는 친숙한 생각을 문제 삼으며, 항상 새롭게 그리고 제대로 바라볼 수 있도록 우리의 시선을 바꿔 놓기 때문이다. 단 한 번뿐인 자신의 삶을 지혜롭게 살기 위해서라면, 누구든 자신의 삶을 비판적으로 음미할 수 있어야 할 것이다.

여행에서도 자신의 삶을 돌아볼 수 있게 만드는 장소가 있듯이, 철학에도 삶을 성찰할 수 있게 하는 어떤 공간이 존재한다. 칸트의 용어를 빌리자면, 우리는 이러한 정신적 공간을 '초월론적 자리' (transcendental position)라고 명명할 수 있다. 여기서 초월론적 자리란 삶을 조망할 수 있게 해주지만, 여전히 임시적이고 유동적인 성격을 갖는 정신적 지평을 가리킨다. 그런데 이 임시적 지평이, 삶을 조망하기 위해서 필요한 유일하고도 절대적인 지평으로 간주될 때, 이제 '초월론적 자리'는 곧 '초월적 자리'(transcendent position)로 변질되고 만다.

인류 역사상 수많은 철학자들이 도입했던 초월론적 자리는 많은 추종자들에 의해 절대적 진리의 세계로 숭배되면서 결국 초월적 자리로 뒤바뀌고 말았다. 그러나 이것은 마치 이 세상에 여행지라곤 단한 곳밖에 없다는 오만한 발상, 어쩌면 병적이기까지 한 발상에 지나지 않는 것이다. 초월론적 자리가 절대화된 대표적인 예로 우리는 노자의 '도'(道), 플라톤(Platon, BC 427?~BC 347?)의 '이데아' 혹은 종교에서 말하는 신(God)을 떠올려볼 수 있다.

철학자 장자는 이런 위험을 이미 알고 있기라도 했던 것일까? 그는 초월론적 자리에 오히려 일종의 허구, 혹은 일종의 비유에 지나지 않는 이야기를 배치하려고 시도했다. 장자는 우리가 흔히 생각하는 것보다 더 섬세하고 용의주도했던 인물이었다. 그는 그 누구라도 허구나 비유로서 설정된 초월론적 자리를, 절대적인 도나 신처럼 착각하지는 않을 것이라는 점을 미리 간파하고 있었기 때문이다. 『장자』라는 책의 서막을 장식하는 그 유명한 '대붕(大鵬) 이야기'가 중요한 이유가 바로 여기에 있다.

북쪽바다에 물고기 한 마리가 있었는데, 그 물고기의 이름은 '곤'(鯤)이다. 곤의 둘레의 치수는 몇 천 리인지를 알지 못할 정도로 컸다. 그것은 변해서 새가 되는데, 그 새의 이름은 '붕'(鵬)이다. 붕의 등은 몇 천 리인지를 알지 못할 정도로 컸다. 붕이 가슴에 바람을 가득 넣고 날 때, 그의 양 날개는 하늘에 걸린 구름 같았다. 그 새는 바다가 움직일 때 남쪽바다로 여행하려고 마음먹었다. …… 메추라기가 대붕(大鵬)이 나는 것을 비웃으며 말했다. "저 놈은 어디로 가려고 생각하는가? 나는 뛰어서 위로 날며, 수십 길에 이르기 전에 숲 풀 사이에서 (자유롭게) 날개를 퍼덕거린다. 그것이 우리가 날 수 있는 가장 높은 것인데, 그는 어디로 가려고 생각하는가?" ―「소요유」

北冥有魚, 其名爲鯤. 鯤之大, 不知其幾千里也. 化而爲鳥, 其名爲鵬. 鵬之背, 不知其幾千里也. 怒而飛, 其翼若垂天之雲. 是鳥也, 海運則將徙於南冥. …… 斥鴳笑之曰, 彼且奚適也? 我騰躍而上, 不過數仞而下, 翺翔蓬蒿之間. 此亦飛之至也, 而彼且奚適也?

사실 '대붕 이야기'를 통해서 장자가 문학적 유희를 즐기려고 한 것은 아니었다. 반대로 그의 '대붕 이야기'는 매우 심각한 철학적 의미를 띠고 있다. 그 철학적 의미란 과연 무엇일까? 천천히 장자의 사유 과정을 추적해 보도록 하자. 대붕이란 허구적인 새를 고안하면서 동시에 장자는 아주 재빨리 메추라기라는 현실적 새를 은유로 도입하고 있다. 여기서 우리는 장자의 숨겨진 속내를 잠깐 엿볼 수 있다. 하늘 높이 날고 있는 대붕에 의해서만 메추라기의 가능성과 한계가 보일 수 있듯이, 우리는 초월론적 자리에 이르러야만 비로소 우리 삶을 직시할 수 있기 때문이다.

그런데 우리가 주목해 보아야 할 것은 사실 대붕 자체라기보다는 대붕과 메추라기 사이의 거리라고 말할 수 있다. 어떤 것을 제대로 보기 위해서, 우리는 그것과 일정 정도의 거리를 유지해야만 하는 법이다. 초월론적 자리가 만들어내는 현실적 삶으로부터의 거리도 이와 마찬가지의 효과를 낳는다. 다시 말해 세계를 비판적으로 성찰하기 위해서, 그리고 세계를 낯설게 볼 수 있기 위해서 우리는 현실로부터 비약하여 대붕으로 상징되는 초월론적 자리에 서 있어야만 한다는 것이다. 여기에서 우리는 『장자』가 어떤 식으로 구성되어 있는지, 혹은 장자의 사유는 어떻게 표현되어 있는지에 관한 실마리 하나를 얻을 수 있다. 이 실마리를 분명히 하기 위해 우선 비트겐슈타인(L. Wittgenstein, 1889~1951)의 다음 이야기를 먼저 읽어 보도록 하자.

세계를 영원의 모습 아래에서 포착하는 데에는 예술가의 작업 외에도 또 다른 것이 있다. 내가 믿기로는, 그것은 사유의 길이다. 그것은 말하자면 세계 위로 날아가, 세계를 있는 그대로 있게 한다. 세계를 위에서 날며 바라보며. ─비트겐슈타인, 『문화와 가치』

비트겐슈타인에 따르면 세계를 '영원의 모습 아래에서'(sub specie aeterni) 포착하는 데에는 두 가지 다른 방식이 존재한다. 하나가 예술가의 작업이라면, 다른 하나는 사유의 길, 다시 말해 철학자의 작업이다. 물론 예술가나 철학자는 덧없는 일상적 삶을 묘사하고 성찰하기 위해서 모두 방법론적으로 영원의 모습을 설정할 수밖에 없을 것이다. 일상적 삶 속에 매몰되어서는 그 삶을 조망할 수 있는 충분한 거리를 확보할 수 없기 때문이다.

아마 비트겐슈타인은 자신이 예술의 입장이 아닌 사유의 입장에서 세계를 조망하고 있다고 생각했던 것 같다. 그러나 아이러니한 점은 사유의 길, 즉 철학의 길을 묘사하면서도 비트겐슈타인이 여전히 문학적 표현에 의존하지 않을 수 없었다는 점이다. "세계를 위에서 날며 바라보며." 사유의 길을 묘사하기 위해서 비트겐슈타인이 또 다시 문학이라는 예술의 길을 걷지 않을 수 없었다는 것은 매우 시사적이다. 그것은 사유의 길과 문학의 길이 정상에서 만나는 여러 가지의 등산로일 수 있다는 점을 보여주기 때문이다. 그렇다면 비트겐슈타인의 생각처럼, 예술과 사유의 길이 본성적으로 차이 나는 두 가지 종류의 길이라고 간주할 필요는 없을 것이다. 오히려 두 가지 길은 초월론적 자리를 설정할 수 있다는 점에서 마찬가지 의미를 갖는 것이 아닐까?

이 점에서 볼 때 장자의 전략에는 보다 더 심오한 측면이 있다. 처음부터 장자는 대붕이라는 문학적 메타포를 "영원의 모습", 즉 초월론적 자리에 설정하고 있었다. 이것은 그가 문학과 철학 사이의 경계를 교묘하게 흐리고 있다는 점을 말해 준다. 그는 왜 그랬던 것일까? 철저한 사유의 길이 초월론적 자리를 초월적 자리로 변질시켜 버릴 수 있다면, 한편 철저한 예술의 길은 초월론적 자리를 단순한 문학적 허구로 간주하게끔 만들 위험이 있기 때문이다. 이런 이유로 장자는 매우 지혜로운 방식, 즉 문학과 철학이 교차되는 전략을 선택했던 것이다. 대붕을 도입함으로써 그는 초월론적 자리가 초월적 자리로 오해되는 것을 막았다. 동시에 초월론적 자리가 단순한 문학적 허구로 오해되는 것을 피하기 위해서, 그는 다시 메추라기라는 새로운 메타포를 도입한다. 대붕을 메추라기와 대조함으로써, 혹은 대붕과 메추라기 사이의 차이를 설정함으로써, 장자는 대붕이 상징하는 초월론적 자리가 삶을 내려다보게 해주는 중요한 철학적 지평임을 밝혔던 것이다.『장자』라는 책이 문학책이면서 동시에 철학책으로서 읽힐 수 있었던 것도 바로 이런 점 때문이었다.

## 2. 대붕의 유혹

대붕은 다름 아닌 장자 자신을 의미하기도 한다. 아니 정확히 말해서 장자는 오직 대붕이 되었을 때에만 장자일 수 있다고도 말할 수 있다. 대붕은 바로 우리 삶을 조망할 수 있는 초월론적 자리를 상징하기 때문이다. 그렇다면 어떻게 우리는 장자가 제안하는 초월론적 자리로 올라설 수 있을까? 그것은 우리 각자에게도 모두 가능한 것일까? 2천여 년 뒤 우리의 이런 고뇌를 마치 예상이라도 했던 것처럼, 장자는 자신이 창조한 '대붕 이야기' 속에 그 실마리들을 상징적으로 각인시켜 놓았다. 그 중 우리의 시선을 끄는 것은 다음과 같은 두 가지 측면이다.

　첫째, 이 이야기 속에서 대붕은 무엇보다도 먼저 '자기 변형'(self transformation)의 상징이다〔 변형의 테마 〕. 대붕의 출생 비밀은 그가 원래부터 새였던 것이 아니라 처음에는 물고기였다는 데 있다. 이 점에서 대붕은 한때 메추라기보다도 더 낮은 지위에 속해 있었다고 말할 수 있다. 어쨌건 물고기가 메추라기보다는 바닥에, 지면에 더 많이 속박되어 있는 존재이기 때문이다. 둘째, 대붕의 비행은 자유롭다기보다는 오히려 의존적으로 이루어지고 있다〔'의존성의 테마'〕. 물고기로부터 변형되어 나온 대붕은 자기 마음대로 비행할 수 있는 존재가 결코 아니었다. 오직 "바다가 움직일" 정도의 커다란 바람이 불 경우에만, 그럴 때에만 이 대붕이란 거대한 새는 남쪽으로 날아갈 수 있기 때문이다.

분명 '대붕 이야기'의 주인공이 메추라기가 아닌 대붕인 것은 확실하다. 현실 세계로부터 속박되어 있지만 스스로는 자유롭다고 착각하고 있는 메추라기는 분명 일상적인 우리들의 모습을 반영하고 있다. 그러나 메추라기와 달리 대붕은 현실 세계로부터 비약하여 이 세계를 내려다볼 수 있는 고도를 확보하고 있는 철학자, 즉 장자 본인을 상징한다. 자신의 삶을 비판적으로 성찰할 수 있을 때 우리는 진정으로 자유로워질 수 있는 법이다. 이 점에서 볼 때 메추라기보다 대붕이 자유롭다는 것은 누구에게라도 분명한 사실이다. 그러나 아이러니하게도 스스로를 자유롭다고 간주하는 것은 오히려 대붕이 아니라 메추라기들이다.

흔히 자유라고 하면 우리는 어떤 구속도 없이 자신이 마음먹은 대로 행할 수 있는 그런 상태를 연상하곤 한다. 그러나 이런 방식으로 이해된 자유는 현실적으로는 불가능한 것이다. 만약 이런 의미의 자유가 가능하다면, 우리는 인간의 유한한 조건에 속박되지 않을 것이다. 우리는 신과 마찬가지로 완벽한 절대자, 무한자가 될 것이기 때문이다. 그러나 장자가 말하는 대붕의 자유는 신의 자유와는 달리, 현실적으로 가능한 상태의 자유를 상징하고 있다. 대붕의 자유를 행글라이더로 하늘을 가로지르는 운동에 비유해서 생각해 보자.

활공의 자유를 만끽하기 위해서 우리는 무엇보다도 우선 행글라이더를 들고 전망이 좋은 높은 봉우리로 올라가야만 할 것이다. 대붕이 날기 위해서 구만리 상공으로 비약했던 것과 마찬가지로, 우리는 바람을 탈 수 있을 정도의 충분한 고도를 먼저 확보할 필요가 있기 때문이다. 그러나 행글라이더를 타고 높은 봉우리를 박차며 허공에 몸을 맡긴다고 해서, 우리의 활공이 저절로 이루어지는 것은 아니다. 우리는 급변하는 미세한 바람의 흐름에 온 신경을 곤두세워야만 한다. 바람의 흐름을 제대로 탈 때에만 비로소 우리는 창공을 자유롭게 날아올라 예상했던 바로 그 지점에 제대로 착륙할 수 있을 것이기 때문이다.

이렇게 대붕 이야기에는 '자기 변형'이란 테마와 아울러 '의존성'의 테마가 동시에 함축되어 있다. 이 두 테마를 함께 숙고할 때 우리는 대붕이 자유로울 수 있는 이유에 대해서 대답할 수 있을 것이다. 여기에서는 특히 후자의 '의존성' 테마가 중요하다. 메추라기가 대붕을 조롱했던 이유도 바로 이 문제와 관련되어 있다. 어떻게 "바다가 움직일" 정도의 커다란 바람이 불어야만 날 수 있는 새가 진정 자유롭다고 말할 수 있을까? 이런 비판을 예상이라도 했듯 장자는 대붕의 의존성을, 그리고 대붕의 유한한 자유를 다음과 같이 설명하고 있다.

물의 부피가 충분히 크지 않으면, 그 물은 큰 배를 실어 나를 수 있는 힘이 부족하게 된다. 당신이 한 사발의 물을 바닥의 움푹한 곳에 부으면, 갈대는 그곳에서 배가 될 수 있다. 그렇지만 그곳에 큰 사발을 띄우려 한다면, 그것은 바닥에 붙어 버릴 것이다. 왜냐하면 당신의 배는 그런 얕은 물에 비해 너무 크기 때문이다. 바람의 부피가 충분히 크지 않으면, 그것은 커다란 양 날개를 실어 나를 수 있는 힘이 부족할 수밖에 없다. 그래서 그 새가 구만리를 날아올라 자신의 밑에 바람을 두었을 때에만, 그 새는 자신의 무게를 바람에 얹을 수 있는 법이다. 그 새가 남쪽으로 향하는 자신의 여정을 시작하려면, 자신의 등에 푸른 하늘을 지고 앞에 명료한 시야를 얻어야만 한다. ─「소요유」

且夫水之積也不厚, 則其負大舟也無力. 覆杯水於坳堂之上, 則芥
차부수지적야불후  즉기부대주야무력  복배수어요당지상 즉개
爲之舟. 置杯焉則膠. 水淺而舟大也. 風之積也不厚, 則其負大翼
위지주  치배언즉교  수천이주대야  풍지적야불후  즉기부대익
也無力. 故九萬里, 則風斯在下矣, 而後乃今培風. 背負靑天而莫
야무력  고구만리  즉풍사재하의  이후내금배풍  배부청천이막
之夭閼者, 而後乃今將圖南.
지요알자  이후내금장도남

바람의 부피가 충분히 크지 않으면 대붕은 자신의 양 날개를 실어 나를 수 있는 힘을 갖지 못할 것이다. 오직 바람의 거대한 힘이 떠받쳐 줄 때에만 대붕은 자유롭게 상공을 비행할 수 있기 때문이다.

그러나 대붕은 단순히 거대한 바람만을 기다리는, 다시 말해 바람에 철저히 의존하기만 하는 그런 존재가 결코 아니다. 대붕은 자신의 온 힘을 다해서 구만리 상공으로 비약하려고 매번 끊임없이 시도하고 있기 때문이다. 결국 어느 순간 대붕 스스로 구만리 높이로 올라서야만 비로소 그는 자신의 밑에 바람을 둘 수 있다. 따라서 곤(鯤)이라는 물고기에서 붕(鵬)이라는 새로의 변화보다 더 중요한 것은, 이 대붕이라는 새가 가지는 상승과 비약에의 의지라고 말할 수 있다. 계속된 실패와 좌절에도 굴복하지 않고 자신의 날고자 하는 의지를 관철시킬 때 비로소 어느 순간 대붕은 구만리 높이로 우뚝 올라설 수 있는 것이다. 그리고 오직 이런 경우에만 대붕은 자신을 떠받치는 바람을 타고, 모든 것을 조망할 수 있는 자리에 올라서게 될 것이다. 장자의 대붕은 모든 자잘한 것들을 한꺼번에 날려 버릴 바람을 타고 유유히 푸른 하늘을 활공할 것이다.

자, 그렇다면 이제 우리는 궁금해진다. 구만리 높이까지 상승하여 남쪽을 향해 비행하는 대붕은 과연 하늘에서 무엇을 내려다보았을까?

아래 땅에서는 아지랑이가 피어오르고 먼지가 날리며 생물들이 서로 숨을 불어 주고 있구나. 위를 보니 하늘은 푸르기만 하구나. 이것이 원래 하늘의 올바른 색일까? 끝없이 멀기 때문에 푸르게 보이는 것은 아닐까? 아마도 대붕이 아래를 내려다보면 이와 같이 보일 것이다. —「소요유」

野馬也, 塵埃也, 生物之以息相吹也. 天之蒼蒼, 其正色邪? 其遠而
야 마 야   진 애 야   생 물 지 이 식 상 취 야   천 지 창 창   기 정 색 야   기 원 이

無所至極邪? 其視下也, 亦若是則已矣.
무 소 지 극 야   기 시 하 야   역 약 시 측 이 의

대붕이 내려다보는 조망의 아득함과 아찔함을 설명하기 위해서
인지, 갑자기 장자는 우리의 시선을 다시 땅으로 내몰면서 이렇게 말
한다. 아래의 땅에서는 아지랑이가 피어오르고, 먼지가 날리며, 생물
들이 가쁜 숨을 몰아 내쉬고 있다고. 자, 그럼 이제 고개를 돌려 하늘
을 올려다보자. 하늘은 푸르기만 하다. 그러나 푸른빛은 하늘이 원래
가지고 있던 색깔일까? 아니면 끝없이 멀기 때문에 일종의 착시현상
으로 푸르게 보이는 것일 뿐일까? 그렇다면 구만리 상공 위를 웅장
하게 비행하고 있는 대붕은, 이 세계와 이곳에서 살고 있는 우리 자
신을 어떻게 바라보고 있을까?

아쉽게도 장자는 대붕의 조망에 대해 여운을 남기며 이 이야기
를 마무리한다. 마치 구만리 아래에 있는 우리가 이 대지에 서서 구
만리 위에서 벌어지는 사건들, 즉 위대한 새 대붕의 비행과 그의 조
망에 대해 알 길이 없다는 듯이. 바로 이 대목에서 우리는 조바심이
날 수밖에 없다. 그런데 흥미로운 점은 이러한 조바심이 우리로 하여
금 '대붕 이야기' 다음에 전개되고 있는 장자의 이야기들에 귀를 기
울이도록 만든다는 점이다. 마치 『장자』의 '대붕 이야기'는, 『아라비
안나이트』에서 세헤라자데가 들려준 첫번째 날 밤의 이야기를 닮아
있다. 하룻밤을 지내고서 그녀를 죽이려고 했던 왕은 그녀가 하다가
만 이야기의 결말을 듣기 위해 결국 천 일을 보내야 하지 않았던가?

## 3. 알바트로스의 비애

대부분의 사람들에게 장자의 '대붕 이야기'는 자유의 이야기로 기억되고 있다. 분명 매우 높은 곳에서 자유롭게 비행하는 대붕의 모습은 메추라기 같은 새들보다 한결 자유로워 보인다. 그러나 사실 이런 인상은 표면적인 것에 지나지 않는다. 천천히 '대붕 이야기'를 읽다 보면 우리는 예기치 못한 사실을 엿볼 수 있게 된다. 스스로 자유롭다고 생각하고 있는 것은 대붕이 아니기 때문이다. 오히려 자유를 만끽하고 있는 것은 바로 메추라기들이 아니었던가? 메추라기와는 달리 대붕은 자유롭다고 느끼기는커녕 오히려 자신이 자유로운지조차 신경 쓸 틈이 없는 숨가쁜 존재로 비춰진다. 바로 이런 이유로 메추라기는 대붕의 거대함을 조롱하고, 대붕은 진정 자유롭지 못한 존재라고 단정하기까지 했던 것이다.

그렇다면 장자는 비아냥거리는 메추라기의 입을 빌려 무슨 이야기를 하고 싶었던 것일까? 그것은 바로 철학과 철학자의 숙명, 일상에 매몰되어 있는 일반인들에게는 조롱거리로밖에 비춰지지 않는 철학자의 비극에 관한 것이다. 여기에서 우리는 시인의 비극적인 숙명을 슬프게 노래했던 프랑스의 시인 보들레르(C. P. Baudelaire, 1821~1867)를 떠올리지 않을 수 없다.

깊은 바다 지치는 배를 뒤쫓는,
태평꾼인 느림보 길동무들,

커다란 바닷새 신천옹들을
뱃사람들은 흔히 장난삼아 잡는다.

널빤지들 위에 내려놓이자마자,
이 창공의 왕들도 서투르고 수줍어,
가엾게도 그 크고 하얀 날개를
노(櫓)들처럼 제 곁에 버려둔다.

날개 돋친 이 길손, 얼마나 기가 죽어 어색한가!
전에는 그토록 아름답더니, 얼마나 우습고 초라한 몰골!
골통대로 부리 건드리며 약올리는 사람에,
절뚝거리며, 못 나는 병신 시늉을 해대는 사람!
폭풍 속을 넘나들며 활잡이를 비웃는
이 구름의 왕자를 닮은 것이 바로 시인.
땅 위로 쫓겨나 놀림당하는 마당에서는,
그 거인 같은 날개 때문에 걷지도 못하다니.
　　　　　　　　　—보들레르, 「알바트로스」(『악의 꽃』)

　　대붕과 메추라기 사이의 대조는 보들레르에게 있어서 알바트로스라는 새와 선원들 사이의 대조로서 반복되고 있다. 여러분들은 알바트로스를 본 적이 있는가? 이 새는 추운 북극지방에서 서식하며, 커다란 날개로 매우 높이 그리고 아주 의연하게 날 수 있는 새로도 유명하다. 그러나 알바트로스를 직접 본 많은 사람들은 웃음을 금치 못할 것이다. 이 새가 눈 덮인 땅 혹은 호수에 착륙할 때의 모습은 그 야말로 우스꽝스러울 정도로 요란스럽기 때문이다. 아주 높은 하늘에서의 우아함과는 달리 알바트로스는 거의 떼굴떼굴 구르다시피 하면서 아찔하게 착륙하는 새이다. 이것은 그의 날개가 너무도 크기 때문에 벌어지는 불가피한 현상이었던 셈이다.

착륙이 요란스러운 것과 마찬가지로 알바트로스의 이륙 또한 거창하기만 하다. 충분한 도약의 공간을 확보하지 못한다면, 하늘로 비상하기 어려울 것임은 자명하다. 그래서 그런지 극지방을 지나가는 배의 선원들은 그다지 어렵지 않게 알바트로스를 포획할 수 있었다고들 한다. 그러나 선원들이 별 생각없이 장난삼아 창공의 왕을 잡아서 조롱하는 것을 보고서 보들레르는 시인으로서 자신의 운명과 그 비극을 직감하게 되었다. "폭풍 속을 넘나들며 활잡이를 비웃는, 이 구름의 왕자를 닮은 것이 바로 시인. 땅 위로 쫓겨나 놀림 당하는 마당에서는, 그 거인 같은 날개 때문에 걷지도 못하다니."

알바트로스가 의연하게 날 수 있는 곳은 활잡이가 쏘는 활을 비웃을 정도로 아주 높은 곳, 모든 것을 쓸어가듯이 격렬하게 휘몰아치는 폭풍우가 부는 바로 그런 곳뿐이다. 보들레르는 알바트로스가 날고 있는 장소야말로, 시인의 상상력이 펼쳐지는 창조의 공간을 상징한다고 보았다. 비트겐슈타인이 말했던 것처럼 "세계를 영원의 모습 아래에서 포착하기"위해서 시인 역시 영원의 높이까지 비상해야만 한다. 그러나 영원의 높이, 혹은 폭풍이 요동치는 곳에서 머물기 위해, 시인은 땅의 세계에서와는 확연히 다른 거대한 날개를 가지고 있어야만 한다. 그러나 이 거대한 날개는 애석하게도 땅의 세계에서는 도무지 쓸모가 없는, 그래서 조롱거리밖에 되지 않는 애물단지이다. 보들레르가 보기에 바로 이 대목에 시인의 비극적 운명이 자리 잡고 있다.

흥미로운 일인데 알바트로스는 동양에서는 신천옹(信天翁)이라고 불리고 있다. 신천옹! 이 말은 '하늘을 믿고 있는 늙은이' 같은 새라는 뜻이다. 우리는 땅을 믿고 살고 있고, 메추라기 같은 새는 나뭇가지를 믿고 살고 있다. 그러나 알바트로스는 하늘을 믿고서 살아가는 새이다. 그렇다면 하늘을 너무도 편안한 안식처로 생각하고 있는 알바트로스가 어떻게 땅에서 편안히 지낼 수 있겠는가? 어떻게 알바트로스가 인간들의 땅에서 유쾌할 수 있단 말인가? 땅에서라면 이 새 역시 결국은 너무도 어색하고 불편한 시간을 경험할 수밖에 없을 것이다.

알바트로스와 선원 사이의 차이, 그리고 대붕과 메추라기 사이의 차이! 이것은 우리를 일종의 결단으로 내몰고 간다. '모든 것을 조망할 수 있는 초월론적 자리에 설 것인가?' 아니면 '일상의 삶에 매몰되어 무반성적으로 살 것인가?' 물론 보들레르는 선원으로부터 조롱받는 알바트로스가 되고자 하며, 장자는 메추라기로부터 조롱받는 대붕이 되고자 한다. 어쩌면 초월론적 자리에 서려는 비약은, 일상에 매몰된 사람들의 오해와 조롱을 뚫고 끈덕지게 사유하면서 살아가겠다는 의지의 표현일 수 있다. 그렇다면 사람들의 오해와 조롱은 보들레르나 장자 같은 시인 그리고 철학자에게는 오히려 하나의 축복이라고까지 말할 수 있는 것이다. 그것은 보들레르나 장자가 초월론적 자리에 서 있는 상당히 비범한 존재라는 것을 보여주는 하나의 징표일 수 있기 때문이다.

「안개바다 위의 방랑자」(카스파 다비드 프리드리히, 1818)

깎아지른 절벽 위에 서 보았는가? 절벽 위에 서면 우리는 마치 아래에 펼쳐 있는 심연이 나를 끌어당기는 것 같다는 경험을 하게 된다. 그래서 우리는 무의식적으로 움찔하면서 뒤로 물러서게 된다. 절벽의 가장자리는 저 절벽 아래의 땅과 자신이 서 있는 절벽 위의 공간 사이의 차이, 감당하기 힘든 고도의 차이가 맞물려 있는 지점이다. 차이와 낯섦에 머물기 위해서는 강력한 의지와 용기가 필요한 법이다. 우리는 아찔한 현기증과 맞서 싸워야만 한다.

# 2장_ 낯섦과 차이에 머물기

커뮤니케이션을 수행한다는 것은 여행하고, 번역하며, 교환한다는 것을 말한다. 다시 말해 그것은 타자의 장소로 이동하는 것이고, 질서 파괴적이라기보다는 횡단적이라고 할 수 있는 타자의 말을 받아들이는 것이며, 담보로서 보증된 상품을 서로 매매한다는 것이다. 바로 여기에 헤르메스, 즉 네거리의 신, 메시지와 상인의 신이 있는 것이다. ─세르, 『헤르메스 I : 커뮤니케이션』

## 1. 낯섦을 만드는 기술

'대붕 이야기'의 메추라기는 일상적 삶에 매몰되어 있는, 따라서 자신의 삶을 비판적으로 성찰하지 못하는 사람들을 상징한 것이다. 메추라기 같은 존재에게 있어 철학과 철학자는 삶에 아무런 쓸모도 없는 일에 힘과 시간을 낭비하고 있는 불쌍한 인간들로 비춰질 뿐이다. 그러나 과연 이들의 생각대로 철학은 우리의 삶에 불필요한 것일까? 그리고 철학자는 철학이라는 불필요한 학문을 위해 쓸데없는 노력을 기울이고 있는 존재일까? 그렇다면 이런 가혹한 질문에 대해 장자는 어떻게 대답했을까? 이런 의문을 가지고 『장자』를 읽다 보면, 우리는 다음과 같은 흥미로운 에피소드 하나를 접하게 된다.

혜시가 장자에게 말했다. "자네의 말은 쓸모가 없네." 그러자 장자가 이야기했다. "'쓸모없음'〔無用〕을 알아야만 함께 '쓸모있음'〔用〕에 대해 이야기할 수 있는 법이네. 땅은 정말로 넓고 큰 것이네. 그렇지만 지금 당장 사람이 쓸모를 느끼는 것은 단지 자신의 발이 닿고 있는 부분뿐이라네. 그렇다면 발이 닿는 부분만을 남겨두고 그 주변을 황천, 저 깊은 곳까지 파서 없앤다면, 그래도 이 발이 닿고 있는 부분이 쓸모가 있겠는가?" —「외물」

惠子謂莊子曰, 子言无用. 莊子曰, 知无用, 而始可與言用矣. 夫地
혜 자 위 장 자 왈   자 언 무 용   장 자 왈   지 무 용   이 시 가 여 언 용 의   부 지
非不廣且大也. 人之所用容足耳. 然則厠足而墊之, 致黃泉, 人尙
비 불 광 차 대 야   인 지 소 용 용 족 이   연 즉 측 족 이 점 지   치 황 천   인 상
有用乎?
유 용 호

혜시(惠施, BC 370?~BC 309?)는 장자의 선배에 해당되는 사상가라고 말할 수 있다. 그는 고대 중국철학사에서 공손룡(公孫龍, BC 320?~BC 250?)과 함께 언어철학과 논리학 분야의 선두주자였던 인물이다. 그래서 이후에 공손룡과 함께 혜시는 명가(名家)라고 불리게 되었다. 장자는 혜시로부터 많은 사상적 영향, 특히 상대방의 주장을 논박하고 해체하는 테크닉을 배울 수 있었다. 그래서 그런지 『장자』 책 전편에는, 혜시와 관련된 많은 에피소드들이 등장하고 있다. 방금

읽어 본 '땅 이야기'도 그 가운데 하나이다.

이 이야기에서 혜시는 메추라기의 경우와 매우 유사하게, 장자의 철학이 "쓸모없다"[無用]고 조롱한다. 그러자 장자는 '쓸모가 있음'은 '쓸모가 없음'을 알아야만 논의될 수 있는 것이라고 가볍게 대꾸하고 있다. 이 간단한 답변의 의미는 무엇일까? 쓸모를 강조하는 우리의 일상적인 삶은, 표면적으로는 쓸모가 없어 보이는 철학을 통해서만 제대로 음미될 수 있다는 말일까? 그렇다면 쓸모가 없는 철학이, 우리의 삶을 성찰할 수 있도록 해준다는 점에서 더 큰 쓸모가 있다고 장자는 말하려고 했던 것일까? 그러나 아이러니해 보이는 이런 표현 뒤에는, 다시 말해 장자가 이야기하고 있는 철학의 '쓸모없음'이면에는 보다 더 심오한 의미가 숨겨져 있다. 그것은 과연 무엇일까? 우리는 이어지는 장자의 이야기를 좀더 음미해 봄으로써 그 실마리를 얻을 수 있다.

장자가 '쓸모없음'을 이야기하기 위해서 지금 사용하고 있는 사례 자체가 사실 매우 중요하다. 이 사례를 통해 우리는 장자의 철학이 어떤 논리로 이루어졌는지를 직감할 수 있기 때문이다. 자, 이제 그가 '쓸모없음'을 어떤 식으로 비유하는지 살펴보도록 하자. 장자의 비유는 단순하다. 그의 말대로 땅에 서 있을 때 우리가 필요로 하는 부분은 단지 내 발이 딛고 있는 그 한 부분의 땅일 뿐이다. 그래서 이 순간 우리가 밟고 있지 않은 발 모양 옆의 다른 땅들은 사실 우리에게 불필요한 것으로 보일 수 있다. 그러나 장자는 이렇게 우리들에게 되묻는다. 그렇다면 당신이 딛고 서 있는 부분을 제외한 나머지 모든 땅들을 없애 버린다면 그때는 어떻게 될까? 말할 필요도 없이, 우리는 잠시 동안도 서 있기가 어려울 것이다.

장자의 이야기를 듣는 순간, 우리는 망치로 머리를 얻어맞은 듯이 일순간 현기증을 느끼게 된다. 그리고 우리 자신이 딛고 있는 땅과 그렇지 않은 땅을 낯설게 살펴보게 된다. 바로 이 대목이 중요하다. 장자의 짧은 이야기를 통해 우리는 자신이 서 있다는 자명한 사태를 매우 낯선 상황으로서 경험할 수 있기 때문이다. 현실적으로 달라진 것은 사실 전혀 없다. 나는 내가 딛고 있는 땅에 여전히 서 있고, 내가 밟고 있지 않는 땅들도 여전히 내 앞과 옆에 펼쳐져 있다. 그러나 이제 무엇인가 예전과는 크게 달라 보인다. 나는 내가 서 있다는 것 자체를 하나의 축복으로 혹은 경이로운 행위로 바라볼 수 있게 되었기 때문이다.

느낄 수 있는가? 방금 대붕이 우리 곁을 스치며 날아갔다는 사실을. 장자에게서 대붕이라는 존재는 바로 우리 삶을 낯설게 보도록 만드는 초월론적 자리를 상징했던 것이다. 우리가 자신이 선 자리를 아찔하게 체험할 수 있다면 바로 그때 대붕은 우리 곁을 스치고 지나간다. '땅 이야기'에서 대붕이 우리 곁을 지나친 지점 역시 이와 유사하다. 그곳은 바로 "발이 닿는 부분만을 남겨두고 그 주변을 황천, 저 깊은 곳까지 파서 없앤다면"이라는 대목이다. 장자가 도입한 가정을 현실화한다면, 우리는 결국 낭떠러지에 서 있게 될 것이다. 우리 앞에는 유혹하듯이 혀를 날름거리며 입을 벌리고 있는 깊은 심연이 놓여 있다. 식은땀이 등 뒤에서 흘러내린다. 아! 내 앞이 평탄한 평지였다면 정말 얼마나 좋을까. 이 위험한 장소로부터 벗어날 수만 있다면 더 이상 바랄 것이 없어 보인다. 장자는 이렇게 낭떠러지의 위험스럽고 아찔한 경험을 지금 평지의 자리에 도입하고 있는 것이다.

결국 장자의 대붕은 "평지에 서 있음"과 "낭떠러지 가장자리에 서 있음", 즉 평지와 낭떠러지 사이의 차이에서 횡하게 날고 있었던 셈이다. 평지에 서 있는 경험은 그 자체로서는 전혀 낯선 경험이 될 수 없다. 오직 낭떠러지의 경험으로부터 반추되었을 때에만, 평지에서의 경험이 생소한 무엇으로 우리에게 부각될 수 있는 법이다. 이것이 바로 전형적인 장자의 스타일이다. 사실 '땅 이야기'에서 장자가 강조한 것은 '쓸모없음'의 가치를 도입했다는 점이 결코 아니다. 장자는 일상적인 '쓸모있음'에 대해 '쓸모없음'이란 영역을 새롭게 도입하려고 한 것이 아니라는 말이다. 이 이야기를 통해 장자가 부각시킨 것은, 낭떠러지의 경험을 일종의 차이의 경험으로서 도입했다는 점이다. 차이를 도입하기! 그리고 낯섦을 발생시키기! 바로 이 점이 장자의 '땅 이야기'를 의미심장하게 만들어 주는 것이다.

## 2. 현기증을 견디며

이제 우리는 초월론적 자리를 상징하는 대붕의 가치를 제대로 이해할 수 있게 되었다. 대붕은 차이와 낯섦을 가져다 주는 비행을 상징하는 새였던 것이다. 대붕의 비행은 구체적으로는 여행을 의미한다고도 말할 수 있다. 평지로부터 낭떠러지가 도처에 널려 있는 산간 지역으로 여행해 본 적이 없었다면, 장자는 결코 평지에 서 있는 경험에 낭떠러지에 선 경험을 도입시킬 수 없었을 것이다. 평지로부터 한 번도 벗어나 본 적이 없는 사람이 어떻게 평지에서의 삶을 낯설게 바라볼 수 있겠는가? 이 점에서 우리는 차이의 경험을 가능하게 해 주는 여행의 힘에 대해 다시 한번 숙고해 볼 필요가 있다.

우리가 이 지점에서 '송나라 상인 이야기'에 주목해야 하는 것도 바로 이 때문이다. 이 에피소드는 여행에 대한, 정확히 말해서 차이에 대한 경험을 들려주는 이야기이기 때문이다. 사실 이 에피소드는 너무도 평범해서 많은 사람들이 그냥 쉽게 읽고 지나치곤 한다. 그러나 과연 '송나라 상인 이야기'는 그렇게 단순하고 자명한 내용을 담고 있을까?

송나라 사람이 '장보'라는 모자를 밑천 삼아 월나라로 장사를 갔다. 그런데 월나라 사람들은 머리를 짧게 깎고 문신을 하고 있어서 그런 모자를 필요로 하지 않았다. ─「소요유」

宋人資章甫而適諸越. 越人斷髮文身, 無所用之.
송 인 자 장 보 이 적 제 월　　월 인 단 발 문 신　　무 소 용 지

『장자』에는 송(宋)나라와 그곳 사람들에 대한 이야기가 간혹 등장한다. 그건 바로 송나라가 장자가 태어나서 자란 나라였기 때문이다. 춘추시대(春秋時代, BC 770~BC 403) 내내 송나라는 주(周)나라 문명을 가장 화려하게 꽃피운 제후국이었다. 그러나 장자가 살았던 전국시대(戰國時代, BC 403~BC 221)에 들어서면서 송나라는 새로

운 변화에 적응하지 못하고, 과거의 유산에 얽매여 있는 보수적인 국가로 전락하고 만다. 그래서 그런지 장자 당시 '송나라 사람'(宋人)이라고 하면 거의 '바보'를 의미할 정도로 상황이 급변해버렸다.

『한비자』(韓非子)「오두」(五蠹) 편에는 수주대토(守株待兎)라는 고사로 유명한 재미있는 에피소드가 등장한다. 그 이야기는 다음과 같다. '밭을 갈고 있던 농부가 있었다. 그는 우연히 토끼가 나무에 달려와 부딪혀 목이 부러져 죽는 것을 보게 되었다. 그러자 그는 농사를 그만두고 그 나무를 지키면서 다시 토끼를 얻으려고 하였다.' 이 이야기에 등장하는 어리석은 농부도 바로 송나라 출신의 사람으로 나온다. 그런데 우리가 염두에 두어야 할 것은 장자 본인도 결국 송나라 출신이었다는 사실이다. 따라서 장자에게 있어 송나라 사람이란 어느 정도 자기 자신을 상징한다고도 말할 수 있는 측면이 있다. 그래서『장자』에 송나라 사람과 관련된 에피소드가 나올 때마다 우리는 더욱 신경을 써야만 한다. 그 이야기들 속에는 장자의 치열한 자기 비판의식이 감춰져 있기 때문이다.

방금 설명했듯 송나라는 춘추시대에 번성했지만 장자가 살았던 전국시대에는 쇠퇴해 버린 문화국가였다. 그런 유산 때문인지 송나라에서는 여전히 모자와 같은 예복들이 가치를 지니고 있었다. 반면 월나라는 사정이 전혀 달랐다. 월나라는 춘추시대 말에 이르러서야 중국 역사에 동참했던 신흥국가, 그 이전에는 거의 야만 상태에 있던 나라의 하나였다. 월나라 사람들이 아직도 추장 시대의 야만적 풍습을 유지하고 있었던 것도 바로 이런 이유에서이다. 월나라의 이런 사정을 모르고 송나라 상인은 모자를 팔려고 월나라로 간 것이다. 그렇다면 이런 물정을 전혀 모르는 송나라 상인은 분명 어리석은 사람처럼 보일 수밖에 없을 것이다.

그러나 우리의 이런 단순한 인상은 과연 타당한 것일까? 이런 의문에 답하기 위해서 우리는 다음과 같이 되물어볼 필요가 있다. 송나라 상인은 송나라에서 "월나라 사람들은 머리를 짧게 깎고 문신을 하고 있어서 그런 모자를 필요로 하지 않는다"라는 사실을 알 수 있는 방법이 있었을까? 결코 그럴 수 있는 방법이 없었을 것이다! '송나라 상인 이야기'를 통해서 장자가 진정으로 말하고자 했던 것을 알고자 한다면, 우리는 송나라 상인 자신의 입장에서 이 이야기를 다시 읽어볼 필요가 있다. 그가 월나라로 가려고 한 이유는 그 나라에서도 모자가 사용될 것이라고 믿었기 때문이다. 결국 그에게 월나라라는 곳은 송나라와 동일한 공간으로 간주되었던 셈이다.

마침내 그는 부자가 되리라는 부푼 기대를 안고 월나라에 들어간다. 그런데 이게 무슨 일인가? 월나라는 송나라와 달라도 너무나 다른 나라였다. 월나라에서 사회적 위상을 나타내 주는 것은 모자와 같은 예복들이 아니라 일종의 문신이었던 것이다. 따라서 이곳에서 모자라는 물건은 아무런 쓸모도 없는 것이 되고 말았다. 이 때문에 이곳 월나라에서 그는 상인이면서도 동시에 상인이 아닌 이상한 존재가 되어 버렸다. 모자를 팔려고 했다는 점에서 그는 상인이라고 할 수 있지만, 모자를 살 사람이 하나도 없었다는 점에서 그는 결국 상인일 수 없는 상태가 되고 만 것이다. 우리는 월나라 저잣거리에서 모자 꾸러미를 든 채 아찔한 현기증을 느끼며 망연자실하고 있는 송나라 사람을 어렵지 않게 떠올릴 수 있을 것이다.

우리는 자신의 자아동일성이 와해될 때 아찔한 현기증을 느끼게 마련이다. 상인이면서 동시에 상인이 아닐 때 오는 현기증 역시 이런 것이다. 이것은 바로 차이를 경험했기 때문에 발생하는 것이기도 하다. 인간의 사유가 동일성의 논리를 통해 그렇게도 부정하려고 애써 왔지만, 차이는 항상 우리 삶의 도처에 유령처럼 돌아다니고 있다. 그리고 뜻하지 않은 순간에 불쑥 우리를 엄습해 온다. 그렇다면 우리가 첫인상처럼 쉽게 송나라 상인을 어리석은 인물로 폄하해 버릴 수 있을까? 오직 사후적으로 평가했을 때에만 송나라 상인은 어리석은 존재로 보일 뿐이다. 그러나 그는 우리 삶이 차이와 타자성에 노출될 수밖에 없다는 자연사적 사실을 분명하게 대변하는 상징적인 인물이다. 그는 차이 속에 머물며 현기증을 느끼는 사람, 혹은 대붕을 타고 그 차이를 비행하는 사람이기도 하다. 송나라와 월나라의 차이, 자신이 생각했던 월나라와 실제로 경험한 월나라의 차이! 사유와 삶의 차이, 동일성과 타자성의 차이!

여기서 한 가지를 더 생각해 보자. 송나라 상인의 미래는 앞으로 어떻게 전개될 것인가? 분명 장자와 같은 철학자는 이 차이와 낯섦에 오래도록 머물려고 할 것이다. 그러나 송나라 상인같이 평범한 사람이라면, 그는 끈덕지게 차이와 낯섦에 머물 수 없을 것이다. 그것은 고도의 긴장과 인내를 필요로 하는 일이기 때문이다. 사실 송나라 상인에게는 단지 두 가지 선택지가 놓여 있을 뿐이다. 하나는 월나라의 야만성에 분통을 터뜨리며 송나라로 되돌아오는 것이다. 다른 하나는 월나라에 그대로 남아 있는 것이다.

그런데 이곳에서 장자는 전자의 가능성에 대해서는 별로 언급하지 않고 있다. 그것은 아마도 전자가 차이와 낯섦을 회피하는, 따라서 일상적 삶에 다시 매몰되는 현상에 불과하다고 보았기 때문일 것이다. 그렇다면 장자가 볼 때 사실 두번째 선택지만이 차이와 낯섦을 유지시켜 주는 유일한 방법이라고 할 수 있겠다. 월나라에 남아 있기로 결정했다면, 그는 그곳이 자신에게 친숙하게 다가올 때까지 그 거리감을 껴안고 살아갈 수밖에 없을 것이다. 차이와 낯섦을 회피하면 우리는 결국 메추라기에 머물게 될 것이고, 차이와 낯섦에 끈덕지게 마주선다면 우리는 장자가 이야기했던 한 마리의 거대한 대붕이 될 수 있을 것이다.

## 3. 트랜스크리틱!

송나라 상인의 극적인 경험이 말해 주는 것처럼, 우리의 삶은 항상 차이와 타자성에 노출되어 있다. 이 점에서도 우리 삶은 분명 여행을 닮아 있다. 물론 내가 말하고자 하는 여행은 낯선 곳으로의 이동을 가리키는 것이다. 친숙하고 편안한 곳으로의 이동은 겉보기에는 여행처럼 보일지 몰라도, 결코 여행일 수는 없을 것이다. 그것은 단지 메추라기가 나뭇가지와 땅 사이를 반복해서 날아오르는 것에 지나지 않기 때문이다. 진정한 여행은 차이를 가로질러야만 한다. 곤이라는 물고기와 대붕이라는 새 사이의 차이, 친숙하고 안정적인 평지와 아찔한 구만리 창공 사이의 차이, 그리고 대붕이 탄생했던 북쪽과 대붕이 날아가려는 남쪽 사이의 멀고 먼 차이!

차이를 가로지르는 운동만이 진정으로 자신의 삶을 반성할 수 있는 계기를 만들어준다. 가라타니 고진(柄谷行人, 1941~)이라면, 바로 이런 운동을 가리켜 자신의 말대로 '트랜스크리틱'(Transcritique)이라고 명명했을 것이다.

데카르트의 코기토(cogito), 즉 의심하는 주체는 시스템과 시스템, 또는 공동체와 공동체 '사이'에서 나타난다. 이 '사이'(interstice)는 단지 '차이'(difference)로서 존재하지 실체적으로 존재하는 것이 아니다. 그것은 결코 긍정적으로 말할 수 없고, 그렇게 말해진 순간 사라져 버리게 된다. 그것이 바로 초월론적인 장소(transcendental topos), 즉 트랜스크리틱을 허용하는 공간이다. ─ 고진, 『트랜스크리틱』

보통 사람들은 데카르트(Descartes, 1596~1650)를 코기토라는 고독한 사유주체를 발견한 관념론자로 이해하고 있다. 그러나 고진은 데카르트의 코기토는 차이의 경험으로부터 발견되었다는 점을 강조하고 있다. 다시 말해 데카르트는 프랑스로부터 네덜란드, 즉 암스테르담으로 이동했는데, 그는 이곳에서 프랑스와 네덜란드 사이의 차이를 경험하게 되었다는 것이다. 더군다나 암스테르담은 그 당시 가장 자유로운 무역도시였다는 점에서, 그 자체로 차이의 도시라고도 불릴 수 있는 곳이었다. 그래서 바로 이 위대한 도시에서 또 하나의 위대한 철학자 스피노자(Spinoza, 1632~1677)도 탄생하지 않았던가?

고진에 따르면 데카르트는 바로 이런 차이에서, 즉 프랑스와 암스테르담 사이의 차이에서 의심하는 주체인 코기토를 발견할 수 있었다. 물론 이 경우 코기토는 낯섦을 경험하고 있던 데카르트 자신으로부터 추상화된 것이다. 코기토와 차이의 문제를 함축하기 때문에 데카르트와 암스테르담 사이의 관계는 매우 중요한 정황이 된다. 고진에게 있어 코기토는 "시스템과 시스템, 혹은 공동체와 공동체의 차이에서 출현할 수밖에 없는" 차이의 주체를 의미했다. 그렇다면 그가 말한 '트랜스크리틱'이란 결국 공동체와 공동체 사이의 차이에 서서, 두 공동체를 성찰할 수 있는 철학적 운동을 말한 것이라고 할 수 있겠다.

이 점에서 코기토는 데카르트에게만 한정될 필요가 없는 것이다. 송나라와 월나라 사이의 차이에 머물며 당혹감을 느꼈던 송나라 상인도 하나의 코기토였다고 부를 수 있기 때문이다. 고진의 말처럼 그는 실제로 "시스템과 시스템 또는 공동체와 공동체 '사이'에" 있었던 사람이기 때문이다. 처음에 송나라 상인은 하나의 폐쇄된 시스템에 머물러 있던 사람이었다. 그러나 그는 자신이 속한 시스템 외부로 나가려고 시도했다. 불행한 것은 그가 처음 생각했던 외부 시스템이 결국 자신이 속한 내부 시스템의 단순한 연장에 지나지 않았다는 점이다. "송나라에서 그랬던 것처럼 월나라에서도 모자를 비싼 가격으로 팔 수 있을 테지!" 이 상인은 분명 이렇게 생각했을 것이다.

모자를 팔러 간 '송나라 상인의 이야기'를 언급하면서 우리는 다음에 등장하는 또 다른 송나라 사람의 에피소드, 즉 '이방인 이야기'를 함께 읽어 보지 않을 수 없다.

송나라에 손이 트지 않게 하는 약을 만드는 사람이 있었는데, 그 약을 손에 바르고 무명을 빨아서 탈색하는 일을 대대로 하였다네. 어떤 이방인[客]이 그 말을 듣고, 금 백 냥을 줄 터이니 약 만드는 비법을 팔라고 했지. 그러자 그 사람은 가족을 다 모아 놓고 의논하면서 "우리가 대대로 무명을 빨아 탈색시키는 일을 했지만 기껏해야 금 몇 냥밖에 만져 보지 못했는데, 이제 이 약을 만드는 비법을 금 백 냥에 사겠다는 사람이 있으니 팝시다"라고 말하였다네. 그 이방인은 오나라 임금에게 가서 그 비법을 가지고 유세를 했다네. 마침 월나라 임금이 싸움을 걸어오자, 오나라 임금은 그 이방인을 수군의 대장으로 삼았다네. (왜냐하면 그 이방인에게는 물에서도 손이 트지 않게 하는 비법이 있었기 때문이지.) 결국 겨울에 수전을 벌여 그 이방인은 월나라 군대를 대패시켰다네. 오나라 임금은 그 사람에게 땅을 떼어 주고 영주로 삼았다네. 손 트는 것을 막는 약은 마찬가지였는데, 한 쪽은 그것으로 영주가 되었고 다른 쪽은 그 것으로 무명 빠는 일밖에 못했다네. 사용하는 바가 달랐기 때문이지. ―「소요유」

宋人有善爲不龜手之藥者, 世世以洴澼絖爲事. 客聞之, 請買其方
송 인 유 선 위 불 균 수 지 약 자   세 세 이 병 벽 광 위 사   객 문 지   청 매 기 방

百金. 聚族而謀曰, 我世世爲洴澼絖, 不過數金, 今一朝而鬻技百
백 금   취 족 이 모 왈   아 세 세 위 병 벽 광   불 과 수 금   금 일 조 이 육 기 백

金, 請與之. 客得之, 以說吳王. 越有難, 吳王使之將. 冬與越人水
금   청 여 지   객 득 지   이 세 오 왕   월 유 난   오 왕 사 지 장   동 여 월 인 수

戰, 大敗越人. 裂地而封之. 能不龜手, 一也, 或以封, 或不免於洴
전   대 패 월 인   열 지 이 봉 지   능 불 균 수   일 야   혹 이 봉   혹 불 면 어 병

澼絖. 則所用之異也.
벽 광   즉 소 용 지 이 야.

이 에피소드에는 두 사람이 주인공으로 등장하고 있다. 한 명은
손이 트지 않는 약을 만들 수 있는 비법을 가진 어느 송나라 사람이
고, 다른 한 명은 송나라 사람으로부터 비법을 사려고 한 어떤 이방
인이다. 송나라 사람은 이 비법을 통해서 겨울에도 많은 돈을 벌 수
있었다. 그는 손이 트지 않는 비법을 이용해서 겨울에도 무명을 그것
도 아주 많이 세탁할 수 있었기 때문이다. 이와는 달리 동일한 업종
에 있던 다른 사람들은 이런 비법을 가지고 있지 못했고, 따라서 겨
울에는 무명을 세탁하는 데 큰 어려움을 겪고 있었다.

반면 손 트지 않는 비법을 사려고 한 이방인은 그 방법을 송나라
가 아닌 다른 시스템에 성공적으로 적용한 인물로 그려진다. 송나라
사람으로부터 그가 사들인 비법은 분명 손을 트지 않게 하는 약을 만
드는 기술이었다. 그러나 이방인은 이 비법을 무명을 세탁하는 데 쓰
지 않고, 수전(水戰)을 행하는 데 사용하려고 시도했다. 장자의 말대
로 그는 이 비법을 "사용하는 바가 달랐던" 것이다. 마침내 그는 오나
라가 수전을 승리로 이끄는 데 결정적인 역할을 수행하게 되었고, 그
결과 금 백 냥보다 훨씬 더 많은 엄청난 부를 획득할 수 있게 되었다.

이 이야기에서 중요한 것은 사실 이런 점이다. 무명을 빨던 송나라 사람이 특정한 시스템 안에 매몰되어 있던 존재라면, 비법을 사들인 이방인은 시스템과 시스템 사이를 횡단하고 있던 인물이라는 점이다. 비법을 팔라는 이방인의 제안을 받고 송나라 사람은 가족을 모두 불러 놓고서 이 문제를 진지하게 의논한다. 그러나 사실 송나라 사람은 자신의 가족들과 의논할 필요가 애초에 없었다. 왜냐하면 그들은 모두 동일한 시스템 안에 속해 있고, 따라서 동일한 규칙을 공유하고 있는 구성원들이었기 때문이다. 동일한 규칙을 공유한 사람들 사이에서 이루어지는 대화와 토론이란 진정한 의미에서의 대화와 토론일 수 없을 것이다. 그들의 대화와 토론이 아무리 진지하다고 하더라도, 그것이 단지 공동체의 규칙을 집단적으로 재확인하는 차원에 머물 수밖에 없는 것도 이 때문이다.

고진의 시선을 통해 우리는 송나라 사람과 이방인 사이에 놓여 있는 결정적인 차이를 이해할 수 있게 되었다. 송나라 사람은 특정한 공동체 안에 머물러 있는 인간의 모습을 상징한다. 따라서 여기서는 차이의 주체, 즉 코기토가 결코 발생할 수 없다. 이 점은 송나라 사람이 자신이 속한 시스템을 바깥에서부터 비판적으로 성찰할 수 없었다는 점을 말해 준다. 반면 이방인은 송나라와 오나라의 사이, 혹은 월나라와 오나라의 사이에 서 있던 존재이다. 그는 바로 이 경계 지점에서 서로 다른 삶의 양식을 비교해 볼 수 있었다. 이 이방인이 고진이 말한 차이의 주체, 혹은 코기토를 대변하는 것도 바로 이러한 조망의 능력 때문이다.

**「역대제왕도」**(염입본, 7세기)

동양의 인물화를 보면 한 가지 특징이 드러난다. 권력자는 크게 그리고, 그를 따르는 하인들
은 작게 그려져 있다는 점이다. 화려한 면류관만으로 권력자를 권력자로 식별하기가 어려웠
던 것일까? 권력자와 동일한 인간들을 왜소하게 그리고, 나아가 그들을 권력자를 두드러지
게 하는 배경으로 만들어 버린 화가는 도대체 무슨 생각을 했던 것일까? 권력자를 위한 풍경
으로 전락해 버린 시종들에게 자유를, 그리고 그들의 타자성을 회복시켜야 하지 않을까?

# 3장_가장 심각한 철학적 문제, 타자

인간 존재는 인정받고자 하지 않으며 오히려 부인되기를 원한다. 인간 존재
는 존재하기 위해서 자신에게 이의를 제기하고 때로 자신을 부인하기도 하
는 타자를 향해 나아간다. 그 결과 인간 존재는 자신이 될 수 없다는, 즉 자
기 또는 분리된 개인으로서는 존속할 수 없다는 불가능성을 의식하게 만드
는, 상실의 체험 속에서 존재하기 시작한다. 따라서 인간 존재는 자신을 항
상 미리 주어진 외재성으로, 여기저기 갈라진 실존으로 체험하게 된다.
　　─블랑쇼, 『밝힐 수 없는 공동체』

## 1. 의사소통의 불가능성

'송나라 상인 이야기'의 주인공인 송나라 상인은 월나라에 들어서자
마자 그곳에서 차이와 낯섦을 경험하게 된다. 모자를 팔기 위해 월나
라에 들어갔지만, 월나라 사람들은 모자를 전혀 필요로 하지 않았기
때문이다. 그렇다면 결국 송나라 상인이 월나라에서 느꼈던 차이와
낯섦이란, 타자와의 우연한 마주침이 낳은 효과라고 이해할 수 있을
것이다. 사실 타자라는 범주는 차이라는 범주보다 우선적인 것이라

고 말할 수 있다. 고독한 자아 혹은 유아론적 자아에게는 차이라는 것이 존재할 수 없고, 단지 공허한 동일성만이 존재할 수밖에 없기 때문이다. 타자와 마주침으로써만 우리는 자신과 타자 사이의 차이를 발견하게 되고, 타자를 낯설게 경험하는 만큼 자신도 낯선 무엇으로 경험할 수 있게 된다. 따라서 장자가 차이와 낯섦을 발견했다고 하는 것은, 그가 타자를 발견했다고 말하는 것과 동일한 의미를 가지고 있다.

다른 존재를 의미하는 타자라는 개념은 과연 어떻게 이해될 수 있을까? 그것은 우선 송나라 상인이 월나라에 들어가서 처음 만났던 월나라 사람들로 구체화될 수 있다. 월나라 사람들이 진정 송나라 상인에게 타자일 수 있었던 이유는, 그들이 송나라 상인이 속한 공동체 혹은 시스템의 규칙을 공유하지 않았기 때문이다. 타자로서 월나라 사람들은 자신들만의 규칙을 가지고 있었던 것이다. 그렇다면 타자란 우선 나와는 다른 공동체 혹은 나와는 다른 시스템에 속해 있는 사람이라고 정의할 수 있겠다.

이 점을 명확히 하기 위해 앞서 살펴본 '이방인 이야기'를 떠올리며 다음과 같이 질문해 보자. 이 에피소드에 등장하는 송나라 사람에게 그의 가족들은 과연 타자라고 불릴 수 있었을까? 비록 그의 가족들이 외형적으론 그와 다른 사람으로 보일지 몰라도, 그들은 결국 송나라 사람에게 타자가 될 수 없었다. 나머지 가족들은 그와 동일한 공동체의 규칙을 공유하고 있었기 때문이다. 이 점에서 타자와의 마주침은 타자가 속한 시스템과 내가 속한 시스템 사이, 혹은 양자 간의 차이에 직면한 것이라는 점을 이해할 수 있다.

　『장자』「제물론」에 등장하는 다음의 '논쟁 이야기'는 장자가 얼마나 타자와 차이의 문제에 대해 심각하게 숙고했었는지를 잘 보여준다.

　　제가 당신과 논쟁을 했다고 합시다. 당신이 저를 이기고 제가 당신을 이기지 못한다면, 당신은 정말 옳고 저는 정말 그른 것일까요? 반대로 제가 당신을 이기고 당신이 저를 이기지 못한다면, 저는 정말 옳고 당신은 정말 그른 것일까요? 또 한쪽이 옳으면 다른 한쪽은 반드시 그른 것일까요? 아니면 두 쪽이 모두 옳거나 두 쪽이 모두 그른 경우는 없을까요? 당신이나 저 모두 알 수가 없다면, 이 논쟁을 듣고 있는 다른 사람도 헷갈릴 것입니다. 그렇다면 누구에게 부탁해서 이런 당혹스런 사태를 판정해 달라고 할 수 있을까요? 당신과 생각이 같은 사람에게 판정해 보라고 하면, 이미 당신과 의견이 같은데 그가 어떻게 올바로 판정할 수 있을까요? 반대로 저와 생각이 같은 사람에게 판정해 보라고 하면, 이미 저와 의견이 같은데 그가 어떻게 올바로 판정할 수 있을까요? 당신의 생각과도 다르고 저의 생각과도 다른 사람에게 판정해 보라고 한다면, 이미 당신이나 저와 생각이 다른데 그가 어떻게 올바로 판정할 수 있겠습니까? —「제물론」

既使我與若辯矣. 若勝我, 我不若勝, 若果是也, 我果非也邪? 我勝
기 사 아 여 약 변 의　약 승 아　아 불 약 승　약 과 시 야　아 과 비 야 야　아 승
若, 若不吾勝, 我果是也, 而果非也邪? 其或是也, 其或非也邪? 其
약　약 불 오 승　아 과 시 야　이 과 비 야 야　기 혹 시 야　기 혹 비 야 야　기

俱是也, 其俱非也邪? 我與若不能相知也, 則人固受其黮闇. 吾誰
구 시 야       기 구 비 야 야       아 여 약 불 능 상 지 야       즉 인 고 수 기 탐 암       오 수
使正之? 使同乎若者正之, 既與若同矣, 惡能正之? 使同乎我者正
사 정 지       사 동 호 약 자 정 지       기 여 약 동 의       오 능 정 지       사 동 호 아 자 정
之, 既同乎我矣, 惡能正之! 使異乎我與若者正之, 既異乎我與若
지       기 동 호 아 의       오 능 정 지       사 이 호 아 여 약 자 정 지       기 이 호 아 여 약
矣, 惡能正之?
의       오 능 정 지

이 대화에서는 두 사람 간의 논쟁이 팽팽하게 전개되고 있다.
「제물론」의 추상적인 논의를 쉽게 이해하기 위해서 '송나라 상인 이
야기'에 이 논리를 적용해 보도록 하자. 송나라 상인과 월나라 사람
사이에 논쟁이 시작되었다고 가정해 보자. 송나라 상인은 '사람은 자
신의 신분을 나타내기 위해서 그에 걸맞는 모자를 사용해야만 한다'
라고 주장하고 있다. 반면 월나라 사람은 '사람은 자신의 신분을 나
타내기 위해서 그에 걸맞는 문신을 사용해야만 한다'라고 주장한다.
만약 두 사람이 치열하게 논쟁해서 송나라 상인이 이겼다고 한다면,
이 경우에 월나라 사람의 주장은 과연 그른 것일까? 반대로 월나라
사람이 이겼다고 한다면, 송나라 상인의 주장 역시 그르다고 할 수
있을까?

이런 식으로 장자는 상이한 공동체에 속하는 두 사람 사이에서
벌어질 수 있는 모든 논쟁의 가능한 경우들을 하나하나 점검해 나간
다. 마침내 그는 송나라 상인과 월나라 사람의 논쟁을 중재하기 위해
서 제3자를 도입하는 데까지 이른다. 중재를 위해서 논쟁에 개입한
제3자는 논리적으로 다음과 같은 세 가지의 가능성을 가질 수 있다.
첫번째는 이 사람이 송나라 상인과 공동체의 규칙을 공유하고 있는

인물일 가능성이다. 두번째는 이 사람이 월나라 사람과 공동체의 규칙을 공유할 수 있는 가능성이다. 마지막으로 세번째는 이 사람이 월나라의 규칙이나 송나라의 규칙과는 전혀 다른, 예를 들자면, 가령 흉노(匈奴)족과 같이 변방 지역의 이질적인 규칙을 따를 수 있는 가능성이다.

그런데 여기서 문제는 세 가지 가능성 중 어떤 경우도 송나라 상인과 월나라 사람 사이의 치열한 논쟁을 해결할 수 없다는 데 있다. 첫번째 경우나 두번째 경우, 제3자는 이미 논쟁을 중재할 수 있는 객관적인 위치에 서 있지 않다. 그는 이미 송나라 상인의 규칙을 공유하고 있거나 아니면 월나라 사람의 규칙을 공유하고 있기 때문이다. 그는 아무리 잘해도 편파적인 중재자에 지나지 않을 것이다. 마지막 세번째 경우 제3자는 분명 송나라 상인과 월나라 사람과는 다른 객관적인 위치에 서 있는 것처럼 보인다. 그러나 그도 두 사람을 중재하는 데는 실패할 수밖에 없다. 왜냐하면 그는 자신이 속한 특정한 공동체의 규칙, 즉 흉노족의 삶의 양식과 규범만을 따르려고 할 것이기 때문이다.

이쯤 되면 우리는 당혹감을 느끼지 않을 수 없다. 송나라 상인과 월나라 사람 사이의 논쟁을 어떻게 중재해야 한단 말인가? 장자는 과연 어떤 기막힌 방법을 제안하려고 이렇게까지 장황한 논의를 전개해야 했을까? 더구나 그는 왜 논쟁을 중재할 수 있는 다양한 가능성들을 하나하나 제시하자마자, 곧바로 그것들이 모두 불가능하다고 결론을 내리는 것일까? 그렇다면 우리는 그가 지금 하나의 역설

(paradox)을 우리에게 제안하고 있다고 생각해 볼 수 있다. 중재가 가능한 논쟁은 진정한 논쟁이 아니며, 진정한 논쟁은 중재가 불가능한 것이라는 역설을. 여기에서 중재가 가능한 논쟁이란 논쟁의 양측이 모두 동일한 공동체의 규칙을 공유하고 있을 때 이루어지는 논쟁을 말한다. 반면 중재가 불가능한 논쟁이란 논쟁의 양측이 서로 다른 공동체의 규칙을 가지고 있을 때에 이루어지는 논쟁을 말한다고 볼 수 있다.

그렇다면 송나라 상인과 월나라 사람은 이런 상황에서 어떻게 해야 할까? 장자가 말한 대로 그것은 어떤 식으로도 중재될 수 없는 것으로 보이기 때문이다. 그런데 문제의 실마리는 바로 동일한 지점에 함께 놓여 있다. 장자는 우리에게 타자와의 사이에서 벌어지는 논쟁이란 어떤 합리적 수단으로도 해결이 불가능하다는 점을 말하고 싶었던 것이다. 애초에 논쟁의 해결과 타자와의 만남이란 사건은 양립되기 어려운 것처럼 보인다. 그렇다면 타자와 마주쳤을 때 우리가 경험할 수밖에 없는 낯섦과 차이는 끝내 해소될 수 없다는 말인가? 장자는 결코 그렇지 않다고 답한다. 어느 순간 우리는 차이를 가로지르는 대붕이 될 수 있고, 마침내 타자와 소통할 수도 있다는 것이 장자의 궁극적인 입장이었기 때문이다. 그의 입장을 받아들일 때, 차이를 가로지르는 비행이란 어떻게 해야 가능한 것일까? 우리가 이런 의문을 가진다면, 이제 장자철학의 핵심으로 한 걸음 더 들어가게 된 것이다.

## 2. 관계 아닌 관계

장자는 타자와의 소통이라는 불가능한 듯 보이는 과제를 자신의 철학적인 문제로 끌어안고 집요하게 사유했던 사람이다. 그러나 우리는 장자가 제안했던 타자와의 소통이라는 문제에 접근하기 위해서 많은 우회로를 거칠 필요가 있다. 장자와 우리 사이에는 2천 년도 더 지난 시간과 공간의 장벽이 존재하고 있기 때문이다. 장자와의 대화에서 도움을 얻기 위하여 우리는 잠시 비트겐슈타인과 레비나스(E. Lévinas , 1906~1995)라는 철학자의 이야기를 살펴볼 것이다. 타자성이라는 문제에 있어 두 사람만큼 장자에 필적할 만한 사유를 전개했던 철학자도 드물기 때문이다. 우리가 장자 이해를 위해 현대 철학자인 두 사람의 이야기를 이 시점에서 참조할 수 있다는 것은, 그만큼 장자의 사유가 보편성을 확보하고 있었다는 점을 말해 주는 것이기도 하다.

서로 화해될 수 없는 두 원리가 실제로 마주치는 곳에서, 각자는 타자를 바보니 이단자니 하고 선언한다. 나는 내가 타자와 '싸우게' 될 것이라고 말하였다. 그러나 나는 도대체 그 타자에게 근거들을 주지는 못하는 것일까? 물론 줄 수도 있을 것이다. 그러나 그것들이 어디까지 가겠는가? 근거들의 끝에는 (결국) 설득이 있다. (선교사들이 원주민들을 개종시킬 때 무슨 일이 일어나는지를 생각해 보라.)─비트겐슈타인, 『확실성에 관하여』

아마도 위와 같은 비트겐슈타인의 이야기를 읽은 독자들은 깜짝 놀랄지도 모른다. 그의 사유가 이미 앞에서 살펴본 장자의 '논쟁 이야기'의 논리를 거의 그대로 반복하고 있기 때문이다. 비트겐슈타인도 근본적으로 낯섦과 차이를 도입함으로써 타자의 문제에 대해 사유하려고 했던 인물이다. 선교사들과 원주민들 사이의 차이 그리고 양자 사이의 마주침! 선교사와 원주민은 각각 다른 공동체에 속해 있고 따라서 그들이 따르고 있던 규칙 또한 상이할 수밖에 없었을 것이다. 비트겐슈타인은 이것을 "서로 화해될 수 없는 두 가지 원리"라고 부르고 있다. 이처럼 통약불가능한 두 가지 원리가 서로 마주칠 때, 선교사는 원주민을 그리고 원주민은 선교사를 타자로서 만날 수밖에 없게 된다.

분명 선교사는 자신이 믿는 기독교를 선교하기 위해서 원주민이 살고 있는 땅으로 갔을 것이다. 그러나 원주민들은 기독교의 원리와는 이질적인 자신들 나름의 독특한 종교를 가지고 있었다. 우리는 이 경우 어떤 일이 벌어지게 될지 어렵지 않게 짐작할 수 있다. 선교사와 원주민은 비트겐슈타인의 말대로 서로 격렬하게 "싸우게" 될 것이다. 바로 이 지점에서 선교사나 원주민은 상대방을 "바보니 이단자니" 하고 단언하면서 끝내 속으로는 절망하고 말 것이다. 물론 처음에는 절망이 아닌 희망의 빛이 선교사와 원주민들 각자에게 비추어졌을 수 있다. 선교사는 힘은 들지만 언젠가 원주민들에게 기독교를 선교할 수 있을 것이라는 희망을 가졌을 것이고, 역으로 원주민들 역시 선교사가 자신들과 함께 살다 보면 언젠가 자기들의 고유한 종교를 받아들일 것이라고 믿었을 것이다.

장밋빛 미래를 꿈꾸며 선교사는 기독교를 인정할 수밖에 없는 근거들을 원주민에게 제공할 것이다. 그러나 비트겐슈타인 말대로 "그것들이 (과연) 어디까지 가겠는가?" 결국 마지막에는 '논증'이 아닌 정서적인 '설득'의 과정만이 남을 것이기 때문이다. 그러나 서로가 서로에게 있어서 타자로 남아 있는 한 설득이란 것 역시 무슨 소용이 있겠는가? 이 때문에 양자는 결국 서로 "싸울" 수밖에 없는 것이다. 이런 이유로 우리는 매번 타자 앞에서 절망할 수밖에 없다. 타자 앞에 서면 그와는 어떤 소통의 가능성도 모두 차단되어 있는 것처럼 보이기 때문이다. 바로 이 지점에서 타자에 대한 레비나스의 생각이 빛을 발한다.

타자와의 관계는 공동체와의 전원적이고 조화로운 관계가 아니며, 우리가 타자의 입장에서 봄으로써 우리 자신이 그와 유사하다고 인식하도록 만드는 공감도 전혀 아니다. 타자와의 관계는 우리에 대해 외재적인 것이다. 타자와의 관계는 하나의 신비와의 관계이다. 그것이 바로 그의 외재성이며 혹은 그의 타자성이다. ─레비나스, 『시간과 타자』

타자는 나와 같은 공동체에 속해서 삶의 규칙을 공유하는 존재가 아니다. 이 때문에 레비나스는 "타자의 입장에서 본다"는 것 자체가 사실 불가능하다고 이야기하고 있다. 타자의 입장에서 볼 수 있는 것이 가능한 일이라면, 사실 그 타자는 우리에게 진정한 타자일 수 없을 것이다. 그래서 결국 레비나스는 타자와의 관계란 철저하게 외재적인 것이라고 토로하고 만다. 타자는 결코 나의 내면으로 환원될 수 있는 것이 아니라는 말이기도 하다.

여기서 우리는 인간 실존의 역설을 직감하게 된다. 나와 타자는 관계를 맺지만 동시에 관계를 맺을 수 없는 존재이다. 타자와 마주쳤다는 점에서 나는 타자와 관계를 맺은 것이지만, 한편 타자는 나에 대해 전적으로 외재적이므로 나는 결국 타자와 관계를 맺지 못한다. 이 때문에 레비나스는 타자와의 관계를 "하나의 신비와의 관계"라고 이야기했던 것이다. 이것은 타자와의 관계가 역설적이게도 "관계 아닌 관계"라는 점을 보여주고 있다. 그런데 아쉬운 것은 레비나스에게 있어 타자의 위상이 지나치게 신비화되어 있는 것처럼 보인다는 점이다. 이것은 아마도 그가 타자와 마주친 주체의 입장에서 자신의 사유를 전개했기 때문에 드러난 결과일 것이다. 스스로 투명한 주체에게 있어 자신이 마주하고 있는 타자는 여전히 불투명한 무엇으로 다가오기 때문이다.

장자도 비트겐슈타인 그리고 레비나스와 마찬가지로, 아니 그들보다 앞서 타자를 발견했고 그 문제를 끈덕지게 사유했던 철학자이다. 어느 경우든 타자의 발견이란 사건은, 나 자신이 나만의 규칙에 갇혀 있다는 것을 자각하는 것과 동시적인 사태이다. 그러나 장자에게는 비트겐슈타인이나 레비나스를 넘어서는 어떤 측면이 있었다. 장자는 우리가 타자와 적절히 소통할 수 있는 구체적인 방법에 대해서도 사유했기 때문이다. 아쉽게도 아직 우린 장자의 구체적인 제안들을 들을 만한 충분한 준비가 되어 있지 않다. 그렇지만 조급한 마음의 독자들을 위해서 장자가 제안한 한 가지 방법을 살짝 엿보도록 하자.

> 마음으로 하여금 타자를 자신의 수레로 삼아 그것과 노닐 수 있도록 하고, '멈추려 해도 멈출 수 없는 것' 〔不得已〕에 의존해 중(中)을 기르는 것이야말로 우리가 할 수 있는 최선의 일이다. ─「인간세」
> 且夫乘物以遊心, 託不得已以養中, 至矣.
> 차 부 승 물 이 유 심    탁 부 득 이 이 양 중    지 의

장자의 이야기에 따르면 우리는 누구나 자신이 속해 있는 공동체의 규칙을 수레로 삼아서 살아가고 있다. 그런데 지금 장자는 타자를 수레로 삼아야 한다고 이야기한다. 사실 자신이 익숙하게 타던 수레를 버리고 새로운 수레를 탄다는 것 자체가 매우 낯설고 위험스러운 일이다. 그럼에도 불구하고 장자는 이 불가능해 보이는 작업을 우리에게 수행하라고, 그리고 그 위험을 감당하라고 이야기하고 있다. 머리로만 생각한다면 오히려 장자의 권고는 그렇게 어려운 일이 아닐 수도 있다. 그러나 실제로 그가 권하고 있는 행위는 너무도 위험한, 거의 "목숨을 건 비약"(salto mortale)을 필요로 하는 일이다. 그것은 친숙함을 버리고 낯섦에 전적으로 자신을 맡기는 결단을 필요로 하기 때문이다.

시속 50km로 달리고 있는 자동차에서 시속 70km나 30km로

달리는 자동차로 뛰어내리는 경우를 한번 생각해 보라. 새로운 자동차에 몸을 싣자마자 우리는 기존의 자동차에서 가지고 있었던 균형 감각이 동요되는 경험을 하며 기우뚱거리게 될 것이다. 이미 낯선 속도로 달리고 있는 자동차는 내가 '멈추려고 해도 멈출 수 없는'[不得已] 고유한 속도로 달리고 있기 때문이다. 이때 우리가 할 수 있는 유일한 일은 새로운 자동차의 속도에 맞추어서 새로운 균형 감각, 즉 중(中)을 기르는 것뿐이다. 만약 새로운 자동차에서 균형을 잡는 데 성공한다면, 우리는 새로운 자동차와 소통하는 데 이른 것이다. 그렇지 않고 넘어진다면 우리가 자신의 삶마저도 버려야 할 상황에 이를지도 모른다. 장자의 사유는 타자와 소통할 때 생기는 위험성을 최대한 줄이는 방법을 숙고하는 데 집중되어 있다. 어떻게 하면 우리는 친숙한 자동차로부터 낯선 자동차로 성공적으로 비약할 수 있으며, 나아가 새롭게 발을 디딘 자동차와 소통하여 새로운 균형 감각을 확보할 수 있을까?

　　타자와의 마주침은 우리에게 흔히 두려움과 절망감을 안겨준다. 이렇게 타자와의 마주침이 겉보기엔 단순히 불운인 것처럼 보이지만, 어느 순간 우리에게 일종의 행운으로 반전될 수 있다는 점을 잊어서는 안 된다. 우리는 스스로의 힘만으로는, 자신이 특정한 공동체의 규칙을 무의식적으로 따르면서 살고 있다는 것을 자각하기 힘들다. 오직 타자와 마주쳤을 때에만 우리는 자신이 지금까지 특정한 삶의 규칙을 따르고 있었다는 것을 알아차리게 된다. 무의식적으로 따랐던 삶의 규칙은 이제 대상화되면서, 우리는 비로소 스스로를 자유롭게 만들 수 있는 실마리를 얻게 된다. 어렸을 때부터 강압적인 가정에서 자라나 억압적 분위기에 익숙해진 아이가 있다고 가정해 보자. 작고 어려서 아무런 힘이 없던 그 아이는 권위적인 삶의 규칙을 내면화할 수밖에 달리 길이 없었을 것이다. 그런데 이런 방식으로 내면화된 삶의 규칙은 아이가 집밖을 나설 때까지는 결코 대상화되지 않는다.

그러나 아이가 성장하여 비로소 집밖으로 스스로 나갔을 때, 정확히 말해서 다른 가정환경에서 자란 아이와 우연히 만나게 되었을 때, 상황은 급변하기 시작한다. 이 아이는 자신이 맹목적으로 복종해 왔던 권위적인 삶의 규칙에 대해 회의를 갖게 될 것이다. 바로 이 지점이 매우 중요하다. 그는 권위적인 삶의 규칙이 지금까지 자신의 삶을 잿빛으로 만들어 왔다는 사실을 그제서야 비로소 알아차리게 되기 때문이다.

이제 그는 일종의 작은 결단 하나를 내리게 된다. 지금까지 통제받아온 나의 삶을 되찾을 것인가? 아니면 권위적인 삶의 규칙에 다시 복종하여 모범적인 사람으로 살 것인가? 자신이 맹목적으로 따라왔던 삶의 규칙을 의식하지 않았다면, 이 아이에게는 애초에 이런 결단과 선택의 기로가 생기지도 않았을 것이다. 그렇다면 이 아이에게 결단과 자유의 계기를 가져다 준 우연한 행운은 어디에서부터 유래한 것인가? 이런 질문을 던질 때 우리는 결국 타자와의 우연한 마주침이 아이에게 삶을 긍정할 수 있는 새로운 계기를 주었다고 인정할 수밖에 없을 것이다.

## 3. 로빈슨 크루소의 타자

우리는 타자와의 마주침에 대해서 미리부터 너무 비관적인 전망을 가질 필요는 없다. 그 마주침이 위험을 동반한 비약이지만 그것은 또한 나의 삶을 새롭게 긍정할 수 있는 계기, 우리에게 자유를 가능하게 하는 행운의 계기이기도 하기 때문이다. 우리는 타자, 삶 그리고 자유라는 쟁점에 대해 좀더 숙고해 보기 위해서 미셸 투르니에(M. Tournier, 1924~)의 작품, 철학책보다 더 철학적인 소설인 『방드르디, 태평양의 끝』(*Vendredi ou les Limbes du Pacifique*, 이하『방드르디』로 표기)를 잠시 들여다볼 것이다. 투르니에만큼 집요하고 깊이 있게 타자의 문제를 사유했던 현대 작가도 드물 것이다. 들뢰즈(G. Deleuze, 1925~1995)마저도 타자를 사유하는 데 있어 자신의 친구인 투르니에로부터 많은 영향을 받았다는 것은 이미 유명한 사실이 아닌가?

『방드르디』는 다니엘 디포(D. Defoe, 1660~1731)가 지은 『로빈슨 크루소』(*The Life and Strange Surprising Adventures of Robinson Crusoe of York*)를 패러디한 것이라고 할 수 있다. 그러나 우리는 투르니에의 패러디를 가볍게 웃어넘길 수만은 없다. 그의 패러디는 아주 심각한 인식론적 단절을 함축하고 있기 때문이다. 그 단절은 바로 주체 중심적인 발상으로부터 타자 중심적인 발상으로의 이행이라고 할 수 있는 것이다. 사실 이 점은 소설의 제목만을 보아도 알 수 있지 않은가? 프랑스어로 '금요일'을 의미하는 '방드르디'(Vendredi)는 디포의 『로빈슨 크루소』에 등장하는 '프라이데이'(Friday)라는 원주민을 가리키는 것이다. 이렇게 해서 투르니에는 로빈슨 크루소를 주인공의 자리에서 쫓아내고, 그 자리에 로빈슨의 하인 노릇을 하던 '방드르디'를 새롭게 캐스팅한 것이다.

『로빈슨 크루소』에서와 마찬가지로 『방드르디』의 경우에도, 로빈슨이 무인도에 표류하면서부터 이야기가 시작된다. 자신이 머물 수밖에 없는 무인도를 그는 처음에는 '탄식의 섬'이라고 부르다가 나중에는 '희망'을 뜻하는 '스페란차'라는 이름으로 부르게 된다. '탄식의 섬'은 자신이 영국으로부터 버려졌다는 것을 상징한다면, '스페란차'는 무인도에 영국의 식민지를 재건하겠다는 로빈슨의 결연한 의지를 반영하는 것이다. 마침내 그는 스페란차를 지배하는 법률을 제정하기에까지 이른다. 비록 자신 혼자만이 이 섬의 주민이라고 할지라도 말이다. 그 법률의 내용을 잠시 구경해 보자.


스페란차 섬의 헌장
당 지역 월력 제1,000일부터 시행
제1조 : 조지 2세 폐하의 신민인 존경하는 치운 조지 폭스에게서 받은 교육에 의거하여 인지하고 복종하게 된 성령의 가르침에 따라 1737년 12월 19일 요크 시에서 출생한 로빈슨 크루소는 후안페르난데스 제도와 칠레의 서해 연안 사이의 태평양 상에 위치한 스페란차 섬의 총독으로 임명된다. 그 자격으로 그는 섬 지역과 그 영해 일원에 대하여 내적인 빛이 지시하는 의미와 방향으로 법을

제정하고 시행하는 전권을 수임받는다.

제2조 : 섬에 거주하는 모든 주민들은 할 수 있는 한 일체의 생각을 알아들을 수 있도록 크고 높은 소리로 말할 의무가 있다.

……

제5조 : 일요일은 휴일로 정한다. 토요일 19시를 기하여 섬 안에서는 일체의 노동이 중지되어야 하며 주민들은 식사를 위한 가장 좋은 의복을 착용해야 한다. 일요일 아침 10시에 성서에 대한 종교적 명상을 위하여 주민들은 사원 안에 집합해야 한다.

—투르니에, 『방드르디』


사실 로빈슨이 첫번째로 마주친 타자는 바로 이 무인도였다고 할 수 있다. 그는 이 섬이 타자였다는 것을 알아차렸고, 그래서 섬의 이름을 '탄식의 섬' 이라고 명명했던 것이다. 무인도 자체가 그의 희망찬 모든 기대를 저버리는 낯선 존재였기 때문이다. 그러나 그는 이런 식으로는 낯선 섬에서 견딜 수가 없었다. 그가 무인도를 하나의 식민지로 간주하면서 '스페란차' 라고 명명한 것도 바로 이런 이유에서이다. 그는 스스로 자기최면을 걸게 된 것이다. 자신은 운이 나빠서 어쩔 수 없이 무인도에 표류한 것이 아니다. 오히려 자신은 무인도를 문명화시키기 위한 성스러운 의무를 띠고 이곳에 입성한 것이다. 이것은 결국 로빈슨이 타자와 소통하기를 포기하고, 타자를 일방적으로 제압하려고 함으로써 자기 위안을 얻으려고 했다는 점을 보여준다. 그러나 얼마나 우스운 일인가? 아무도 없는 무인도에서 일요일에 자신이 만든 교회에서 예배를 보는 로빈슨의 모습이 말이다. 중요한 것은 로빈슨이 '스페란차의 헌장'에서 자신의 '탄식'을 '희망'으로 바꾸기 위해 영국의 제국주의와 청교도주의, 즉 국가주의와 종교주의에 여전히 호소하고 있다는 점이다. 그러나 식민지 건설이 한창일 때, 그는 두번째 타자와 우발적으로 마주치게 된다. 그가 바로 '방드르디'라는 존재이다.

방드르디는 웃는다. 무시무시할 정도로 폭소를 터뜨린다. 그 웃음은 총독과 그가 통치하는 섬의 겉모습을 장식하고 있는 그 거짓된 심각성의 가면을 벗겨 뒤죽박죽으로 만든다. 로빈슨은 자기의 질서를 파괴하고 권위를 흔들어 놓는 그 어린 웃음의 폭발을 증오한다. 사실 바로 방드르디의 그 웃음 때문에 그의 주인은 처음으로 그에게 손찌검을 했다. 방드르디는 주인을 따라 그가 말하는 개념, 원칙, 규율, 신비의 말씀을 반복해 말하도록 되어 있었다. 로빈슨이 말했다. '하나님은 전지전능하시며, 도처에 존재하시며, 끝없이 착하시고, 다정하시며, 의로우신 주인이니 인간과 모든 사물의 창조자시니라.' 방드르디는 억누를 수 없다는 듯이 신을 모독하는 듯한 웃음을 터뜨렸고, 철썩하는 따귀 소리와 함께 미칠 듯 타오르던 불꽃을 눌러 끈 것처럼 웃음을 멈추었다. —투르니에, 『방드르디』

바로 이 지점에서부터 작가 투르니에는 다니엘 디포와는 다른 길을 걸어가게 된다. 이제 주인공의 자리는 로빈슨이 아니라 그의 노예인 방드르디가 차지하게 되었기 때문이다. 방드르디는 투르니에의 이야기에서 로빈슨의 모든 시도를 좌절시키는 타자로 등장한다. 무인도 스페란차는 로빈슨의 '희망'에 대해 아무런 반응을 보이지 않았다. 물론 스페란차가 로빈슨의 폭력적인 식민지 정책에 저항할 수 없어서 그런 것은 아니다. 오히려 스페란차는 로빈슨에게 어떤 반응도 보일 필요가 없었다고 해야 할 것이다. 무인도 스페란차라는 타자는 로빈슨을 압도할 수 있는 힘을 가지고 있었기 때문이다. 만약 로빈슨이 귀찮을 정도로 자신을 훼손하려고 한다면, 스페란차는 가벼운 산사태 하나로 순식간에 그를 매장시켜 버릴 수도 있었을 것이다. 그렇다면 완전한 무반응은 오히려 스페란차의 위대함을 보여주는 증거였던 셈이다.

그러나 방드르디는 스페란차만큼 파괴적이고 압도적인 타자는 아니었다. 그가 로빈슨의 행동에 대해 반응을 보였던 것도 바로 이 때문이라고 할 수 있다. 로빈슨에 대한 방드르디의 반응은 우선 '웃음'이었다. 웃음은 가벼운 것이기도 하면서, 동시에 로빈슨의 청교도적 제국주의의 경건함을 와해시킬 수 있는 강력한 무기이기도 했다. 로빈슨의 국가주의와 종교주의는 방드르디의 폭소로 인해서 일종의 희극으로 전락하고 말기 때문이다. 화가 치밀어 올라 방드르디의 따귀를 때렸을 때, 사실 로빈슨은 자신이 의지하고 있었던 가치와 신념이 전혀 보편적이지 않다는 사실에 당황하여 분노했던 것이리라. 어쨌든 방드르디라는 타자가 등장함으로써, 로빈슨은 이제 조금씩 자신도 모르는 사이에 변하게 된다. 물론 이것은 모두 방드르디라는 타자와 소통하면서 생긴 불가피한 결과였다. 방드르디는 로빈슨으로부터 국가주의와 종교주의를 회의하도록 만든 의도치 않은 선생이었던 셈이다.

로빈슨이 표류하게 된 지 28년 만에 마침내 스페란차에 '화이트 버드'라는 배가 들어오게 된다. 이렇게 해서 로빈슨은 드디어 자신의 과거세계, 즉 문명세계와 다시 만나게 되었다. 헌터라는 선장과 마주 앉아 식사하면서 로빈슨은 다음과 같이 생각한다.

로빈슨이 볼 때 악은 그보다 훨씬 더 깊은 데 있었다. 그는 마음속으로 그 사람들 모두가 열에 들뜬 듯이 추구하는 것으로 보이는 여러 가지 목적의 어쩔 수 없는 상대적 성격이 바로 악의 바탕이라 비판하고 있었다. 왜냐하면 그들은 모두 목적을 추구하고 있었고, 그 목적이란 어떤 획득, 어떤 부(富), 어떤 만족 따위였다. 그렇지만 무엇 때문에 그 획득, 부, 만족을 추구한단 말인가? 물론 그 어느 누구도 그것에 대하여 대답할 수 없을 것이다. …… "너는 뭣 하러 살고 있는 거지?"라고 그는 선장에게 물어볼 수 있을 것이다. 헌터는 물론 뭐라고 대답해야 할지 모를 것이다. 그가 빠져나가는 유일한 방법은 같은 질문을 이 고독한 인간에게 되돌려 보내는 것이리라. 그러면 로빈슨은 왼손으로는 스페란차의 대지를 가리켜 보이고, 오른손은 태양 쪽으로 쳐들어 보일 것이다. ─투르니에, 『방드르디』

다니엘 디포의 로빈슨은 기꺼이 화이트버드를 타고 영국으로 되돌아간다. 그러나 투르니에의 로빈슨은 오히려 영국을 버리고 스페란차에 남으려고 한다. 이미 그는 스페란차와 방드르디라는 예기치 못한 타자와 소통하게 되었고, 그것을 통해 국가주의와 종교주의의 허구성과 폭력성을 깨달았기 때문이다. 국가와 종교는 모두 초월적인 목적이라는 달콤한 미끼를 통해 인간의 마음을 유혹하며 지배하려고 든다. 그것은 현세의 부유함이나 명예 혹은 내세의 행복이라는 등의 다양한 외양을 갖추고 있다. 달콤한 미끼를 덥석 무는 순간, 우리는 자신의 삶을 부정적인 것으로 보는 허무주의에 빠지고 만다. 그러나 이미 로빈슨은 자신의 삶의 목적이 초월적이지 않고 내재적이라는 것을 알아차리게 되었다. 그가 자신을 받치고 있던 땅 스페란차와 자신을 비추고 있는 태양을 가리켰던 이유가 바로 여기에 있다. 마침내 그는 일체의 초월적인 가치에 현혹되지 않는 삶, 그 자체로 긍정적인 삶을 되찾을 수 있었던 것이다.

『방드르디』에서 투르니에는 타자와의 마주침과 소통이 우리에게 긍정적인 삶의 전망을 준다는 점을 이야기하고 있다. 처음 무인도에 표류했을 때, 그리고 방드르디에 의해 조롱받았을 때, 로빈슨은 탄식했고 또한 분노했다. 그러나 이것은 결국 로빈슨을 지배하고 있던 국가주의와 종교주의의 관념 자체가 드러낸 탄식과 분노가 아니었을까? 투르니에와 마찬가지로 장자는 "마음으로 하여금 타자를 자신의 수레로 삼아 그것과 노닐 수 있도록 해야"한다고 역설한다. 타자와 마주치지 않는다면, 우리는 자신이 맹목적으로 따르던 삶의 규칙에 대해 전혀 반성할 수 없을 것이다. 타자와 소통하지 않는다면, 우리는 새로운 삶의 양식을 상상하고 만들어낼 수도 없을 것이다. 기존의 삶의 규칙이 지닌 문제들은 오직 새로운 삶의 규칙을 통해서만 대상화되고 해소될 수 있는 법이다. 그러나 이 과정은 또한 얼마나 많은 시간과 인내를 요구하겠는가? 로빈슨이 자신의 삶을 긍정할 때까지 자그마치 28년이란 긴 시간이 필요했다는 점을 잊지 말아야 한다.

# 장자에 대한 오해 그리고 진실

## 1. '노장'(老莊)이라는 상상적 범주

'도'(道)라는 말을 들어 보지 않은 사람은 별로 없을 것이다. 도라는 개념은 서양에서의 진리(truth)라는 개념에 상응한다. 현재 몇몇 사람들은 도가 서양의 진리를 넘어서는 것이라고, 그래서 동양의 전통이 언젠가 각광을 받게 될 것이라고 선전하고 다닌다. 그들이 약속한 장밋빛 미래에 들뜬 나머지 우리들은 이렇게 되물어본다. "그런데요, 선생님. 도대체 도란 무엇입니까?" 그러면 이들은 기다렸다는 듯이 다음과 같이 대답할 것이다. "도라고 말할 수 있는 것은 도가 아니지요"(道可道非常道). 이것은 중국철학 최초로 도의 신비를 가장 잘 이해했다고 평가되는 노자의 이야기이다.

노자는 흔히 도가(道家)의 창시자라고 기억되고 있다. 도가라는 학파 이야길 들으면 우리는 또 한 명의 사상가를 떠올리게 된다. 그가 바로 다름 아닌 장자이다. 보통 장자는 노자철학에 대한 훌륭한 주석가이자 탁월한 해설자로 기억되고 있다. 도가사상이 흔히 노장(老莊)사상이란 이름으로 불리는 이유도 바로 여기에 있다. 공자와 맹자로 대표되는 유가(儒家)가 인간과 사회라는 틀 안에 갇혀 있던 것과는 달리, 도가는 보통 인간을 넘어서는 전체 우주의 지평에서 사유를 전개했던 학파로 알려져 있다. 분명 언어는 인간의 사회적 활동에 속해 있는 것이다. 따라서 언어로 표현된 '도'가 전체 우주의 근본 법칙인 '도', 진정한 '도'일 수는 없을 것이다. 그래서 노자는 "도라고 말할 수 있는 것은 도가 아니다"라는 주장을 내세울 수밖에 없었다는 것이다.

노자는 인간의 모든 문제가 말할 수 없이 신비한 도를 망각했기 때문에 발생한 것이라고 진단한다. 따라서 그는 진정한 평화와 행복을 얻기 위해 인간은 망각된 도를 다시 발견해야만 한다고 주장한다. 여기서 문제가 되는 것은 도의 회복이 결국 자연과의 조화로운 생활로 구체화된다는 점이다. 도란 인간세계와 자연세계에 모두 통용되는 우주의 본질이기 때문이다. 그렇다면 결국 도와의 관계를 회복한다는 것은, 우리가 지금까지 착취와 억압의 대상으로 생각해 온 자연세계와 조화를 이룬 생활을 영위하는 것이라 할 수 있다. 이런 노자의 주장은 현대 사회의 폐단을 지적하는 사상가들에게 깊은 영감을 주고 있는 실정이다. 그들의 주장은 도가의 사유가 자본주의가 야기한 병폐들을 해소하는 데 결정적 역할을 수행할 수 있다는 것이다.

구체적으로 그들은 노자로부터 다음과 같은 두 가지 교훈을 끌어내려고 한다. 하나는 무위(無爲)나 무욕(無欲)이라는 도가의 가르침이 이기적인 인간의 욕심으로 인한 자기파괴와 환경파괴를 극복할 수 있도록 하는 삶의 실천적 좌표가 된다는 것이다. 다른 하나는 남성성보다 여성성을 강조하는 노자의 가르침이 인간 삶의 근본이 여성적인 것임을 알려주고 있으며, 따라서 여성의 해방이 인간 해방의 시금석이 된다는 점을 노자가 시사했다는 것이다. 각종 언론매체나 수많은 책들을 살펴보면 도가사상에 대한 현대인들의 호감과 관심을 어렵지 않게 확인할 수 있다. 도가사상을 좋아하며 따르려는 사람들, 즉 도인(道人)들의 이야기가 진정 옳다면, 2천여 년 전에 노자와 장자는 현대 자본주의가 야기하는 문제들을 미리 예견했고 이미 그에 대한 해법 또한 제시했던 위대한 사상가라고 해야 할 것이다.

그렇다면 현대판 도인들의 주장은 과연 근거가 있는 것일까? 노장사상, 즉 도가는 현재에도 유의미한 철학을 2천 년 전에 이미 제안했던 것일까? 이런 질문에 섣부르게 대답하기 전에 우리에게는 먼저 되짚어 보아야 할 중요한 문제가 하나 더 있다. 과연 노자와 장자는 어느 시대에 살았던 인물이며, 그 시대를 어떻게 고민했던 사람들인가? 노자와 장자는 격렬한 대립과 살육으로 점철되던 춘추전국시대의 사상가들이다. 당시에는 노자와 장자 이외에도 많은 사상가들이 활동했는데, 그들이 바로 '제자백가'(諸子百家)라고 불리는 이들이었다. 그들에게는 한 가지 공통된 목표가 있었다. 그것은 자신이 직면하고 있는 갈등과 살육의 시대를 어떻게 종결시킬 수 있는가라는 문제의식이었다. 그러나 그들 중 그 누구라도 이 문제의 해법을 인간사회 내부에서 찾았지 그 바깥에서 찾은 경우는 없었다.

이 점은 노자도 마찬가지였는데, 이를 확인하기 위해 당시 노자의 속내를 먼저 살펴볼 필요가 있다. 그런데 우리가 여기서 기억해 두어야 할 것은 노자의 철학적 사유가 담겨 있다는 『노자』라는 책에 최초로 주석을 붙인 사람이 바로 다름 아닌 법가사상가 한비자(韓非子, BC 280~BC 233)라는 사실이다. 바로 이 점이 노자와 장자에 대해 우리가 큰 오해를 했을 수 있다는 가능성을 보여준다. 유가사상보다 더 강력하게 유위(有爲)를 표방했던 한비자가 어떻게 무위(無爲)의 사상가로 알려진 노자철학을 그토록 긍정적으로 받아들일 수 있었을까? 도대체 그는 노자에게서 무엇을 보았던 것일까? 한비자도 알고 보면 결국 자연과의 합일을 강조했던 무위의 사상가였던 것일까? 이 점에서 우리는 직접 노자의 이야기를 한번 경청해 볼 필요가 있다. 다음은 『노자』 11장에 나오는 유명한 구절이다.

학문을 하는 자는 날마다 더하고, 도를 하는 자는 날마다 덜어낸다. 덜고 덜어내어 마침내 무위(無爲)에 이르게 된다. 무위하면 하지 못할 것이 없다. 장차 천하를 취하려고 한다면 항상 무사(無事)로서 해야 한다. 만약 일이 있게 되면 천하를 취하기에 충분하지 않을 것이다. ―『노자』(백서본)

직접 『노자』를 읽어보면 우리는 자연과의 합일을 주장했다는 노자와는 전혀 다른 노자를 발견하게 된다. 그것은 바로 국가주의(statism)를 지향하고 있는 정치철학자로서의 노자이다. 그가 권하고 있는 무위(無爲)나 무사(無事)는 단순히 인간의 인위적 욕심을 버리고 자연과 합일되는 생활태도를 말하는 것이 아니다. 오히려 무위와 무사는 천하(天下), 즉 '하늘 아래 모든 사람들'을 통치하려는 황제에게 권고되는 분명한 통치의 방법이었다. 바로 이 점이 한비자가 주목했던 부분인 것이다. 그렇다면 노자가 통치자인 군주를 위해서 사유를 전개했던 인물이라고 하더라도, 장자만은 우리를 배신하지 않고 자연과의 합일을 꿈꾼 철학자이지 않았을까? 고대 중국의 가장 탁월한 역사가였던 사마천(司馬遷, BC 145~BC 86?)의 이야기를 한번 들어 보자.

초나라 위왕(재위기간 BC 339~BC 329)이 장주가 능력이 있다는 말을 듣고, 재상으로 삼기 위해 사자를 보내 귀한 선물들로 그를 맞이하도록 했다. 장주는 웃으면서 초나라 사자에게 말했다. "천금은 큰 이익이고 귀족과 재상이란 지위는 존귀한 자리이다. 그렇지만 당신은 도시 밖의 예식에서 희생으로 쓰인 소를 본 적이 없는가? 수년 동안 배불리 먹인 후에, 그 소에게 무늬 있는 옷을 입히고 조상의 묘로 끌고 간다. 그 순간에 그 소가 자신이 단지 버려진 송아지이기를 바랄지라도 그것이 가능하겠는가? 즉시 나가라. 나를 더럽히지 마라. 나는 국가를 가진 자의 포로가 되느니 차라리 더러운 도랑 속에서 즐겁게 헤엄치면서 놀겠다. 평생토록 나는 벼슬살이를 하지 않고 나의 뜻을 유쾌하게 할 것이다." ─사마천, 『사기』「노장신한열전」

이 이야기는 『장자』 「열어구」(列禦寇) 편에도 거의 그대로 등장하고 있다는 점에서 사마천이 날조한 허구일 가능성은 거의 없어 보인다. 무엇보다도 먼저 이 에피소드에서 우리는 장자가 국가주의로부터 멀리 떨어져 있는 사상가라는 점을 분명하게 확인할 수 있다. 초나라 군주가 재상의 자리를 제안했을 때, 장자는 그것이 자신의 삶을 훼손할 것이라는 사실을 이미 직감하고 있었다. 재상의 자리면 국가라는 조직 안에서 개인이 차지할 수 있는 가장 존귀한 자리이다. 그러나 장자는 반문하고 있다. 아무리 귀하다고 할지라도 국가가 중시하는 어떤 가치보다 우리의 삶이 더 소중한 것이 아닐까? 여기서 장자가 주는 답은 분명하다. 그는 국가가 제공하는 일체의 안락보다는 개체의 고유한 삶이 주는 경쾌함을 선택하고 있기 때문이다. 이 점에서 볼 때 우리는 장자가 자연과의 황홀한 합일을 도모했다는 증거를 확인할 수 없다. 오히려 그는 분명한 정치적 입장을 피력하면서, 국가주의에 의해 포획되는 삶을 단호히 거부했기 때문이다. 자연과의 신비한 합일을 꿈꾸는 자에게는 국가와 정치의 문제가 심각한 고민의 대상으로 부각조차 되지 않는다. 이것은 국가에 대한 저항과 비판의식 그리고 새로운 삶의 양식을 꿈꾸는 실존적 고민으로부터만 가능한 일이기 때문이다.

방금 우리는 노자와 장자의 사유 경향을 반영하고 있는 두 가지 자료를 잠시 살펴보았다. 그 결과 노자와 장자의 입장은 현재의 통상적인 견해와는 사뭇 다르다는 점을 어렵지 않게 확인할 수 있었다. 노자와 장자는 춘추전국시대라는 분위기 속에서 사유했던 사람들이다. 그러나 두 사람에게서 확인되는 해법은 상당히 다르고 심지어는 대립적이기까지 하다. 우선 앞의 두 원문에서 살펴보았던 것처럼, 두 사람의 관심사 자체가 확연히 구별된다. 노자는 무엇보다도 먼저 국가와 통치자에 자신의 모든 관심을 집중시키고 있는 국가주의 철학자였다. 그는 제국을 소유하려면 통치자가 무위(無爲)의 방법을 사용해야만 한다고 권했기 때문이다. 반면 장자는 노자와는 달리 분명한 아나키즘(anarchism)적 경향을 보이고 있다. 그는 국가의 가치를 부정하고 개인의 삶이 지닌 유쾌함을 회복하려고 노력했다. 그래서 장자는 "나는 국가를 가진 자의 포로가 되느니 차라리 더러운 도랑 속에서 즐겁게 헤엄치면서 놀겠다"라고 선언했던 것이다.

## 2. 사마천의 장자 이해를 넘어서

어떤 철학자를 이해하려고 할 때 그가 지닌 고유한 문제의식을 망각한다면, 그 철학자가 제공한 해법과 유의미성을 정당하게 평가할 수 없을 것이다. 노자와 장자는 모두 춘추전국시대가 던져 준 문제, 즉 어떻게 하면 갈등과 살육의 혼란을 종식시킬 수 있느냐는 문제를 절실하게 고민했던 사상가들이다. 그러나 그들의 문제의식과 해법은 상당히 다른 것이었다. 살육과 분쟁을 근본적으로 종식시키기 위해서 노자가 철저한 국가주의를 선택한다면, 장자는 국가의 가치를 근본적으로 부인하고 개체들에게 긍정적인 삶의 전망을 제공하려고 시도했기 때문이다. 결국 두 사람의 사상을 묶는 데 사용되는 '도가사상'이나 '노장사상'이란 범주는 실제적인 것이 아니라 단지 사후에 구성된 상상적인 것에 지나지 않았다.

'도가'나 '노장'이란 범주는 노자와 장자를 이해하는 데 심각한 장애를 낳을 수 있다. 가장 심각한 오류는 노자를 이해할 때 장자를 이용하거나, 아니면 역으로 장자를 이해할 때 노자를 이용하는 태도이다. 노자의 철학을 장자의 사유로 읽어내려는 것, 다시 말해 국가주의를 아나키즘으로 독해하는 것처럼 황당무계한 경우가 어디에 있겠는가? 비록 황당무계할지라도 현실적으로 이런 시도가 불가능한 것은 아니다. 이미 우리는 국가주의를 견지하면서도 방법론적으로 아나키즘을 채용하는 사례를 알고 있기 때문이다. 그것이 바로 자발적 복종을 낳기 위해 고안된 자유주의적 국가주의, 즉 현대 자본주의 국가체제의 이념이다. 그러나 우리는 이 체제에서 상상적으로만 자유가 존재할 뿐, 실제적으로는 국가의 압도적인 우월성이 유지되고 있다는 점을 간과해서는 안 된다.

반면 장자의 철학을 노자의 사유로 읽어내려는 것, 즉 아나키즘을 국가주의로 독해하는 것은 이론적으로나 실제적으로 불가능한 작업이라고 할 수 있다. 아나키즘은 개인의 삶을 넘어서는 초월적인 가치를 거부하는 데서부터 성립하는 것이기 때문이다. 이 점에서 아나키즘은 철학적으로 초월주의가 아닌 내재주의라는 경향을 드러낼 수밖에 없다. 결국 우리는 장자의 철학을 다시 발견하기 위해서 사마천과 씨름할 수밖에 없을 것이다. 사마천이야말로 '노장'이나 '도가'라는 범주를 고안함으로써 장자의 아나키즘과 내재주의에 노자가 지향했던 국가주의와 초월주의라는 색깔을 입혀 놓았기 때문이다. 다음에 읽어 볼 자료는 앞에서 살펴보았던 「노장신한열전」(老莊申韓列傳) 구절의 바로 앞에 실려 있는 글이다.

> 장자는 몽(蒙) 지역 사람이고 이름은 주(周)이다. 일찍이 몽 지역의 옻나무 정원을 관리하는 하급 관리를 지냈으며, 양(梁)나라 혜왕(惠王)과 제(齊)나라 선왕(宣王) 시대의 사람이었다. 그의 학문은 관심을 가지지 않은 것이 없었을 정도로 광범위하였지만, 그 요점은 노자의 가르침에 근본을 두고 있으며, 10여만 자에 달하는 저서를 남겼는데 대체로 우언(寓言)의 형식을 띠고 있다. 「어부」(漁父), 「도척」(盜跖), 「거협」(胠篋) 편 등을 지어 공자를 따르던 사람들을 비방함으로써 노자의 가르침을 밝히려고 하였다. 「외루허」(畏累虛), 「항상자」(亢桑子) 편 등은 모두 허구의 작품이며 사실이 아니다. 그러나 문장을 체계적이고 아름답게 잘 쓸 뿐만 아니라 구체적인 사실을 들어 유가(儒家)와 묵가(墨家)를 공격하였기 때문에, 당시의 대학자들도 그의 공격으로부터 벗어날 수가 없었다. 그의 말은 큰 바다와 같이 거리낌 없고 자유로워 그 자신의 생각에만 부합되는 것이었기 때문에, 제후들이나 정치가들도 그를 등용할 수가 없었다. ─사마천, 『사기』 「노장신한열전」

사마천의 『사기』(史記)는 항상 두 가지 요소로 결합되어 있다. 하나는 사실(fact)이고 다른 하나는 허구(fiction)이다. 물론 『사기』의 허구적 요소는 사마천 본인의 사상적 입장을 드러내 보이는 것이기도 하다. 그러나 잊지 말아야 할 것은 역사가로서 사마천이 갖고 있는 일종의 균형 감각이다. 그는 사실 자체를 결코 날조하지는 않았기 때문이다. 더구나 우리는 장자와 관련된 사실적 기록이 거의 대부분 『사기』에 실린 것이라는 점도 간과해서는 안 된다. 그래서 사마천의 모든 기록을 철저하게 무시하는 것은 결코 현명한 전략이라고 할 수 없을 것이다. 이 경우 우리는 지혜로운 길을 선택해야만 한다. 그것은 사마천의 기록을 비판적으로 검토하면서 그의 해석을 넘어서 장자에 관한 사실적 데이터를 제대로 확보하는 것이다. 그럼 이제 직접 장자와 관련하여 사마천이 기록하고 있는 사실들을 하나하나 검토해 보도록 하자.

첫째, 우리는 장자가 어느 때 활동했던 사상가였는지 추측해 볼 수 있다. 사마천에 따르면 장자는 양나라 혜왕 그리고 제나라 선왕과 동시대의 사람이다. 두 군주의 재위 연도에 비추어 살펴보면, 장자는 BC 390년에서부터 BC 359년 사이에 태어나서 BC 300년에서부터 BC 270년 사이에 죽었을 것이라고 추정된다. 둘째, 그는 당시 몰락해 가던 낡은 국가 송나라에 속한 몽 지역에서 태어났으며, 이곳에서 옻나무 정원을 관리하는 관직을 맡았던 것으로 보인다. 셋째, 장자는 10여만 자로 이루어진 책을 남겼는데, 특히 이 중 「어부」편, 「도척」 편, 「거협」 편 등을 지어서 유가사상을 비판하고 노자의 철학을 숭상하려고 했다는 것이다. 넷째, 그의 사유는 자유로웠기 때문에 위정자의 입장에서 보면 전혀 쓸모가 없었다는 것이다. 이미 우리는 장자가 국가주의를 거부하면서 삶의 철학을 옹호했다는 것을 살펴보았던 적이 있다.

그런데 여기서 우선 중요한 것은 장자의 사상을 기록하고 있는 『장자』라는 텍스트와 관련된 세번째 사실이다. 사마천은 『장자』가 10여만 자의 글자로 이뤄져 있다고 말한다. 그렇지만 현재 우리가 보고 있는 곽상(郭象, 252~312)이 편찬한 『장자』, 즉 '곽상본'은 6만 4천 606자의 글자로 이뤄져 있다. 그렇다면 사마천이 본 판본은 곽상본보다 3만 5천여 자가 더 많이 수록되어 있는 것이었다고 볼 수 있다. 곽상본 『장자』에 실려 있는 전체 33편의 편명들을 살펴보면, 우리는 다음 두 가지 사실을 알게 된다. 우선 사마천이 『장자』에 있다고 이야기한 편들 중 「외루허」편과 「항상자」편이 곽상본에서는 보이지 않는다는 점이다. 다음으로 사마천이 장자가 노자의 사상을 설명하고 있다고 이야기한 「어부」편, 「도척」편 그리고 「거협」편은 곽상본의 '내편'이 아니라 '외·잡편'에 속해 있다는 점이다. 이 부분이 특히 중요하다. 왜 사마천은 '내편'에 실려 있는 7편을 전혀 언급하고 있지 않은 것일까?

사마천 이후 거의 대부분의 장자 연구자들은 곽상본 『장자』 중 '내편'만이 내용과 문체의 측면에서 장자 본인의 사상을 담고 있다는 데 의견의 일치를 보이고 있다. 그들에 따르면 '외·잡편'은 장자 후학들의 사상이거나 아니면 장자와 무관한 사상적 경향들을 담고 있다. 그렇다면 사마천의 의도에 대한 우리의 궁금증이 가중되지 않을 수 없다. 왜 사마천은 장자사유의 핵심이 '외·잡편'에 있다는 인상을

▶ 곽상본 『장자』의 구성

| | 소속된 편들의 이름 |
|---|---|
| 내 편 | 1. 「소요유」(逍遙遊) / 2. 「제물론」(齊物論) / 3. 「양생주」(養生主) <br> 4. 「인간세」(人間世) / 5. 「덕충부」(德充符) / 6. 「대종사」(大宗師) <br> 7. 「응제왕」(應帝王) |
| 외 편 | 8. 「변무」(騈拇) / 9. 「마제」(馬蹄) / 10. 「거협」(胠篋) / 11. 「재유」(在宥) <br> 12. 「천지」(天地) / 13. 「천도」(天道) / 14. 「천운」(天運) / 15. 「각의」(刻意) <br> 16. 「선성」(繕性) / 17. 「추수」(秋水) / 18. 「지락」(至樂) / 19. 「달생」(達生) <br> 20. 「산목」(山木) / 21. 「전자방」(田子方) / 22. 「지북유」(知北遊) |
| 잡 편 | 23. 「경상초」(庚桑楚) / 24. 「서무귀」(徐无鬼) / 25. 「즉양」(則陽) <br> 26. 「외물」(外物) / 27. 「우언」(寓言) / 28. 「양왕」(讓王) / 29. 「도척」(盜跖) <br> 30. 「설검」(說劍) / 31. 「어부」(漁父) / 32. 「열어구」(列禦寇) <br> 33. 「천하」(天下) |

남겼던 것일까? 우리는 그 대답의 실마리를 사마천 본인의 말에서 찾을 수 있다. 그는 "장자사상의 요점이 노자의 가르침에 근본을 두고 있다"고 이야기했다. 결론적으로 말해 사마천은 『장자』의 '외·잡편' 만이 노자철학과 연결되어 있다는 것을 발견했던 것이다. 그렇다면 이것은 역으로 보면, 사마천이 이미 『장자』의 '내편'은 노자철학과 연결되기 어려운 점을 가지고 있다는 사실을 알았다는 것을 말해준다고 하겠다.

사마천은 장자가 노자철학의 계승자라는 견해를 최초로 표방했던 역사가이다. 만약 그의 주장이 옳다면, '도가' 나 '노장' 이란 범주는 유효하다고 할 수 있을 것이다. 그래서 우리는 「노장신한열전」을 꼼꼼하게 읽어 보았던 것이다. 그 결과 우리는 사마천이 『장자』 '내편'과 노자철학 사이의 관계에 대해서는 오히려 침묵하고 있다는 사실을 확인하게 되었다. 이 점은 '내편'에 보이는 장자 본인의 철학에 노자철학으로 환원될 수 없는 지점이 있다는 것을 시사하고 있다. 그렇다면 결국 『장자』 '내편'에는 노자의 국가주의와는 다른 삶의 전망이 기록되어 있을 가능성이 높다는 것을 시사하는 것이 아니겠는가? 분명 이 점은 "나는 국가를 가진 자의 포로가 되느니 차라리 더러운 도랑 속에서 즐겁게 헤엄치면서 놀겠다"라는 장자의 외침과도 밀접한 관련을 맺고 있을 것이다.

## 3. 되찾은 장자 그리고 삶의 철학

장자는 삶의 철학자였다. 이것은 그가 개체의 삶을 무엇으로도 바꿀 수 없는 고유한 것으로 긍정했다는 것을 말해 준다. 사마천이 말했던 것처럼 그가 유가와 묵가사상을 공격했던 것도 바로 이런 이유에서이다. 유가에 따르면, 인(仁)이라는 숭고한 목적에 비추어 개체의 삶은 얼마든지 수단으로 취급될 수 있었다. 그래서 공자도 유가의 모토의 하나로 '살신성인'(殺身成仁)이란 기치를 내걸었던 것이다. 그러나 유가를 비판했던 묵가도 이 점에서는 예외가 아니었다. 묵가들 역시 차별이 없는 사랑, 즉 '겸애'(兼愛)라는 이념을 위해서 자신의 목숨마저 초개처럼 버리려고 애썼기 때문이다.

　　장자는 유가나 묵가의 사유는 모두 개체의 삶보다는 초월적 이념을 긍정하는 철학, 다시 말해 삶의 유쾌함을 부정하고 죽음의 우울함 혹은 초월적인 가치를 숭상하는 철학이라고 고발했던 것이다. 그래서 장자는 삶을 부정하는 초월적 이념을 표방하는 모든 태도를 '꿈'이라고 비유하면서, 반드시 이 꿈으로부터 깨어나야 한다고 강조했던 것이다.

꿈을 꿀 때 우리는 자신이 꿈을 꾸고 있다는 것을 알지 못하고, 꿈을 꾸고 있으면서 꿈속에서 꾸었던 어떤 꿈을 해석하기도 한다. 우리는 깨어나서야 자신이 꿈꾸고 있었다는 것을 안다. 단지 완전히 깨어날 때에만, 우리는 이것이 완전한 꿈이었음을 알게 될 것이다. 어리석은 자들은 자신들이 깨어 있다고 생각하고, 매우 자세하게 인식하고 있는 척하며 "왕이시여!"〔君〕 "하인들아!"〔牧〕라고 말하는데, 진실로 교정할 수 없을 정도로 고루한 사람들이구나! ─「제물론」

方其夢也, 不知其夢也, 夢之中又占其夢焉. 覺而後知其夢也. 且
방기몽야 부지기몽야 몽지중우점기몽언 각이후지기몽야 차
有大覺而後知此其大夢也. 而愚者自以爲覺, 竊竊然知之, 君乎,
유대각이후지차기대몽야 이우자자이위각 절절연지지 군호
牧乎, 固哉!
목호 고재

장자는 무엇보다도 개체의 삶을 위해서 국가주의를 거부했던 사상가로 기억될 필요가 있다. 국가주의는 모든 초월적 이념들의 최종적인 안식처라고 할 수 있다. 그것은 국가주의가 자신의 존속을 유지하기 위해서 가능한 모든 초월적 이념들을 선택하고 그 속에 자신을 숨기려는 경향을 가지고 있기 때문이다. 그래서 장자는 최종적인 꿈으로 정치적 위계질서, 즉 국가주의를 설정하게 된 것이다. 이 점에서 장자가 모색한 삶의 철학이 노자의 국가주의 철학과 섞이게 된 것은 매우 비극적인 일이라 할 수밖에 없다. 그러나 장자철학의 비극적 운명은 여기에서 그치지 않았다. 그것은 노자와 장자를 신으로 절대화했던 도교(道敎)라는 종교가 출현하면서 더욱더 가중되고 말았기 때문이다.

도교는 삶의 철학을 가장 비열한 방식으로 타락시켜 버렸다. 이제 장자가 옹호하고자 했던 삶의 철학은 '불로장생'(不老長生)이란 이념으로, 그리고 신선(神仙)에 대한 종교적 욕망으로 변질되고 만 것이다. 삶의 철학은 삶 자체를 긍정하는 데서 출발한다. 이 점에서 삶의 철학은 삶을 초월하려는 일체의 종교적 태도와 구별될 수밖에 없을 것이다. 그러나 도교가 내세운 불로장생의 신선은 어떤가? 그것은 우리의 삶을 극복되어야 할 무엇으로 생각하게끔 만드는 초월적인 이념의 자리를 차지하고 있지 않은가? 그런데 흥미로운 것은 장자가 자신이 지지했던 삶의 철학이 종교적으로 변질될 우려가 있음을 이미 예상하고 있었다는 점이다. 『장자』의 다음 에피소드를 한번 살펴보자.

노(魯)나라에 선표(單豹)라는 사람이 있었는데 바위 굴 속에 살면서 골짜기 물을 마시고 지냈습니다. 민중들과 이익을 다투지 않았고, 나이가 70이 되어도 어린아이 같은 얼굴빛이었습니다. 그런데

불행하게도 굶주린 호랑이를 만나 그 굶주린 호랑이에게 잡아먹혀
버렸습니다. —「달생」

魯有單豹者, 巖居而水飮. 不與民共利, 行年七十而猶有嬰兒之色.
노유선표자  암거이수음  부여민공리  행년칠십이유유영아지색
不幸遇餓虎, 餓虎殺而食之.
불행우아호  아호살이식지

    장자에게 있어 선표라는 인물은 역사를 앞서 이미 도교 수행자
와 같은 존재를 상징하던 사람이었다고 할 수 있다. 불로장생을 이루
기 위해서 그는 다른 사람들을 떠나 깊은 자연 속에 들어가 수련을
시작한다. 마침내 그는 나이가 70이 되어도 갓 태어난 어린아이처럼
늙지 않는 데 성공할 수 있었다. 그러나 불행히도 그는 굶주린 호랑
이를 만나게 되어, 결국 그 호랑이의 싱싱한 먹잇감으로 전락하고 말
았다. 오히려 산 깊은 곳에서 신선이 되려는 그의 욕망이 결국 그의
수명을 재촉했던 셈이다. 이 에피소드를 통해서 장자가 이야기하려
고 했던 것은 무엇일까? 그것은 신선이라는 도교의 이념이 단지 관
념적인 것, 즉 꿈에 지나지 않는다는 사실이다.

    장자의 사유는 노자의 국가주의에 오염되는 비극을 겪은 뒤, 다
시 도교라는 종교에 의해 은폐되고 말았다. 그러나 그가 모색했던 삶
의 철학이 가진 진실은 결코 소멸될 수 없는 힘을 가지고 있었다. 장
자의 철학은 사라진 것처럼 보이지만 항상 중국철학사에서 다시 되
살아났기 때문이다. 여기서 우리는 장자 이래 가장 과격했던 삶의 철
학자, 선사(禪師) 임제(臨濟,?~867)를 만나게 된다. 임제 스님의 사
자후를 한번 들어보도록 하자.

'벌거벗은 신체'[赤肉團]에 하나의 '무위진인'(無位眞人)이 있어서 항상 그대들의 얼굴에 출입하고 있다. 아직도 이것을 깨닫지 못한 사람은 거듭 살펴보아라. ─임제, 『임제어록』

임제의 혁명적 사유는 '무위진인'이란 개념에 응축되어 있다. 여기서 '무위'(無位)라는 표현은 '어떤 자리나 위상을 가지고 있지 않다'는 것을 의미한다. 그리고 '진인'(眞人)이란 개념은 '참된 사람'을 가리킨다. 그렇다면 결국 '무위진인'이란 임제의 표현은 어떤 위상이나 자리도 가지지 않는 참다운 사람을 의미하는 것이라고 볼 수 있다. 여기서 우리는 그의 무위진인이 어떤 초월적인 인격을 상징한다고 오해해서는 안 된다. 가령 구체적인 위상이나 자리도 초월해 있다면, 오히려 무위진인이 마치 모든 것을 내려다보는 신과 같은 절대적 자리에 있다고 오해할 여지가 있을 것이다. 그러나 이것은 선사 임제에 대한 치명적인 오독이라고 보아야 한다. 임제의 생각을 제대로 이해하려면 우리는 어떻게 해야 할까? 그것은 그의 논의가 전제하고 있는 하나의 지평에 주목하는 것이다. 그것은 바로 '벌거벗은 신체', 즉 살아 있는 주체라는 차원이다.

'무위진인'이 지닌 근본적 자리, 그것은 '벌거벗은 신체', 살아가고 있는 우리 삶의 모습이었다. 이것은 임제가 우리의 삶을 초월하는 가치나 이념을 부정하고 있었던 것을 분명히 보여준다. 그리고 이것이 바로 '무위'라는 개념이 가진 진정한 의미이기도 했다. 그가 '무위'라는 개념 다음에 바로 '진인', 즉 '참다운 사람'이란 표현을 붙이고 있는 것도 바로 이런 이유에서이다. 임제 역시 '무위'라는 개념이 삶을 초월하려는 의지로 오해될 위험을 안고 있음을 직감했다. 그런데 흥미로운 것은 이 '진인'이란 개념 자체가 『장자』 '내편', 구체적으로 말해 「대종사」(大宗師) 편에 처음으로 등장했었다는 점이다. 이것은 결국 선사 임제가 의식적으로 장자가 전개했던 삶의 철학을 되살려내려고 시도했다는 것을 말해 주는 것이다.

결국 임제는 삶을 넘어서서 삶을 검열하는 어떤 초월적 가치라도 거부할 수 있을 때에만 우리는 참다운 사람, 장자의 표현을 빌리자면 꿈으로부터 깨어난 사람이 될 수 있다고 강조하고 싶었던 것이다. 그에게 있어 '무위진인'이라는 것은 일체의 초월적 가치로부터 해방된 살아 있는 주체였던 셈이다. 임제는 우리가 자유로운 삶의 주체, 즉 무위진인이 되는 방법을 다음과 같이 설명하고 있다.

안이건 밖이건 만나는 것은 무엇이든 바로 죽여 버려라. 부처를 만나면 부처를 죽이고, 조사를 만나면 조사를 죽이고, 나한을 만나면 나한을 죽이고, 부모를 만나면 부모를 죽이고, 친척을 만나면 친척을 죽여라. 그렇게 한다면 비로소 해탈할 수 있을 것이다.—임제, 『임제어록』

임제에게 있어 해탈이란 거짓된 이념들을 벗어던지는 것, 즉 꿈으로부터 깨어나는 것을 의미했다. 깨달은 자, 즉 부처를 만나면 우리 자신은 깨닫지 못한 자라는 '자리'[位]에 서게 된다. 스승을 만나면 우리는 제자라는 '자리'에 서게 된다. 부모를 만나면 자식이라는 '자리'에 서게 되고, 삼촌을 만나면 조카라는 '자리'에 서게 된다. 이렇게 선택된 우리의 자리는 모두 열등한 자리, 명령을 따라야만 하는 자리일 수밖에 없을 것이다. 그것은 모두 우리가 만난 것들을 탁월한 것, 본받아야 할 것이라고 생각하게 만든다. 이로부터 우리의 삶은 부족한 것으로, 태생적으로 결핍되어 있고 우울할 수밖에 없는 것으로 변질되고 만다. 결국 임제가 부처와 부모를 죽이라고 말했던 것은, 실제로 그 구체적 대상들을 죽이라고 한 것이 아님을 알 수 있다. 오히려 그 대상들을 초월적인 목적, 즉 내가 본받아야 할 숭고한 목적으로 간주하는 전도된 관념을 죽이라는 것이다. 초월적 가치가 부각되면, 우리의 삶은 부정적인 것으로 전락할 수밖에 없을 것이기 때문이다.

방금 읽은 혁명적인 설법은 임제 스님이 깨달음을 추구하는 스님들을 대상으로 행한 것이다. 그가 만약 국가나 자본을 숭배하는 사람들을 보았다면 그들에게 무엇이라고 설법했을까? 아마도 그는 다음과 같이 말했을 것이다. "왕을 만나면 왕을 죽여라. 자본가를 만나면 자본가를 죽여라!" 여기서 우리는 정치적 위계질서를 하나의 거대한 꿈이라고 직시했던 장자의 정신을 새롭게 발견하게 된다. 그런데 보다 심각한 문제는 우리가 삶을 긍정하는 주체가 되었을 때 비로소 찾아온다. 우리가 자신의 고유한 삶을 긍정하고 일체의 초월적 가치를 거부할 때, 과연 초월적 가치를 유지하려는 기존의 공동체가 우리 삶을 그대로 좌시하기만 할까? 국가, 자본, 종교, 가족 등이 마련해

준 '자리'를 거부할 때, 우리는 과연 어렵게 되찾은 자신의 삶을 지속적으로 유지할 수 있을까? 여기에서 우리는 자유로운 삶의 주체들이 연대를 구성할 수밖에 없는 불가피한 이유를 발견하게 된다. 우리가 추구해야 할 연대의 구체적 모습은 과연 어떤 것일까? 오늘날 우리가 장자를 다시 읽는 이유도 바로 여기에 있는 것이 아니겠는가?

2부

해체와 망각의 논리

**「녹색 얼굴의 바이올린 연주자」**(마르크 샤갈, 1923~1924)

2007년 1월 12일 놀라운 사건이 미국 워싱턴 랑팡 플라자(L'Enfant Plaza) 지하철 역에서 일어났다. 현존하는 최고의 천재 바이올리니스트 조슈아 벨(Joshua Bell, 1967~)이 거리의 악사가 되어 남루한 차림으로 45분간 연주했다. 350만 달러를 호가하는 스트라디바리우스 바이올린을 가지고 말이다. 그러나 잠시라도 서서 음악을 들은 사람은 단 7명뿐이었고, 그의 구걸함에 동전 한 닢이라도 던져 놓은 사람은 27명에 불과했으며, 모금된 돈은 단지 32달러에 불과했다.

# 4장_성심(成心), 그 가능성과 한계

경험주의는 단지 사건들과 타자들만을 인식하며, 그러므로 위대한 개념들의 창조자일 수 있다. 경험주의의 힘은 주체를 정의하는 계기로부터 유래한다. 그에 따르면 주체란 아비투스(habitus), 습관, 다시 말해 내재적 장에서의 습관, '나'라고 이야기하는 습관에 지나지 않는 것이다.—들뢰즈, 『철학이란 무엇인가』

## 1. 내면화된 삶의 규칙

우리의 삶은 언제든 타자와의 예측하기 어려운 관계에 노출되어 있다. 사실 로빈슨 크루소의 경우처럼 무인도라는 가상의 상태를 따로 설정하지 않더라도, 우리의 삶 자체가 통제 불가능한 것이다. 차이와 낯섦을 일시적으로 피한다 하더라도, 타자와 마주치는 것 자체를 전적으로 회피할 수는 없기 때문이다. 자신이 원하든 원하지 않든, 우리는 항상 타자와의 우연한 마주침에 봉착한다. 장자는 이 점을 '바닷새 이야기'라는 유명한 이야기에서 다음과 같이 구체화한다.

너는 들어보지 못했느냐? 옛날 바닷새가 노나라 서울 밖에 날아와 앉았다. 노나라 임금은 이 새를 친히 종묘 안으로 데리고 와 술을 권하고, 아름다운 궁궐의 음악을 연주해 주고, 소와 돼지, 양을 잡아 대접하였다. 그러나 새는 어리둥절해 하고 슬퍼하기만 할 뿐, 고기 한 점 먹지 않고 술도 한 잔 마시지 않은 채 사흘 만에 결국 죽어 버리고 말았다. 이것은 사람을 기르는 방법으로 새를 기른 것이지, 새를 기르는 방법으로 새를 기르지 않은 것이다. ─「지락」

且女獨不聞邪? 昔者海鳥止於魯郊. 魯侯御而觴之于廟, 奏九韶以
차 여 독 불 문 야    석 자 해 조 지 어 노 교    노 후 어 이 상 지 우 묘    주 구 소 이
爲樂, 具太牢以爲膳. 鳥乃眩視憂悲, 不敢食一臠, 不敢飮一杯, 三
위 락    구 태 뢰 이 위 선    조 내 현 시 우 비    불 감 식 일 련    불 감 음 일 배    삼
日而死. 此以己養養鳥也, 非以鳥養養鳥也.
일 이 사    차 이 기 양 양 조 야    비 이 조 양 양 조 야


'바닷새 이야기'는 우리를 장자철학의 핵심으로 이끌어 준다. 이 에피소드는 우리로 하여금 크게 두 가지 쟁점을 사유하도록 만든다. 하나는 타자라는 쟁점이고 다른 하나는 선입견이라는 쟁점이다. 그러나 두 쟁점은 서로 별개의 것이 아니다. 타자의 발견은 항상 자신의 선입견이 좌절되는 경험으로부터 발생하기 때문이다. 역으로 자신이 선입견을 가지고 있었다는 것을 깨닫게 될 때, 우리는 타자와 마주하고 있다고 말할 수 있다. 타자란 자신이 속한 시스템의 규칙을 따르지 않는 존재이다. 이 말은 결국 타자가 자신의 선입견으로는 결코 파악될 수 없는 존재라는 것을 의미한다. 이런 타자와 소통할 때 자기 삶의 규칙에 따라 관계하려고 한다면, '바닷새 이야기'가 보여주는 것처럼 그 결과는 치명적일 것이다. 아무리 새를 사랑한다고 자

신하더라도 이런 확고한 자신의 판단과 애정이 오히려 새를 죽일 수도 있기 때문이다. 노나라 임금은 "새 역시 사람을 양육하듯이 키우면 잘 자라겠지"라고 믿은 자기 선입견의 노예였던 셈이다.

장자의 생각에 따를 때 우리는 타자와 소통하기 위해 타자가 속한 새로운 삶의 규칙에 주목할 필요가 있다. 그런데 이보다 앞서 우리는 자신의 선입견을 먼저 제거해야 할 것이다. 바로 이런 측면 때문에 장자의 주장을 표면적으로 읽은 독자라면 손쉽게 '선입견은 나쁜 것이고 그것은 제거되어야만 한다'고 결론내릴 것이다. 그러나 과연 이것이 장자가 이야기하고자 했던 최종 의미일까? 선입견은 과연 철저하게 나쁜 것일까? 그래서 그것은 반드시 제거해야만 하는 대상인가? 이런 질문 속에서 우리가 잊어선 안 되는 것이 하나 있다. 바닷새와 마주치기 전에 노나라 임금이 가졌던 선입견은 사실 어떤 문제도 일으키지 않았다는 점이다. 그 선입견 역시 바닷새가 아닌 인간들이 모여 사는 공동체나 시스템 속에서 거의 자연사적으로 구성된 것이기 때문이다. 새를 만나기 전 지녔던 특정한 선입견은 오히려 인간 공동체에서 노나라 임금의 삶을 온전하게 잘 유지시켜 주었다.

비트겐슈타인은 『철학적 탐구』(Philosophical Investigations)에서 이렇게 말한 적이 있다. "규칙을 따를 때 나는 선택하지 않는다. 나는 규칙을 맹목적으로 따를 뿐이다." 지금 이 말을 통해 비트겐슈타인은 우리 삶이 투명하게 이루어지고 있다는 견해를 부정하고 있다. 삶에는 우리들이 맹목적으로 따르고 있는 많은 규칙이 도사리고 있다. 이것은 우리가 기본적으로 자신의 의지와는 무관하게 특정한 공동체에 내던져지게 된 존재이기 때문이다. 우리는 대한민국, 한국어, 그리고 나의 가족을 선택한 적이 없다. 이것은 거부할 수 없는 가장 원초적인 사실들이다. 문제는 특정 공동체에 살아가기 위해서 우리가 공동체의 여러 규칙들을 배울 수밖에 없다는 데 있다. 이 경우 우리는 규칙을 배울지의 여부를 선택할 수 있는 입장이 아니다. 또 우리는 어느 규칙은 마음에 들고 다른 규칙은 그렇지 않다고 판단할 수 있는 입장도 아니다.

그런데 바로 이 부분에서 장자는 비트겐슈타인을 넘어서고 있다. 비트겐슈타인과 마찬가지로 장자도 이미 우리가 특정 공동체의 규칙을 맹목적으로 따르고 있음을 발견했다. 그러나 그는 한 걸음 더 나아간다. 장자는 우리의 옳고 그름, 즉 시비(是非)를 따지는 마음 자체가 내면화된 공동체의 규칙에 근거하고 있다고 이야기한다. 그는 이것을 유명한 '성심'(成心)의 논의로 명료화했다. 글자 그대로 '구성된〔成〕마음〔心〕'을 의미하는 '성심'은 내면화된 공동체의 규칙을 가리키는 말이다. 이것은 특정 공동체에서 살도록 내던져졌기 때문에, 우리가 가질 수밖에 없는 기존 공동체의 흔적이나 주름이라고 할 수 있는 것이다. 장자의 유명한 '성심 이야기'를 직접 살펴보도록 하자.

대저 성심(成心)을 따라 그것을 스승〔師〕으로 삼는다면, 그 누군들 스승이 없겠는가? 어찌 반드시 변화를 알아 마음을 스스로 선택하는 사람만이 성심이 있겠는가? 우매한 보통 사람들도 이런 사람과 마찬가지로 성심을 가지고 있다. ─「제물론」

夫隨其成心而師之, 誰獨且无師乎? 奚必知代而心自取者有之? 愚
부 수 기 성 심 이 사 지   수 독 차 무 사 호   해 필 지 대 이 심 자 취 자 유 지   우
者與有焉.
자 여 유 언

'성심 이야기'를 통해서 우리는 다음과 같은 질문을 던질 필요가
있다. 과연 장자는 성심이란 형식 자체를 거부하려고 한 것일까? 그
러나 성심이란 형식은 우리가 유한하다는 사실, 즉 우리가 특정 공동
체에 내던져져서 그곳에 적응해야만 한다는 사실로부터 유래하는 불
가피한 현상이 아닌가? 만약 성심의 형식을 철저하게 거부하거나 제
거할 수 있다면, 이것은 곧 우리가 숙명적인 유한성을 벗어나 일종의
신적인 무한성을 확보하게 되었다는 것을 의미한다. 그러나 과연 그
럴 수 있을까? 분명 특정한 성심을 제거하는 것은 가능할지 몰라도,
우리는 성심의 형식 자체를 거부할 수는 없기 때문이다.

이것은 이론적인 문제만이 아니라 현실적인 문제이기도 하다.
'바닷새 이야기'를 다시 한번 떠올려 보자. 분명 노나라 임금은 특정
한 성심을 가지고 있었다. 그가 "바닷새도 인간이 좋아하는 것을 좋
아할 것"이라고 판단했던 것이 바로 자신만의 고유한 성심에 따른 판
단이었다. 그런데 "사람을 기르는 방법"이 특정한 성심이었던 것과
마찬가지로, "새를 기르는 방법"도 내용이 다른 특정한 성심이라고
말해야 하지 않을까? 이 점을 명확히 하기 위해 다음과 같이 가정해
보자. 만약 노나라 임금이 "새를 기르는 방법"으로 어떤 사람과 관계
했다면, 예를 들어 비바람이 몰아치는 강가에 그를 방치하고 지렁이
같은 하찮은 음식을 제공했다면, 과연 어떤 결과가 발생했을까? 아

마 그 사람은 얼마 가지 않아 죽게 되거나 아니면 모욕감에 치를 떨 수도 있다. 그렇다면 결국 문제는 특정한 성심을 모든 경우에 적용되는 보편적인 것으로 간주하려는 고집스런 착각에 있을 뿐이다.

장자의 고뇌와 고민은 우리의 생각보다 더 심각한 것일 수 있다. 노나라 임금이 자신이 맹목적으로 따르던 특정한 성심을 제거한다고 할지라도, 그것은 바닷새와 소통할 수 있는 또 다른 성심을 갖기 위한 것이 아니었던가? 결국 장자는 성심이란 형식 자체를 부정하기보다는 오히려 특정한 성심을 하나의 절대적인 기준으로 생각하려는 사태만을 문제 삼고 있는 것이다. 그래서 그가 던진 반문, 즉 "성심을 따라 그것을 스승으로 삼는다면, 그 누군들 스승이 없겠는가?"라는 말이 의미심장한 것이다. "스승으로 삼는다"는 것은 자신이 속한 공동체에만 타당할 수 있는 성심을, 모든 공동체에 혹은 모든 타자에게도 통용될 수 있다고 맹신하는 태도를 말한다.

장자는 "우매한 보통 사람들"이나 "변화를 알아서 마음을 스스로 선택한 사람"에게도 모두 성심이 있다고 이야기한다. 여기서 전자의 경우가 자신의 제한된 성심을 모든 경우에 적용할 수 있다고 믿고 타자에 강제하는 사람이라면, 후자는 타자와 만날 때마다 그에 걸맞는 성심을 능동적으로 새롭게 구성하는 사람을 의미한다. 바로 이 부분이 중요하다. 보통 사람이나 장자가 강조하는 이상적인 인물이나 어느 경우에든 성심이라는 형식 자체는 불가피한 것이기 때문이다. 이제 우리는 '성심 이야기'에서 장자가 문제 삼고 있는 것이 성심 자체가 아니라는 점을 이해할 수 있게 되었다. 그가 숙고했던 것은 특수한 성심을 보편적인 것, 즉 '스승'으로 간주하려는 사태와 관련된 문제였던 것이다.

## 2. 아비투스와 아장스망의 진실

가령 부르디외(P. Bourdieu, 1930 ~ 2002)의 경우라면 장자가 말한 성심을 아비투스(Habitus)라고 불렀을 것이다. 부르디외에 따르면 공동체에 살고 있는 개체들은 아비투스라는 무의식적인 구조를 모두 공유하고 있다. 개체의 판단, 선택, 취향 등은 표면적으론 의식적으로 이루어지고 있는 것처럼 보이지만, 사실 그것은 내면화된 공동체의 규칙에 의해 가능해지는 것이다. 부르디외가 아비투스를 "구조화된 구조"(structured structure)이며 동시에 "구조화하는 구조"(structuring structure)라고 정의했던 것도 바로 이런 이유에서이다.

사회 세계에 대한 실천적 지식에서 사회적 행위자가 활용하는 인식구조는 내면화되고 육화된 사회구조이다. 다시 말해 사회체계 내의 '이치에 맞는' 행위에는 어떤 실천적 지식이 전제되어 있다는 것이다. 이 실천적 지식은 분류 도식('분류 형식', '정신 구조'나 '상징 형식'을 말하는데, 이 단어들의 함축적 의미를 별개의 문제로 취급한다면 이런 표현들은 실제적으로 상호 대체 가능한 것들이다), 즉 여러 종류의 계급들(연령 집단, 성별 집단, 사회 계급)로의 객관적 분할의 산물이며, 의식과 담론의 층위 아래에서 작동하는 역사적인 지각·평가도식을 활용한다. 이 분할의 원리들은 사회의 기본 구조가 결합함으로써 생겨난 산물이므로, 사회의 모든 행위자들에게 공유된 것이며 보편적이고도 의미 있는 세계, 즉 상식적인 세계의 생산을 가능하게 만들어준다. ─부르디외, 『구별짓기』

부르디외는 '내면화되고 육화된 사회구조', 즉 아비투스를 발견하고 그것이 기능하는 방식을 연구했던 우리 시대 가장 탁월한 사회학자 가운데 한 명이다. 그의 지적이 옳다면 우리 행동의 진정한 주인은 우리 자신이라기보다 아비투스라고 말하는 것이 더 타당할 것이다. 성심과 마찬가지로 아비투스는 우리가 자신의 뜻과 무관하게 특정한 공동체에 내던져 길러졌기 때문에 생긴 것이다. 그렇다면 우리는 끝내 내면에 육화되어 있는 아비투스로부터 벗어날 수 없는 것일까? 이 점과 관련하여 현대 프랑스 철학자 들뢰즈의 이야기를 한 번 들어 볼 필요가 있다. 그는 새로운 아비투스를 구성할 수 있는 가능성에 대해 진지하게 사유하고 있기 때문이다. 바로 이런 점 때문에 들뢰즈의 사유는, 성심에 함축되어 있는 장자의 철학적 논리를 보다 명료화하는 데도 중요한 통찰을 제공해 준다.

우리는 결코 (무로부터 출발한다는 의미에서) 시작하지 않는다. 우리는 결코 백지(tabula rasa)를 가지고 있지 않다. 우리는 중간(milieu)으로 미끄러져서 들어간다. 우리는 리듬들을 취하거나 아니면 리듬들을 부여하기도 한다. …… 스피노자가 다음과 같은 진정한 외침을 던졌던 것도 바로 이런 이유에서이다. "당신들은 좋은 의미에서건 나쁜 의미에서건 자신들이 무엇을 할 수 있는지를 알지 못한다. 당신들은 신체 혹은 영혼이 이러저러한 마주침(rencontre), 배치(agencement), 결합(combinaison) 속에서 무엇을 할 수 있는지 미리 알지 못한다." ―들뢰즈, 『스피노자의 철학』

장자가 말했던 노나라 임금 역시 바닷새를 완전한 백지상태로 마주한 것이 아니었다. 그에게는 이미 인간 사회의 규칙이 내면화되어 있었기 때문이다. 들뢰즈의 표현을 사용한다면, 노나라 임금에게도 이미 구성된 "배치와 결합"이 존재했다. 우리들은 누구나 예외 없이 이미 구성된 "배치 그리고 결합"으로부터 출발하지 않을 수 없다. 들뢰즈와 마찬가지로 장자에게서도 인간은 "중간으로 미끄러져 들어가는" 존재로 설명될 수 있다. 그런데 아비투스라고도 불릴 수 있는 기존의 "배치와 결합"은 그 자체로는 아무런 문제도 불러일으키지 않는다. 이것이 문제로 부상되는 것은 자신이 전제한 아비투스와는 완전히 이질적인, 새로운 "배치와 결합"을 가진 타자와 마주치는 순간이다.

장자의 성심은 들뢰즈에 따르면 특정한 '배치와 결합'이라고도 규정될 수 있다. 물론 이 대목에서도 특정한 배치와 결합을 낳는 우발적인 "마주침"(rencontre)이 역시 중요하다. 이를 통해 우리는 자신 내부에서 무의식적으로 작동하고 있던 성심이라는 아비투스를 자각할 수 있기 때문이다. 그러나 타자와 마주친 그 순간, 우리는 자신이 앞으로 어떤 배치와 결합을 생성하게 될지 미리 예측할 수 없다. 스피노자가 우리는 "좋은 의미에서건 나쁜 의미에서건 자신들이 무엇을 할 수 있는지 알지 못한다"고 했던 것도 바로 이런 이유에서이다. 단지 예기치 못한 마주침이라는 사건을 통해서 새로운 배치와 결합을 구성하게 될 때에만, 우리는 사후적으로 자신의 역량을 회고할 수 있기 때문이다. 그런데 여기에서 특히 중요한 것은 '배치'를 의미하는 '아장스망'(agencement)이란 개념이다. 이 개념은 장자의 성심이 타자와 소통하는 과정에서 얻어지는 일종의 흔적 혹은 주름이라는 것을 명확히 보여 주기 때문이다. 따라서 장자가 말하는 성심의 의미를 이해하기 위해서 우리는 '아장스망' 개념을 좀더 살펴볼 필요가 있다.

> 아장스망은 무엇인가? 그것은 다양한 이질적인 항들로 구성되어 있으며, 나이의 차이, 성별의 차이, 신분의 차이, 즉 차이 나는 본성들을 가로질러서 그것들 사이에 연결이나 관계를 구성하는 다중체(multiplicité)이다. 따라서 아장스망은 함께 작동하는 단위이다. 그것은 공생이며 공감이다. …… '인간' – '동물' – '제작된 도구' 유형의 아장스망, 즉 인간-말-등자(鐙子)를 생각해 보자. 기술자들은 등자가 기사(騎士)들에게 옆 방향으로 안정성을 제공해 줌으로써 새로운 군대 조직, 즉 기병을 가능하게 했다고 설명한다. …… 이 경우 인간과 동물은 새로운 관계에 들어간 것이고, 전자나 후자 모두 변화하게 된 것이다. ─들뢰즈, 『대화』

이 인용문에는 '등자'라는 낯선 용어가 등장한다. 이것은 말에 오르거나 말을 몰 때 발을 넣도록 만든 것으로, 말 옆구리에 줄로 매달아 놓은 쇠로 만든 도구를 가리킨다. 역사학자들에 따르면 이 등자가 발명될 때까지 전쟁은 주로 보병에 의해 이루어졌던 것으로 보인다. 등자가 없으면 말을 타거나 몰기가 무척 힘들 수밖에 없었기 때문이다. 그런데 등자가 발명되면서 인간은 말 위에서 양발을 안정적으로 고정시킬 수 있었고, 그 결과 한 손에 창이나 칼을 들고 공격하는 자세를 취할 수 있게 되었다. 그렇다면 결국 등자의 발명으로 보병으로 이루어진 전투 부대가 기병으로 이루어진 전투 부대로 변화할 수 있었던 것이다.

여기서 우리가 다시 생각해 보아야 할 점은, 보병과 기병의 차이 혹은 짐이나 나르던 말과 기병 전투에 사용된 말 사이의 차이에 관한 문제이다. 보병은 기본적으로 땅과 연결되어 있는, 혹은 땅에 익숙한 군인들을 가리킨다. 그래서 그들의 다리는 매우 강하고 굳건하게 발달되어 있다. 반면 기병은 말과 연결되어 있는 군인이다. 당연히 그의 다리는 승마에 어울리도록 새롭게 발달할 수밖에 없을 것이다. 이처럼 군인이란 동일한 상태에 머무는 것이 아니라 부단히 변할 수밖에 없는 존재이다. 땅에 연결되느냐 혹은 말에 연결되느냐에 따라, 그의 몸뿐만 아니라 마음까지도 변하기 마련이다. 사실 이런 변화는 말의 측면에서 더 현저하게 나타난다고 할 수 있다. 짐을 나르는 일을 맡는 말과 전투에 참여하는 말은 전혀 이질적인 종류의 말일 수밖에 없기 때문이다. 짐을 나르는 말이 노새나 당나귀와 유사하다면,

전투에 참여하는 말은 오히려 사자나 호랑이와 유사하다고도 볼 수 있을 것이다.

현재 전투에 참여하지 않더라도 한때 전쟁터에서 달렸던 말은 자신이 태웠던 기병들, 적진을 향해 돌격하던 힘의 흔적들을 가지고 있을 수밖에 없다. 물론 기병으로 활동하던 군인 역시 지금 말을 타지 않더라도 말을 타고 전투에 참여했던 과거의 흔적들을 가지고 있을 것이다. 들뢰즈의 아장스망은 이렇게 말과 인간이 연결되어, 서로를 변화시키는 역동적인 장면을 포착한 용어라고 할 수 있다. 그래서 그는 이 개념을 '다중체'(multiplicité)라고 부르기도 한 것이다. 다중체를 의미하는 'multiplicité'라는 개념은 '많다'라는 뜻의 'multi'라는 단어와 '주름'을 의미하는 'pli'라는 단어의 합성어이다.

그런데 여기서 우리가 주목해야 할 단어는 바로 'pli'이다. 새로 산 옷을 입게 되면, 이 옷에는 얼마 지나지 않아 많은 주름들이 생기기 마련이다. 옷의 주름들은 외부 힘들과의 마주침으로부터 만들어지는 것이다. 이런 측면 때문에 주름이란 일종의 타자와의 관계로부터 발생한 흔적이라고 볼 수 있다. 우리는 주름의 논리가 보병이나 기병의 경우에도 동일하게 적용되는 것임을 어렵지 않게 이해할 수 있다. 보병의 강건한 다리 근육은 땅과의 관계로부터 만들어진 'pli', 즉 일종의 '주름'이라고 할 수 있고, 기병의 다리 근육은 말과의 관계로부터 만들어진 '주름'이라고 할 수 있기 때문이다. 이와 마찬가지로 자동차에 익숙해진 현재 우리들의 다리는 자동차와의 관계로부터 유래한 '주름'을 가지고 있을 것이다.

## 3. 수영을 배우는 방법

장자의 성심은 이제 아비투스라고 불릴 수도 있고 혹은 아장스망이라고 불릴 수도 있다. 그러나 장자의 성심 역시 타자와의 관계로부터 생길 수밖에 없는 일종의 주름이라는 사실이 중요하다. 노나라 임금은 바닷새와 마주치면서, 새로운 주름을 만드는 데 실패했던 인물이다. 그는 기존의 주름만을 유지하려고 했기 때문이다. 그러나 만약 노나라 임금이 타자와 마주쳐서 새로운 성심을 구성하는 데 성공했다면 그때의 상황은 어떻게 되었을까? 새로운 성심이 구성되었을 때, 기존에 가졌던 성심은 완전히 소멸되는 것일까? 아니면 새로운 성심에 편입되어 일정 정도의 기능을 수행하게 될까? 가령 노나라 임금이 바닷새와 더불어 새로운 배치와 결합을 실현했다고 하더라도, 그에게 존재하던 기존의 배치와 결합 역시 감쪽같이 증발되지는 않을 것이다. 그것은 새로운 배치와 결합 속에서 함께 통합될 것이기 때문이다. 이 점에서 다음의 '수영 이야기'는 장자의 관점을 전해 주는 중요한 에피소드의 하나로 기억될 필요가 있을 것이다.

공자가 여량이라는 곳에 유람을 하였다. 그곳의 폭포수가 삼십 길이나 되었다. 그 폭포수에 떨어져 나온 물거품이 사십 리나 튈 정도로 험해서, 자라나 물고기 등도 수영할 수 없었을 정도였다. 그런데 한 사나이가 그런 험한 곳에서 수영하는 것을 목도하게 되었고, 공자는 그 사람이 어떤 삶의 고민으로 인해 자살하려고 물에 들어간 것이라고 여겼다. 그래서 제자들로 하여금 물길을 따라가 그 사나이를 건지도록 하였다. 그러나 그 사나이는 수백 보 뒤의 물속에서 모습을 드러내면서 산발을 하고 노래를 부르며 둑 아래를 걸어갔다. 공자가 그를 따라가서 물어 보았다. "나는 그대가 귀신인 줄 알았네. 그러나 지금 보니 자네는 귀신이 아니라 사람이군. 물을 건너는 데 그대는 어떤 특이한 방법이라도 지니고 있는가?" 그 사나이가 대답했다. "특별한 방법이 있겠습니까? 나는 '옛 삶'[故]에서 시작하였고 '지금의 삶'[性]에서 자라났으며 '운명'[命]에서 완성하였습니다. 물이 소용돌이쳐서 빨아들이면 저도 같이 들어가고, 물이 나를 물속에서 밀어내면 저도 같이 그 물길을 따라 나옵니다. 물의 도를 따라서 그것을 사사롭게 여기지 않습니다. 이것이 제가 물을 건너는 방법입니다." 그러자 공자가 물어 보았다. "옛 삶에서 시작하였고, 지금의 삶에서 자라났으며, 운명에서 완성하였다고 그대는 말했는데 (이것은) 무슨 의미인가?" 그 사나이가 대답했다. "제가 육지에서 태어나서 육지에 편안해진 것이 옛 삶이고, 제가 현재 물에서 자라서 물에 편안해진 것이 지금의 삶이며, 내가 어떻게 그럴 수 있었는지 모르지만 그렇게 된 것이 바로 운명입니다." ―「달생」

孔子觀於呂梁, 縣水三十仞. 流沫四十里, 黿鼉魚鼈之所不能游也.
공자관어여량 현수삼십인 류말사십리 원타어별지소불능유야
見一丈夫游之, 以爲有苦而欲死也. 使弟子並流而拯之. 數百步而
견일장부유지 이위유고이욕사야 사제자병류이증지 수백보이
出, 被髮行歌而游於塘下. 孔子從而問焉, 曰, 吾以子爲鬼. 察子則
출 피발행가이유어당하 공자종이문언 왈 오이자위귀 찰자측
人也. 請問, 蹈水有道乎? 曰, 亡, 吾无道. 吾始乎故, 長乎性, 成乎
인야 청문 도수유도호 왈 망 오무도 오시호고 장호성 성호

命. 與齊俱入, 與汨偕出. 從水之道, 而不爲私焉. 此吾所以蹈之也.
　명　여제구입　여골해출　종수지도　이불위사언　차오소이도지야

孔子曰, 何謂始乎故, 長乎性, 成乎命? 曰, 吾生於陵而安於陵, 故
　공자왈　하위시호고　장호성　성호명　왈　오생어릉이안어릉　고

也, 長於水而安於水, 性也, 不知吾所以然而然, 命也.
　야　장어수이안어수　성야　부지오소이연이연　명야

공자(孔子, BC 551~BC 479)는 땅에서의 삶을 가장 잘 영위한다
고 이미 정평이 나 있던 사람이었다. 하긴 대부분의 인간들이 떼를
지어 서로 모여 사는 곳이 바로 땅이 아니던가? 공자는 땅에서의 인
간의 삶은 예(禮)라는 절대적인 규범에 의해 영위되어야만 한다고 역
설했다. 그리고 스스로도 자신이 예를 가장 멋드러지게 실천한다고
자부했다. 그런데 땅의 왕자라고 불릴 만한 공자가 어느날 육지의 가
장 끝, 즉 험악한 물의 영역에 이르게 되었다. 자신의 삶의 기술이 무
력해지는 이곳에서 공자는 또 다른 고수 한 명을 만나게 된다. 그 고
수는 물에서의 삶이 가장 편하다고 느끼는, 다시 말해 수영의 달인이
었다. 이 점에서 볼 때 이 수영의 달인은 공자가 꿈꾸던 유학적 삶과
는 전혀 다른 종류의 삶을 상징하는 인물이라고 할 수 있을 것이다.
이 비유를 통해서 장자가 말하고자 한 것은 바로 새로운 삶의 가능성
에 관한 이야기이다.

흔히 물을 두려워하는 우리는 물이 빨아들이면 그것에 저항하고
반대로 물이 밀어내면 또한 그것에 저항한다. 그것은 우리가 이미 너
무도 익숙하게 땅과 연결되어 있기 때문이다. 다시 말해 땅과 '마주
치면서' 우리는 이미 땅에 어울리는 형태의 '배치와 결합'을 구성했
던 것이다. 물과는 달리 땅은 우리를 빨아들이지도 밀어내지도 않는

다. 바로 이런 이유로 수영을 잘 하지 못하는 사람은 물에서 그토록 허우적거리며 괴로워할 수밖에 없다. 그것은 자신도 의식하지 못하는 사이에 땅에서나 어울릴 수 있는 동작들을 연거푸 발산하고 있기 때문이다. 이것은 우리가 물과의 새로운 연결을 거부한다는 것, 다시 말해 땅으로부터 유래한 하나의 성심을 무의식적으로 고집하고 있다는 것을 말해 준다. 그렇다면 물과 새롭게 연결되기 위해서 우리는 어떻게 해야 할까?

수영의 비법에 궁금증을 가진 공자에게 수영의 달인은 다음과 같이 겸손하게 이야기한다. "물이 소용돌이쳐서 빨아들이면 저도 같이 들어가고, 물이 나를 물속에서 밀어내면 저도 같이 그 물길을 따라 나옵니다. 물의 도를 따라서 그것을 사사롭게 여기지 않습니다." 결국 땅에서 얻어진 성심을 스승으로 삼지 않고, 지금 직면한 물의 흐름에 몸을 맡기라는 이야기이다. 땅과는 전혀 이질적인 물의 흐름에 저항하지 않고 그 흐름에 순응해야만 한다는 말일 것이다. 그러다 보면 어느 순간 의식하지 못한 사이 땅보다는 물이 편안해지는 느낌을 얻게 될 것이라고 말이다. 들뢰즈의 표현을 빌리자면 이것은 새로운 '배치와 결합'을 완성했다는 것이며, 장자의 표현을 빌리자면 새로운 '성심'을 구성했다는 것을 의미한다.

물론 그렇다고 해서 땅에서 얻어진 성심이 철저하게 사라지거나 소멸되었다고 볼 필요는 없다. 과거의 성심은 수영의 달인이 구성한 새로운 성심으로 흡수되었기 때문이다. 수영의 달인이 수영을 끝내고서 다시 둑 위를 유유히 걸을 수 있었던 것도 바로 이 점을 잘 보여

주고 있다. 땅에서의 삶에만 능숙했던 공자는 땅과의 마주침을 통해 이루어진 성심만을 가지고 있었다. 그렇기에 그는 수영의 달인을 보고 몹시 당혹스러워했던 것이다. 어떻게 사람이 물속에서 그토록 자유로울 수 있단 말인가? 그러나 수영의 달인은 물과 땅의 두 영역을 가로지르며, 새로운 상황에 맞는 새로운 성심을 자유롭게 구성할 줄 알았다. 그가 공자보다 탁월했던 것은 바로 이런 점 때문이었다.

이제 우리는 장자에게서 성심이란 개념이 가지고 있는 위상을 이해할 수 있게 되었다. 아비투스와 마찬가지로 성심은 우리가 특정한 공동체 속에서 살 수밖에 없는 불가피한 사실로부터 유래하는 것이다. 문제는 타자를 만났을 때, 다시 말해 이질적인 공동체와 조우했을 때 발생한다. 우리는 기존의 성심을 절대적 기준으로 삼아 타자와 관계할 수도 있고, 아니면 새로운 성심을 구성하려는 모험을 감행할 수도 있다. 물론 후자를 선택한다고 해서, 이 모험이 항상 성공하리라는 보장은 전혀 없다. 모험의 성공에는 나의 역량만이 아니라, 내가 마주친 타자의 역량도 결정적인 역할을 수행하기 때문이다. 아마 수영의 달인도 숱하게 죽음의 고비를 넘겼을 것이다. 이 점에서 그가 새롭게 만든 주름 혹은 그의 성심은 일종의 비약이나 축복 속에서만 가능했던 것이었다고 회고할 수 있다. 수영의 달인이 결국 "내가 어떻게 그럴 수 있었는지 모르지만 그렇게 되었다"고 고백했던 것도 다름 아닌 이런 이유 때문일 것이다.

**「나치즘에 열광하는 사람들」(1938)**

파시즘이 무서운 것은 민중들을 열광적인 꿈의 세계로 몰아넣는다는 점이다. 빌헬름 라이히(Wilhelm Reich)가 지적한 것처럼 당시 히틀러 통치 하의 독일 국민들은 자신들이 "작은 히틀러"인 것처럼 생각했었다. 다시 말해 독일 국민들은 총통의 결정이 곧바로 자신들의 결정인 것처럼 열광했다는 것이다. 히틀러가 사라진 뒤에야, 그들은 때늦게 자신이 거대하고 잔혹한 꿈속에 사로잡혀 있었다는 것을 알게 된다. 그러나 너무 늦지 않았는가? 그들의 손에는 이미 유태인을 포함한 너무나 많은 인간들의 피가 묻어 있었기 때문이다.

# 5장_꿈의 세계에서 삶의 세계로

나는 이렇게 말할 수 있을 것이다. 만일 내가 도달하고자 하는 곳이 오직 사다리를 통해서만 올라갈 수 있는 곳이라면, 나는 거기에 도달하려는 것을 포기할 것이다. 왜냐하면 내가 정말로 가야만 하는 곳, 그곳에 나는 원래 이미 있지 않으면 안 되기 때문이다. 사다리에 의해 도달될 수 있는 곳은 나에게 흥미를 주지 못한다. ─비트겐슈타인, 『문화와 가치』


## 1. 유아론적 사유에 관하여

'수영 이야기'에는 두 가지 공동체가 상징적으로 등장하고 있다. 하나는 땅의 공동체이고 다른 하나는 물의 공동체이다. 이렇게 두 종류의 공동체가 있다는 것은 이론적으로 두 종류의 성심이 가능하다는 것을 뜻한다. 그렇다면 두 가지 성심 중 어느 것이 옳은 것인가? 이미 우리는 이런 질문이 논점을 잃고 있다는 것을 알 수 있다. 어떤 종류의 것이든 성심은 자연사적인 사실이자 우리의 절대적인 출발점이기 때문이다. 우리가 타자를 타자로 만날 수 있는 것도 바로 우리에게 특정한 성심이 주어져 있기 때문이다.

직접적으로 '성심 이야기'를 통해서 장자는 두 가지 문제를 숙고하고 있다. 하나는 우리가 성심으로 불릴 수 있는 아비투스를 가진 유한한 존재라는 것이고, 다른 하나는 세계에 무수히 많은 시스템이 존재할 수 있다는 것이다. 장자가 분명하게 지적하진 않았지만, 그는 이 두 가지 통찰로부터 초월을 지향하는 일체의 형이상학적 사유를 비판할 수 있었다. 우리는 이 문제와 관련해 초월에 대한 김진석의 다음 논의를 참조해 볼 수 있다. 장자와 마찬가지로 그도 형이상학적 초월의 경향을 끈덕지게 경계하고 있기 때문이다.

땅에서 수직으로 올라가며 훌쩍 넘어가는 어떤 환상인 초월. 땅에서 잠깐만 왔다 갔다 하는 척하다 한 번의 비상으로, 또는 한꺼번에 연속적으로 계속되는 비상으로 땅을, 이 속세를 깨끗이 넘어 올라가는 환상인 초월. 높은 곳 어디로 훌쩍 넘어가기, 소위 이상적인 곳으로 올라가기를 꿈꾸는 환상인 초월. ─김진석, 『초월에서 포월로』

김진석이 말한 초월적 비상은 얼핏 보면 대붕의 비상을 연상시키는 것처럼 보일 수 있다. 그러나 이런 인상은 타당한 것일까? 이 물음에 답하기 위해 우리는 대붕의 비상이 남쪽으로 날아가기 위한 예비 작업에 불과했다는 점을 염두에 둘 필요가 있다. 다시 말해 나를 가두어 놓은 시스템의 높은 장벽을 넘어설 정도의 고도를 확보하기 위해 대붕은 비상했을 뿐이다. 이 점에서 수직적인 비상 그 자체만을 목적으로 삼는 초월의 형식은 대붕의 비상과는 아무런 관계가 없는 것이다. 김진석은 초월이란 자신의 삶으로부터 수직으로 비상하려는, 이루어질 수 없는 우리의 욕망이라고 진단하고 있다. 그래서 그에게 초월이란 '환상'이자 '꿈'에 불과한 것이다. 우리는 왜 초월을 하나의 착각이라고 밖에 이야기할 수 없는 것일까? 여기에는 타자와 다른 시스템에 대한 고려가 애초부터 간과되어 있기 때문이다.

타자를 고려하지 않는다는 말은, 우리가 특정 시스템에 제한되어 있다는 사실을 의식하지 못한다는 것을 말한다. 아무리 높이 올라가도 특정한 시스템에 속박되어 있다면, 초월이란 우리에게 의미가 없는 것이다. 대부분의 수직적 초월들이 단순히 공동체의 규칙을 절대화하거나 혹은 신화화하려는 시도로 귀결되고 말았던 점 역시 간과해서는 안 된다. 철학사를 보면 초월의 자리에 플라톤은 이데아(idea)를, 하이데거(M. Heidegger, 1889~1976)는 존재(Sein)를, 노자는 도(道)를, 주희(朱熹, 1130~1200)는 태극(太極)을 설정했었다. 그러나 이미 우리는 그들이 모두 자신이 속한 시스템, 즉 그리스의 폴리스(polis), 게르만의 전원생활, 중국의 고대국가, 유학의 가부장제 사회 속에 갇혀 있었다는 것을 알고 있다. 그들의 위대한 형이상학은 자신들이 속한 공동체의 규칙을 절대 불변의 진리로 고착화하려고 한 시도였던 셈이다.

김진석이 지적했던 것과 마찬가지로 장자도 이런 형이상학적 시도들, 혹은 수직적 초월의 운동들을 하나의 '꿈'이라고 이야기한다.

꿈속에서 잔치를 연 사람이 새벽에 울부짖으며 눈물을 흘리고, 꿈속에서 울부짖으며 눈물을 흘리던 사람이 새벽에 (즐겁게) 사냥을 하러 나간다. 꿈을 꿀 때 우리는 자신이 꿈꾸고 있다는 것을 알지 못하고, 꿈꾸고 있으면서 꿈속에서 꾼 어떤 꿈을 해석하기도 한다. 우리는 깨어나서야 자신이 꿈을 꾸고 있었다는 것을 알게 된다. 단지 완전히 깨어날 때에만, 우리는 이것이 완전한 꿈이었음을 알게 될 것이다. —「제물론」

夢飲酒者, 旦而哭泣, 夢哭泣者, 旦而田獵. 方其夢也, 不知其夢也,
몽 음 주 자   단 이 곡 읍   몽 곡 읍 자   단 이 전 렵   방 기 몽 야   부 지 기 몽 야
夢之中又占其夢焉. 覺而後知其夢也. 且有大覺而後知此其大夢也.
몽 지 중 우 점 기 몽 언   각 이 후 지 기 몽 야   차 유 대 각 이 후 지 차 기 대 몽 야

『성찰』(*Meditationes*)에서 데카르트가 그랬던 것처럼 '꿈'이란 회의주의적 사상가들이 지금껏 즐겨 사용해 온 비유의 하나이다. 데카르트는 "내가 지금 생각하고 있는 것이 꿈이 아닐까?"라고 회의했던 적이 있다. 이것은 물론 나의 확고한 생각이 일종의 유아론에 지나지 않을 수도 있다는 자기반성의 과정이다. 유아론이란 타자가 배제된 담론 일반을 가리킨다. 표면적으로 보았을 때 유아론적 사유에서도 타자의 문제를 언급하고 있다는 것을 알 수 있다. 그러나 유아론 속에서의 타자란 진정한 타자, 즉 타자성을 가진 우연한 타자가 아니다. 오히려 이때 타자란 주체의 생각 속에서만 의미를 지니는 하나의 관조된 대상에 지나지 않는다.

장자에게서 '꿈'이란 자신이 특정한 시스템에 제한되어 있는 것을 모르고 그 시스템을 모든 것에 적용시키려는 환상을 의미한다. 그

에게 꿈은 하나의 성심을 통해 모든 타자와 관계하려는 일종의 '형이
상학적 착각'을 상징한다고도 말할 수 있다. 물론 꿈을 꾸고 있는 유
아론자라고 해서 그가 아무런 생각도 하지 않는 것은 아니다. 오히려
그는 더 자주 그리고 지나칠 정도로 많은 것을 생각하곤 한다. 장자
의 말을 빌리자면 유아론자는 "꿈을 꿀 때 자신이 꿈꾸고 있다는 것
을 알지 못하고, 꿈꾸고 있으면서 꿈속에서 꾼 어떤 꿈을 해석하고"
있는 존재이다. 그는 오히려 꿈을 꾸면서도 꿈속의 다른 꿈을 해석할
정도로 과도하게 사유하는 존재이다. 그러나 결국 그의 사유는 또 다
른 환상의 한 종류일 뿐이다.


## 2. 비트겐슈타인적인 통찰

장자가 '꿈'을 비유로 삼고 있다는 것은 무척 중요하다. 그것은 그가
여전히 타자의 문제에 주목하고 있다는 것을 보여주기 때문이다. 그
에게 있어 '꿈'이란 타자가 배제된 사유, 다시 말해 아무리 거대한 체
계를 구성하고 있더라도 일종의 유아론에 불과한 형이상학적 사유를
가리킨다. 마침내 꿈에서 깨어나야만 한다는 장자의 주장은, 타자를
관조의 대상으로 보지 않겠다는 결연한 의지, 따라서 어떤 타자와도
직대면하겠다는 의지의 표명에 다름 아니다. 관조의 세계와는 달리
삶의 세계에서 우리는 불가피하게 무수한 타자들과 마주칠 수밖에
없지 않은가?

　몇몇 연구자들은 장자가 말한 꿈으로부터의 깨어남을 오히려 일

상으로부터의 초월이라고 이해하곤 한다. 이것은 장자의 사유를 신비주의로 몰고 가는 치명적인 오독이라고 할 수 있다. 오히려 장자에게선 꿈이야말로 그릇된 초월에의 의지를, 그리고 꿈으로부터의 깨어남은 이런 형이상학적 욕구를 포기하려는 결단을 상징하고 있다. 그럼에도 불구하고 일부의 연구자들은 꿈을 삶의 세계에 매몰되어 있는 상태로, 한편 깨어남을 이런 일상적 상태로부터의 초월로 곡해하고 있다. 어찌 보면 그들은 장자가 전도시켰던 것을 다시 뒤집어놓는 매우 놀라운 재주를 부리고 있다. 물론 우리는 이런 재주넘기에 더 이상 혼란을 느끼지는 않을 것이다. 우리는 꿈으로부터 깨어난 사람이 타자와 대면할 수밖에 없는 삶의 세계를 알고 있기 때문이다. 이런 장자의 통찰은 역시 비트겐슈타인의 다음과 같은 논의를 매우 닮아 있다. 비트겐슈타인의 이야기를 좀더 들어보도록 하자.

> 철학적 문제들의 해결은 마술의 성에서 마술적으로 출현하는, 그리고 만일 우리가 그것을 대낮에 밖에서 보게 된다면 단지 보통의 철조각(또는 그런 어떤 것)일 뿐인 동화 속의 선물과도 비교될 수 있을 것이다. ─비트겐슈타인, 『문화와 가치』

장자와 마찬가지로 비트겐슈타인에게서도 철학적 문제들은 일종의 환각이나 착각이라는 성격을 가지고 있다. 그의 표현을 빌리자면 그것들은 모두 "마술의 성에서 마술적으로 출현하는" 허구적인 것들이기 때문이다. 여기에서 '마술의 성'이란 유아론적 사유를 상징하는 것이기도 하다. 유아론적인 사유에 갇혀 있을 때에도, 우리는 여러 가지 생각을 지속할 수 있고 나아가 그런 생각들을 다시 반성적으로 음미할 수도 있다. 그러나 이곳에서 발생한 모든 생각과 반성들은 사실 아무런 의미도 없는 것이다. 왜냐하면 '마술의 성'이 붕괴되는 순간, 그것들은 마치 거품이 빠져나가듯 허무하게 사라질 것이기 때문이다.

비트겐슈타인이 좋아했던 사례 한 가지를 더 살펴보자. 어떤 사람이 방 안에 있다고 가정해 보자. 방 안에서 나가려면 그는 문손잡이를 잡고 자신 쪽으로 문을 잡아당겨야만 한다. 그러나 만약 그가 방 바깥으로 나가기 위해서 문을 밖으로 밀어낸다면 어떻게 될까? 그는 결코 방 바깥으로 나갈 수 없을 것이다. 이 경우 그는 고민에 빠져 매우 진지한 태도로 방을 나가기 위한 다른 방법을 숙고할지도 모른다. 그러나 그가 문은 밖으로 밀어야만 열릴 것이라는 생각 자체를 포기하지 않는다면, 그는 결코 자신이 갇혀 있는 방에서 벗어날 수 없을 것이다. 사실 이 경우 어떤 것도 잘못된 것은 없었으며, 문제가 될 만한 다른 점도 존재하지 않았다. 문은 밀어내야만 열린다는 생각 그 자체만이 모든 문제의 기원이었던 셈이다. 이 점에서 그는 방에 갇혀 있었던 것이라기보다, 오히려 자신의 생각 속에 갇혀 있었다고 말해야 할 것이다.

기원상 모든 형이상학은 하나의 특수한 공동체를 절대화하는 유아론적 의지로부터 출현하는 것이다. 비트겐슈타인은 『철학적 탐구』를 통해 형이상학의 기원에 대해 가장 강력하게 고발했던 적이 있다.

이것은 결국 그의 '철학적 탐구'가 유아론으로부터 벗어나려는, 그래서 자신의 바깥으로 나가려는 과정이었다는 것을 보여준다. 나아가 이것은 그의 탐구가 결국 타자에 대한 모색이었다는 것을 말해 준다.

이상(ideal)이 우리의 생각 속에 확고부동하게 자리 잡고 있다. 당신은 그로부터 빠져나올 수 없다. 당신은 언제나 되돌아와야만 한다. 바깥은 없다. 바깥에서는 숨을 쉴 수 없다.──이러한 생각은 어디에서부터 비롯된 것인가? 그것은 마치 코 위에 있는 안경과도 같아서, 우리는 무엇을 볼 때 그것을 통해서만 본다. 우리는 그것을 벗어 버리려는 생각은 결코 하지 않는다.─비트겐슈타인, 『철학적 탐구』

"바깥은 없다. 바깥에서는 숨을 쉴 수 없다"는 비트겐슈타인의 비관적인 선언은 자신의 생각 속에 갇혀 있으면서도 벗어나지 못하는 유아론자의 절규와도 유사해 보인다. "문은 밀어야만 열린다"는 생각이 하나의 이상(ideal)으로 자리 잡고 있다면, 그는 방문을 잡아당겨야만 나갈 수 있게 되어 있는 방으로부터 결코 빠져나올 수가 없을 것이다. 비트겐슈타인은 이런 유아론적 사유를 '코 위에 걸린 안경'에 비유하고 있다. 모든 것을 안경을 통해서만 보면서도 우리는 자신의 코에 걸려 있는 안경 자체에 대해서는 전혀 의식하지 못하는 경우가 있다. 그렇다면 사실 단순한 안경보다는 붉게 채색된 선글라스의 사례가 더 좋은 비유가 될 수 있을 것이다. 이 선글라스를 통해서 바라본 사물들은 모두 붉은 것으로 보일 수밖에 없다. 그러나 그것이 사물들의 진정한 색깔이라고는 말할 수 없을 것이다. 사물들의 고유한 색깔을 보기 위해서라면, 우리는 반드시 이 선글라스를 벗어야만 할 것이다. 하지만 자신이 선글라스를 끼고 있다는 사실 자체를 자각하지 못한다면 한 발짝도 더 나아갈 수 없다.

이 문제를 조금만 더 생각해 보자. 왜 우리는 반드시 "문은 밀어야만 열린다"는 생각을 가지게 되었을까? 그런 생각은 우리가 밀어야만 열리는 문들과 접했던 과거의 많은 경험에서 유래한 것이다. 이것은 우리의 이상이 특정 시스템으로부터 유래했다는 것, 다시 말해 일종의 성심에 지나지 않았다는 사실을 보여준다. 그러나 비트겐슈타인의 말대로 "마법의 성이 사라질 때" 혹은 "안경을 벗을 때" 과연 우리에게는 어떤 현상이 벌어질까? 여기에서 우리는 비로소 타자를 재발견하게 된다. 이제 장자로 되돌아가 이 문제를 정리해 보자.

자네에게 묻겠네. 사람이 습지에서 자면 허리가 아프고 반신불수가 되겠지. 그러나 미꾸라지도 그럴까? 사람이 나무 위에서 산다면 겁이 나서 떨어질 수밖에 없을 것일세. 그러나 원숭이도 그럴까? 이 셋 중에서 어느 쪽이 '올바른 거주지'〔正處〕를 안다고 할 수 있겠는가? 사람은 고기를 먹고, 사슴은 풀을 먹고, 지네는 뱀을 달게 먹고, 올빼미는 쥐를 좋다고 먹지. 이 넷 중에서 어느 쪽이 '올바른 맛'〔正味〕을 안다고 할 수 있겠는가? 원숭이는 비슷한 원숭이와 짝을 맺고, 순록은 사슴과 사귀고, 미꾸라지는 물고기와 함께 놀지. 모장이나 여희는 남자들이 모두 아름답다고 하지만, 물고기는 보자마자 물속 깊이 들어가 숨고, 새는 보자마자 높이 날아가 버리고, 사슴은 보자마자 급히 도망가 버린다네. 이 넷 중에서 어느 쪽이 '올바른 아름다움'〔正色〕을 안다고 할 수 있겠는가?─「제물론」

且吾嘗試問乎女. 民濕寢則腰疾偏死, 鰍然乎哉? 木處則惴慄恂懼.
차오상시문호여　민습침즉요질편사　추연호재　목처즉췌률순구
猨猴然乎哉? 三者孰知正處? 民食芻豢, 麋鹿食薦, 蝍蛆甘帶, 鴟鴉
원후연호재　삼자숙지정처　민식추환　미록식천　즉저감대　치아
嗜鼠. 四者孰知正味? 猨猵狙以爲雌, 麋與鹿交, 鰍與魚游. 毛嬙麗
기서　사자숙지정미　원편저이위자　미여록교　추여어유　모장여
姬, 人之所美也, 魚見之深入, 鳥見之高飛, 麋鹿見之決驟. 四者孰
희　인지소미야　어견지심입　조견지고비　미록견지결취　사자숙
知天下之正色哉?
지천하지정색재

이 에피소드에서는 '올바른 거주지', '올바른 맛' 그리고 '올바른 아름다움'에 대한 논의가 전개되고 있다. 여기서 반복적으로 나타나는 '올바름'〔正〕이란 개념은 일종의 절대성을 상징하는 말이다. 그런데 절대적인 무엇인가가 존재할 수 있다면, 그것은 형이상학이 가능하다는 것을 의미하는 것이다. 그러나 모든 개체가 동의하는 절대적인 진리, 어느 경우나 통용되는 영원한 진리란 과연 존재할 수 있는 것일까? 장자는 이 점을 분명하게 거부하고 있다. 우리가 편안히 거주하는 곳에서 타자는 불편함을 느낄 수 있고, 우리가 맛있다고 먹는 것을 타자는 거부할 수 있으며, 나아가 우리가 아름답다고 좋아하는 것을 타자는 공포의 대상으로 여길 수 있기 때문이다. 이것은 결국 세상의 모든 존재들이 나름대로의 고유한 시스템에 속해 있으며,

나아가 이런 시스템이 무한히 다양해질 수 있다는 점을 함축하고 있다. 바로 이런 세계야말로 꿈의 세계가 아닌 삶의 세계이다.

## 3. 삶의 길을 찾아서

세계에는 다양한 시스템들이 존재하고, 따라서 수많은 타자들이 존재한다. 중요한 것은 이런 다양한 시스템들이 서로 교차하고 충돌한다는 것, 다시 말해 우리는 타자와 마주칠 수밖에 없다는 점이다. 사실 삶에서 일어나는 모든 문제는 이런 마주침으로부터 발생한다. 자신이 무의식적으로 따르고 있던 삶의 규칙이 적용되지 않는 지점, 다시 말해서 타자와 마주치는 지점에서 우리는 어떤 임계점(critical point)에 놓이게 된다. 임계점이란 화학에서 사용하는 용어인데, 어떤 물질이 액체인지 기체인지를 규정할 수 없는 어떤 상태에 있다는 것을 의미한다. 이 용어는 자신의 생각이 전혀 통용되지 않는 어떤 순간에 우리의 삶이 위기에 처할 수밖에 없다는 점을 보여준다.

　이런 임계점에서 우리가 선택할 수 있는 경우의 수는 사실 그렇게 많지 않다. 하나는 자신의 생각을 타자에게 그대로 관철시키고자 하는 '꿈의 길'이다. 다른 하나는 타자가 속한 시스템의 규칙을 배우면서 새로운 주체로 변형되는 '삶의 길'이다. 여기에서 장자의 선택은 명확하다. 그는 우리에게 '삶의 길'을 따르라고 권고하고 있기 때문이다. 사실 꿈의 길, 다시 말해 형이상학의 길을 따르면 우리는 자신의 삶을 파괴하든가 아니면 타자의 삶을 파괴하는 비극적 결말에 이르게 될 것이다. 다음 장자의 이야기는 바로 이 점을 분명히 보여주고 있다.

> 나의 삶에는 한계가 있지만 앎에는 한계가 없다. 한계가 있는 삶으로 한계가 없는 앎을 따른다면 위태로울 것이다. 그런데도 계속 앎을 추구한다면 더욱 위태로워질 것이다. —「양생주」
>
> 吾生也有涯, 而知也无涯. 以有涯隨无涯, 殆已. 已而爲知者, 殆而
> 오 생 야 유 애   이 지 야 무 애   이 유 애 수 무 애   태 이   이 이 위 지 자   태 이
> 已矣.
> 이 의

유한한 삶과 무한한 앎! 장자철학이 주는 긴장감은 바로 이로부터 발생하고 있다. "삶에 한계가 있다"는 말로 장자는 우리가 근본적으로 유한자라는 사실을 다시 한번 상기시키고 있다. 한계가 있다는 말은 바깥이 있다는 말과 마찬가지의 의미이다. 다시 말해 우리의 삶은 자족적으로 영위되는 것이 아니라, 항상 타자와의 마주침에 노출되어 있다는 것을 말한다. 반면 "앎에는 한계가 없다"는 장자의 주장은 우리의 앎이 기본적으로 형이상학적일 수 있는 위험을 안고 있다는 점을 지적한 것이다. 바로 여기에 긴장과 갈등이 도사리고 있다. 모든 것에 일괄적으로 적용되는 진리가 있다고 보는 것이 형이상학의 핵심적 관점이다. 장자에 따르면 이런 형이상학적 사유를 따를 때, 우리 삶은 결국 위험에 빠질 수밖에 없다. 일체의 형이상학은 특정 시스템에만 통용되는 규칙을 절대화하면서 출현하는 유아론적 사유에 지나지 않기 때문이다.

그런데 유아론적 사유야말로 타자에 대한 폭력의 기원이라고 할수 있다. 더구나 유아론적 사유의 문제점은 여기서 그치지 않는다. 그것은 결국 애초부터 타자와의 새로운 연대를 불가능하게 만든다는 점에서, 나 자신의 삶에 대한 궁극적인 폭력으로 기능할 수 있다. 따라서 초월을 꿈꾸는 일체의 형이상학은 모두 삶에 적대적인 것일 수밖에 없다. 이렇게 일체의 초월을 '꿈'이라고 거부한다는 점에서, 장자의 영혼은 스피노자의 정신을 닮았다고 말할 수 있다. 들뢰즈에 따르면 스피노자의 철학은 바로 '삶'을 위한 철학이었기 때문이다.

스피노자에게서는 '삶'의 철학이 존재한다. 정확히 말해 그 철학의 요체는 우리를 삶으로부터 분리시키는 모든 것, 우리 의식의 조건들과 환상들에 연결되어 있는, 삶을 거역하는 모든 초월적 가치들을 고발하는 것에 놓여 있다. 삶은 선과 악, 오류와 공로, 죄악과 속죄 등의 범주들로 중독되어 있다. 삶을 중독시키는 것은 증오이다. …… 스피노자는 슬픈 정념이 좋은 어떤 것을 가지고 있다고 생각하는 사람들에 속하지 않는다. 그는 니체에 앞서 삶을 위조하는 모든 것들, 우리가 삶을 폄하할 때 의거하게 되는 모든 가치들을 고발한다. 다시 말해 스피노자는, 우리는 삶을 살고 있지 않으며 단지 삶과 유사한 어떤 것을 영위하고 있을 뿐이라는 것, 그리고 우리는 죽음을 피하기만을 꿈꾸고 있으며 우리의 모든 삶은 죽음에 대한 숭배라는 것을 주장하는 모든 가치들을 고발한다.
—들뢰즈, 『스피노자의 철학』

장자가 한계가 없는 앎과 한계가 있는 삶을 대립시켰던 것과 마찬가지로, 스피노자는 초월적 가치와 삶을 대립시키고 있다. 여기서 잠시 초월적 가치의 기원에 대해 한번 생각해 볼 필요가 있다. 그 초월적 가치들은 우리 삶이 아니라면 도대체 어디에서부터 유래한 것일까? 부르디외나 장자라면 초월적 가치의 유래를, 최초의 우리 삶이 철저하게 수동적으로 영위될 수밖에 없다는 점에서 찾을 것이다. 태어날 때 우리에게는 공동체를 선택할 수 있는 능동성이 허락되지 않는다. 단지 우리는 특정 공동체의 규칙을 맹목적으로 따를 수 있을 뿐이다. 이 점에서 우리는 자신이 가진 최초의 성심 혹은 아비투스에 대해 전혀 능동적으로 개입할 수 없었다고 볼 수 있다. 그것은 우리의 삶에 강제로 새겨진 공동체의 흔적이기 때문이다.

자유로운 개체들에 의해 구성되지 않는 모든 공동체에서, 개체의 삶이라는 것은 공동체 유지를 위한 수단으로밖에 간주되지 않는다. 그리하여 우리는 자신이 속한 공동체를 지상의 목적으로, 따라서 자신의 삶을 그것에 복무하는 수단으로까지 간주하는 환각에 빠진다. 물론 이런 현상은 공동체가 사용하는 두 가지 수단, 즉 상과 벌에 의해 강력하게 현실화된다. 여기서 중요한 것은 역시 처벌에 대한 공포심이다. 연약하게 태어난 개체는 처벌의 지속적 체험을 통해 죽음의 공포를 느끼기 때문이다. 그러나 처벌만으로는 개체들을 공동체의 규칙에 완벽하게 편입시킬 수 없다. 오히려 개체들로 하여금 목숨을 건 투쟁을 유발하도록 만들 위험성이 높기 때문이다. 그래서 처벌에 대한 공포는 상에 대한 강력한 욕망에 의해 보완될 필요가 있다.

더 나아가 상에 대한 욕망은 선을 실천하려는 의지로, 그리고 벌에 대한 공포는 악에 대한 죄의식으로 내면화된다. 니체가 지적했던 것처럼 이런 내면화의 과정이 완성되면서 우리는 죄의식을 가진 도덕적 주체로 탄생하게 된다. 마침내 이런 방식으로 특정 공동체의 규칙을 선과 악이라는 초월적인 가치로 수용하게 되면, "우리는 삶을 살고 있지 않으며 단지 삶과 유사한 어떤 것을 영위하게" 되는 존재로 전락하고 만다. 바로 여기서 노예에게나 어울릴 만한 우울함 혹은 슬픔의 정념들이 발생하게 된다. 라캉(J. Lacan, 1901~1981)이라면 이런 메커니즘을 '상징적인 것'(Le Symbolique)이라는 개념을 통해 다음과 같이 설명할 것이다.

　　상징들은 사실상 인간의 삶을 너무나 완벽한 그물망으로 둘러싸고 있다. 그래서 그것들은 인간이 태어나기도 전에 그를 피와 살로 탄생시킬 것들을 결합시키고, 요정들의 선물이 아니라면 별들의 선물과 함께 그의 탄생에 운명의 도안을 부여하며, 그로 하여금 충직하거나 배신하도록 만든 말들, 즉 그의 죽음을 넘어서는 지점까지 그를 계속 뒤따르는 행동의 법칙들을 제공하게 된다. ─라캉, 『에크리』

　　라캉의 말에서 '상징들'이 공동체의 규칙을 의미한다면, '운명의 도안'이나 '행동의 법칙들'은 바로 아비투스나 성심을 의미하고 있다. 사실 라캉의 지적은 너무도 비관적인 것이다. 그의 말이 옳다면 우리는 최초의 공동체 규칙, 혹은 최초의 성심으로부터 결코 벗어날 수 없는 것처럼 보이기 때문이다. 그러나 우리는 라캉이 사실 스피노자의 강력한 지지자였다는 사실을 잊어서는 안 된다. 라캉이 스피노자의 『에티카』(Ethica)에 등장하는 복잡한 명제들을 종이에 옮겨 적어, 그것을 자기 방의 벽에 덕지덕지 붙여 놓고 매번 숙고했었다는 일화는 너무도 유명한 이야기가 아닌가? 그래서 우리는 라캉이 말하고자 한 것을 다시 생각해 볼 필요가 있다. 지금 그는 초월적 가치들이 집요하게 우리의 삶을 지배하고 있다는 사실, 그리고 그로부터 벗어나서 다시 우리의 삶을 되찾는 것이 매우 힘들다는 점을 강조하고 있을 뿐이다. 그가 '상징적인 것' 대신 '실재적인 것'(Le Réel)을 이야기하게 된 이유도 바로 여기에 있다고 볼 수 있다.

중요한 것은 상징적인 것이 나에게 각인시켜 준 행동의 법칙들, 즉 최초의 성심이 우리 삶과 관계하는 방식이다. 그것은 우리 삶의 역량을 증진시키는 데 도움을 주는 것인가? 아니면 삶을 검열하고 마침내는 부정하고 마는 것인가? 프로이트(S. Freud, 1856~ 1939)와 라캉의 도움으로 이미 우리는 최초의 성심이 우리 삶을 부정적인 것으로 만든다는 사실을 너무도 잘 알게 되었다. 장자가 이미 지적했듯이, 그것은 외적으로는 타자에 대한 폭력으로 기능할 수 있고, 나아가 타자와의 새로운 연대를 불가능하게 만든다는 점에서 결국 자신의 삶에 대한 폭력으로 작동할 수밖에 없는 것이다. 그래서 라캉은 '상징적인 것'을 극복해서 '실재적인 것'에 이르려고 하고, 스피노자는 '초월적 가치'를 거부해서 '삶'의 긍정에 이르려 했던 것이다.

장자가 '꿈'에서 깨어나서 '삶'의 세계를 회복해야 한다고 역설한 것도 마찬가지의 이유에서이다. 이것은 그가 첫번째 공동체와는 다른 형식의 새로운 공동체, 즉 새로운 연대의 과정을 꿈꾸었다는 것을 의미한다. 우리에게 주어진 첫번째 공동체에서 우리 삶은 모든 초월적 가치들에 의해 강력하게 통제될 수밖에 없었다. 그래서 우리 삶은 검열되고 심판받는 대상, 즉 부정적이고 수동적인 무엇으로 표상될 수밖에 없었던 것이다. 이 속에서는 우리가 타자와 직접적으로 만나고 그와 더불어 새롭게 연대하는 것이 허용되지 않았다. 꿈으로부터 벗어나지 못한다면, 우리에게 진정한 의미의 타자란 존재할 수도 없기 때문이다.

그러나 타자와 마주치는 그 순간 우리는 자신이 지금껏 꿈속에 있었다는 것을 자각하게 된다. 그러나 자신이 꿈속에 있었다는 것을 자각한다고 해서 곧바로 새로운 연대가 구성되는 것은 결코 아니다. '바닷새 이야기'를 다시 상기해 보라. 노나라 임금은 싸늘한 주검으로 변한 바닷새를 안고서 자신이 지금까지 꿈을 꾸고 있었다는 것을 절감했을 것이다. 그러나 이미 그에게 바닷새란 존재는 마주침과 연대의 상대가 될 수조차 없게 소멸되지 않았던가? 장자의 섬세함은 바로 여기에 있다. 그는 타자를 만나기 전에 먼저 꿈으로부터 깨어나야만 한다는 것을 알아차렸기 때문이다. 그러나 어떻게 해야 우리는 타자와 마주치기도 전에 미리 자신의 꿈으로부터 깨어날 수 있단 말인가? 우리의 이런 의문에 대해 장자는 '망각'〔忘〕의 수양론으로 답하고 있다.

**녹로(轆轤) 혹은 물레**

도자기를 만들 때 사용되는 물레는 흙덩어리와의 소통을 상징한다. 아름다운 도자기를 만들려면, 우리는 제일 먼저 물레의 중심에 흙덩어리를 얹어야만 한다. 만약 중심이 아닌 가장자리에 흙덩어리를 얹었을 경우, 그것은 물레가 회전하자마자 바로 땅바닥에 나뒹굴게 될 것이다. 그래서 물레의 중심은 항상 비워져 있어야만 한다. 그래야 흙덩어리가 물레의 중심에 놓일 수 있기 때문이다. 장자가 마음을 물레에 비유하며 마음을 비워야 한다고 이야기했던 것도 이런 이유에서이다. 타자와 소통하여 새로운 연대를 구성하기 위해서 우리의 마음도 물레처럼 비워져 있어야만 한다.

# 6장_새로움의 계기, 망각

망각이 없다면, 행복도, 명랑함도, 희망도, 자부심도, 현재도 있을 수 없다.
이런 저지장치가 파손되거나 기능이 멈춘 인간은 소화불량 환자에 비교될
수 있다. …… 망각이 필요한 동물에게 망각이란 하나의 힘, 강건한 건강의
한 형식을 나타내지만, 이 동물은 이제 그 반대 능력, 즉 기억의 도움을 받아
어떤 경우, 말하자면 약속해야 하는 경우에 망각을 제거하는 기억을 길렀던
것이다. ─니체, 『도덕의 계보』

## 1. 원숭이들의 분노

우리는 자신의 의지와 무관하게 특정한 공동체에 던져진 존재이다.
또한 우리는 이 공동체의 규칙을 아비투스로 내면화할 수밖에 없다.
장자는 이것을 성심이라고 불렀다. 그런데 성심을 절대적인 기준으
로 삼는 것이 바로 '자의식'이다. 우리의 자의식은 타자와 조우하면
동요되고 와해되는 경험을 겪는다. 이것은 무의식적으로 작동하고
있던 성심을 우리가 의식하게 되었다는 것을 말하는 것이다. 이 경우

우리는 더 이상 자신의 성심을 무제약적이고 보편적인 것으로 생각할 수 없게 된다. 달리 말하면 이것은 성심에 근거한 자의식의 동일성이 무력해지는 느낌이라고도 설명될 수 있다. 우리는 장자의 이러한 논점을 '타자성의 원리'와 '판단중지의 원리'라는 두 가지 측면에서 살펴볼 수 있다.

　　장자의 사유는 모두 이 두 가지 원리를 종횡으로 교차시키면서 구성되어 있다. 『장자』에 등장하는 수많은 에피소드들이 장자 본인의 사상을 반영하고 있는 것은 아니다. 만일 문제가 되는 어떤 에피소드가 위의 두 가지 원리 중 어느 하나라도 결여하고 있다면, 우리는 이 에피소드의 출처를 의심해 볼 만하다. 사실 '타자성의 원리'와 '판단중지의 원리'는 예를 들어 '송나라 상인 이야기'에서도 보이듯 상호 분리 불가능한 두 가지 논점들이다. 타자와 마주쳐야 비로소 판단중지가 발생하고, 판단중지가 일어나야 우리는 비로소 타자와 마주칠 수 있기 때문이다. 장자는 이것을 '양행'(兩行)이란 개념으로 명료화한다. 다시 말해 타자성 그리고 판단중지와 관련된 '두 가지 원리'〔兩〕는 '함께 적용될'〔行〕 수밖에 없다는 것이다. 장자는 '양행'이란 말을 설명하기 위해서 하나의 에피소드를 만들었는데, 그것이 바로 유명한 '조삼모사(朝三暮四) 이야기'이다.


　　원숭이 키우는 사람이 원숭이들에게 도토리를 주면서 "아침에 셋, 저녁에 넷을 주겠다"고 말했다. 원숭이들이 모두 성을 냈다. 그러자 그는 "그러면 아침에 넷, 저녁에 셋을 주겠다"고 말했다. 원숭이

들이 모두 기뻐했다. 명목이나 실질에 아무런 차이가 없는데도 원
숭이들은 성을 내다가 기뻐했다. (그 원숭이 키우는 사람은 원숭이
가) '옳다고 한 것을 따랐을'[因是] 뿐이다. 그러므로 성인은 '옳고
그름'으로써 대립을 조화시키고 '자연스런 가지런함'[天鈞]에 편
안해 한다. 이를 일러 '양행'(兩行)이라고 한다. ―「제물론」

狙公賦芧, 曰, 朝三而暮四. 衆狙皆怒. 曰, 然則朝四而暮三. 衆狙
皆悅. 名實未虧而喜怒爲用. 亦因是也. 是以聖人和之以是非而休
乎天鈞. 是之謂兩行.

어느 날 '원숭이를 키우는 사람'이라는 의미의 저공(狙公)은 원
숭이들에게 '아침에 세 알, 저녁에 네 알'의 도토리를 식량으로 주겠
다고 제안한다. 그러나 의외로 원숭이들은 몹시 화를 낸다. 저공은
원숭이들의 분노를 자아내려고 일부러 '아침에 세 알, 저녁에 네 알'
을 준다고 말했던 것이 결코 아니다. 사람도 잠자기 전에 배가 고프
면 잠을 청하기 어렵듯이 원숭이도 그럴 것이라고 생각했을 뿐이다.
그러나 저공의 사려 깊은 배려에도 불구하고 원숭이들은 기뻐하기는
커녕 도리어 화를 낸다.

저공에게 있어 원숭이의 노여움은 자신이 사전에 미리 예측할
수 없었던 놀라운 사태, 즉 타자성의 사태를 상징한다. 마치 모자를
팔려고 월나라에 들어가서 당혹스러워했던 송나라 상인의 경우처럼
저공 또한 타자성에 직면하게 된 것이다. 난처한 상황에 빠진 저공은
원숭이들에게 새로운 제안을 낼 수밖에 없었다. '아침에 네 알, 저녁

에 세 알'을 준다는 것이 바로 그것이었다. 이제 원숭이들은 이 새로운 제안을 기꺼이 받아들였고, 마침내 저공도 타자성과 마주쳐서 생긴 당혹감으로부터 어느 정도 벗어날 수 있었다.

그런데 이 상황에는 우리가 숙고해 보아야 할 두 가지 쟁점이 있다. 첫번째 쟁점은 타자성의 예측불가능성에 관한 것이다. 다시 말해 새로운 제안도 이전 제안의 경우처럼 여전히 원숭이들의 분노를 야기할 수 있는 가능성이 있었다는 점이다. 만약 새로운 제안 역시 실패했더라면 그 다음 저공은 어떤 행동을 해야 했을까? 아마도 그는 원숭이들이 기뻐할 때까지 무작정 새로운 아이디어를 계속해서 제안할 수밖에 없었을 것이다. 여기서 문제가 되는 것은, 저공에게 원숭이들의 속내를 미리 알 수 있는 방법이 전혀 없다는 점이다. 아마 그의 심정은 처음 만난 이성에게 마음을 빼앗긴 연인의 모습에 비유될 수 있을 것이다. 이 연인은 자신이 사랑하는 이성이 원하는 것, 혹은 생각하는 것을 미리 알 수 없다는 갑갑함에 괴로워할 수밖에 없다.

우리가 살펴볼 두번째 쟁점은 주체가 겪는 마음의 변화 과정에 관련된 것이다. 주체를 상징하는 저공의 마음은 아마도 다음과 같은 단계를 거치게 될 것이다. 그는 원숭이들이 자신의 처음 제안을 기쁜 마음으로 수용할 것이라 예상했다. 이것은 그가 처음에는 원숭이들 역시 자신과 동일한 관점을 가졌을 것이라고 생각했다는 점을 보여준다. 그러나 예상치도 않은 원숭이들의 분노 때문에 그는 그들을 타자로서 경험하게 되었다. 다시 말해 저공은 "도대체 원숭이들의 마음을 알 길이 없다"는 당혹감, 즉 일종의 판단중지 상태에 빠져 들게 되었다는 말이다. 이 경우 저공은 새로운 제안을 계속 반복해 제출함으로써 원숭이로 상징되는 타자성에 민감하게 반응하려 애쓸 것이다.

　타자로 경험된 원숭이들의 분노를 즐거움으로 바꾸기 위해서, 저공은 그들에게 새로운 아이디어를 계속해서 제안한다. 그런데 원숭이들이 수용한 저공의 제안은 '옳다'〔是〕라는 원숭이들의 생각에 근거해서 구성된 것이다. 역으로 거절당한 저공의 다른 제안들은 원숭이들이 '그르다'〔非〕고 생각했던 것에 따라서 구성되었다. 그렇다면 저공이 스스로 옳다고 생각하는 제안들을 부단히 제공할 수는 있지만, 최종적으로 그 제안들을 옳은 것으로 확증하는 것은 원숭이들이라는 것을 짐작할 수 있다. 장자는 이것을 '인시'(因是)라는 용어로 설명한다. 그에 따르면 이 개념은 곧 '타자가 옳다고 하는 것을 따른다'는 의미를 함축하고 있다.

　예측할 수 없는 타자의 반응은 우리로 하여금 불가피한 판단중지의 상태에 놓이도록 만든다. 판단중지의 상태가 중요한 이유는 저공의 사례에서 확인할 수 있는 것처럼, 우리가 타자의 목소리에 민감하게 반응할 수 있는 마음 상태를 확보할 수 있도록 해주기 때문이다. 다시 말해서 자신이 옳다는 판단을 중지해야만 우리는 타자의 움직임에 맞게 자신을 조율하는 섬세한 마음을 회복할 수 있다. 계속된 거부에도 불구하고 포기하지 않고 새로운 제안을 원숭이들에게 제안하기 위해서, 저공은 부단한 판단중지의 상태를 견뎌낼 수 있어야만 한다. 그리고 부단한 판단중지의 상태, 즉 이런 불편한 상태에서 편안해 할 수 있어야 비로소 원숭이들과의 소통이 실현될 수 있을 것이다. 이 긴장된 균형의 상태를 장자는 '천균'(天鈞), 즉 '자연스런 가지런함'이라고 설명한다.

이렇게 '조삼모사 이야기' 후반부에서 장자가 강조한 '양행'의 실천 원리는 "'옳고 그름'으로써 대립을 조화시키고 '자연스런 가지런함'에 편안해 한다"는 두 가지 내용으로 간명하게 표현된다. 옳고 그름에 관한 타자의 판단에 근거함으로써 우리는 타자와의 대립과 갈등을 해결할 수 있다. 이것이 바로 '인시'의 의미이며 결국 타자성의 원리를 함축하는 것이다. 그런데 이런 옳고 그름의 특정한 사태는 타자의 결에 따라 언제든 민감히 반응할 수 있는 마음의 태도를 필요로 한다. 장자는 이런 마음이 자신의 판단을 비워 두는 것, 즉 부단한 판단중지의 사태로부터 가능하다고 말한다. 따라서 이 두 가지 원리, 즉 타자의 시비 판단에 따르는 것과 자신의 판단을 중지함으로써 마음을 비워 두는 것은 상호 필수불가결한 원리일 수밖에 없다. 이 때문에 장자는 두 가지 원리의 병행인 '양행'을 강조했던 것이다.


## 2. 스스로 도는 수레바퀴

사실 '타자성의 원리'보다 '판단중지의 원리'에 좀더 난해한 측면이 있다. 그래서 우리는 판단중지의 마음 상태를 가리키는 '천균'이란 개념에 대해 한 번 더 숙고해 볼 필요가 있다. 이 개념은 '자연스러움'을 뜻하는 '천'(天)이라는 글자와 도자기를 만들 때 사용하는 물레인 '균'(鈞)이란 글자로 이뤄진 단어이다. 그런데 이 천균이란 개념에서 중요한 것은 바로 물레를 뜻하는 '균'이란 단어가 가지는 이미지이다. '균'은 진흙 덩어리를 올려놓고 회전시켜 둥근 모양의 도자기를 만드는 데 이용되는 원형의 회전 장치, 즉 물레를 말한다. 물레가 회전할 때 만약 우리가 정확하게 그 물레의 중심부에 흙덩어리를 놓지 않으면 어떤 일이 벌어질까? 흙덩어리는 물레의 중심을 벗어나 가차 없이 땅바닥에 나뒹굴게 될 것이다. 가령 '조삼모사 이야기'에 적용한다면, 원숭이에게 내민 저공의 처음 제안이 바로 땅바닥에 나뒹굴게 된 흙덩어리로 비유될 수 있다. 반면 그의 두번째 제안은 정확히 물레의 중심부에 놓였기 때문에, 바닥에 나뒹굴게 되는 결과를 피할 수가 있었던 흙덩어리로 이해될 수 있다. 이렇게 중심 잡히고 균형 있는 상황을 장자는 '천균'이란 용어를 통해 묘사했던 것이다.

그런데 "천균에서 편안해 한다"라는 장자의 표현에서 우리는 어떤 안일한 순응주의나 정적주의를 읽어내려고 해서는 안 된다. '편안해 한다'라는 단어가 주는 어감 때문인지 손쉽게 이런 인상에 빠지곤 한다. 그러나 내가 판단중지의 상황이라고 풀이한 천균의 상태는, 단순히 고요한 상태의 마음을 의미하는 것이 결코 아니다. 오히려 이상태는 빠르게 회전하는 물레의 모습처럼 강렬한 역동성을 가지고 있다. 따라서 이와 같은 역동성에 자신의 몸을 편안하게 맡긴다는 것은 말처럼 그렇게 쉬운 일이 아니다. 이것은 타자의 타자성에 부합될 때까지 부단한 판단중지를 수행하는 주체의 끈덕진 의지를 함축하고 있기 때문이다. 그러나 우리는 이런 판단중지의 상태에서만 타자에 부합되는 새로운 제안이나 행동을 마련할 수 있다. 이 점에서 판단중지는 타자의 입장을 수동적으로 따르는 상태가 아니라, 오히려 타자에 부합되는 새로운 관점을 고안하고 생성하는 능동적인 과정이라고 할 수 있다. '천균' 개념을 보다 분명하게 이해하기 위해 다음 '도추(道樞) 이야기'에 등장하는 '도의 지도리', 즉 '도추'라는 개념의 의미를 살펴보도록 하자.

> '저것'〔彼〕과 '이것'〔是〕이 자신의 짝을 잃는 상태를 '도의 지도리' 〔道樞〕라고 부른다. 도의 지도리는 '원의 중심'〔環中〕을 얻어서 무한하게 타자와 감응할 수 있다. 그렇게 되면 '옳음'〔是〕도 하나의 무한한 소통으로 정립되고, '그름'〔非〕도 하나의 무한한 소통으로 정립된다. ─「제물론」
>
> 彼是莫得其偶, 謂之道樞. 樞始得其環中, 以應无窮. 是亦一无窮,
> 피 시 막 득 기 우   위 지 도 추   추 시 득 기 환 중   이 응 무 궁   시 역 일 무 궁
> 非亦一无窮也.
> 비 역 일 무 궁 야

'지도리'〔樞〕는 여닫이 문을 만들 때 그 문을 받치면서 동시에 회전을 가능하도록 만드는 회전축을 가리키는 말이다. '천균'이란 개념에서는 회전하는 물레의 비유가 중요했던 것처럼, '도추'라는 개념에서는 '지도리', 즉 '추'(樞)라는 비유가 중요하다. 문이란 기본적으로 내부와 외부를 구분하지만 동시에 연결시키는 역할을 수행하는 도구이다. 그러나 궁극적으로 문으로 하여금 이런 역할을 수행하도록 하는 것은 바로 문의 '지도리'이다. 결국 지도리가 없다면 문은 문으로서의 역할을 수행할 수 없을 것이다. 이렇게 지도리가 달린 문을 통

해서만 우리가 외부와 구분되면서도 동시에 연결될 수 있다는 점이 중요하다. 여기서 한 가지 더 생각해 보아야 할 것이 있다. 문을 통해서 출입하려면 우리는 반드시 내부와 외부가 교차하는 지점, 즉 문지방을 통과해야만 한다. 그렇다면 문지방은 내부인가 아니면 외부인가? 흥미롭게도 문지방이란 영역은 내부이면서도 동시에 외부이고, 내부가 아니면서 동시에 외부도 아닌 기묘한 상태에 놓인 것이다.

장자가 "저것〔彼〕과 이것〔是〕이 자신의 짝을 잃었다"라고 이야기한 이유도 바로 여기에 있다. 여기서 '저것'은 외부, 즉 타자를 상징하고, '이것'은 내부, 즉 '주체'를 상징하는 것으로 이해할 수 있다. 그렇다면 "저것과 이것이 자신의 짝을 잃은" 상태란, 우리가 자신이 주체인지 아니면 타자인지를 결정할 수 없는 어떤 임계점에 도달해 있다는 것을 의미한다. 이 경우 우리에게서 "나는 나다"라는 식의 확고한 자의식은 자리를 잡을 수 없다. 지금 우리는 자신이라는 내부와 타자라는 외부의 경계선 상에, 즉 문지방에 서 있기 때문이다. 장자는 이런 상태를 바로 '도추'(道樞)라고 이야기한다. 만약 우리가 이런 도추의 자리를 얻을 수 있다면, 다시 말해 나와 타자 사이에 길〔道〕이 열리는 문의 지도리에 서 있을 수 있다면, 우리는 "무한하게 어떤 타자와도 감응할 수 있는" 역량을 확보할 수 있게 될 것이다.

장자의 '도추'라는 개념에서는 회전하는 문을, 그리고 '천균'이란 개념에서는 회전하는 물레의 이미지를 비유로 채택하고 있다. 그런데 이 두 가지 경우에서 모두 중요한 것은 회전이라는 이미지이다. 회전한다는 특성은 '도추'나 '천균'이 가리키는 판단중지의 상태가 매우 역동적이고 부단한 상태임을 분명히 보여 주고 있다. 이 점에서 판단중지의 상태란 실은 태풍의 눈과도 같은 상황으로 비유될 수 있을 것이다. 태풍의 주변부는 너무도 거칠고 위협적이지만 그 중심부는 고요해서 맑은 하늘이 보일 정도로 안정되고 평온하다. 겉으로 보기에 이 중심부는 마치 비워져 있는 것처럼 보인다. 그러나 태풍의 중심부는 단순하게 비워져 있는 상태가 아니다. 이곳의 비어 있는 상태란 강렬한 태풍을 가능하게 하는 부동의 중심이기 때문이다. 다시 말해 비어 있는 태풍의 내부가 외부로의 강렬한 운동을 가능하게 해 준다는 것이다. 내부가 더 비워지면 질수록, 태풍의 파괴력은 더 엄청난 법이다. 이 점에서 우리는 "원환의 중심을 얻는다"(得環中)는 장자의 표현을 통해, 중심에 있지 않으면 모든 것을 내던져 버리는 물레의 강력한 회전력을 직감할 수 있다.

가령 라캉이었다면 장자가 천균과 도추의 개념을 통해서 묘사하고 있는 판단중지의 상태를 '실재적인 것'(Le Réel)이라고 이야기했을 것이다. 『정신분석학의 네 가지 근본 개념들』(*Les quatre concepts fondamentaux de la psychanalyse*)에서 라캉은 '실재적인 상태'를 'P∧-P', 즉 모순의 상태라고 규정한 적이 있다. 이것은 바로 장자가 이야기한 것처럼 "저것〔彼〕과 이것〔是〕이 자신의 짝을 잃은" 상태, 즉 저것인지 이것인지를 구별할 수 없는 판단중지의 상태를 말하는 것이다. 라캉도 '상징적인 것'(Le Symbolique)이 지배하는 꿈의 세계를 벗어나 현실의 세계로 나아가기 위해서, 일종의 판단중지와도 같은 상태를 거쳐야 한다는 점을 깨달았던 것이다.

장자는 이런 판단중지의 상태를 '비움'〔虛〕이나 '망각'〔忘〕이란 개념으로도 이야기한다. 그러나 우리는 '비움'이나 '망각'이란 개념에서 죽음에의 의지나 허무주의와 같은 감정들을 읽어내서는 안 된다. 장자가 말한 비움과 망각의 상태란 사실 타자와 민감하게 반응할 수 있는 매우 역동적인 상황을 가리키기 때문이다. 이 점에서 우리는 망각의 능동성과 창조성을 강조했던 니체(F. W. Nietzsche, 1844~1900)의 다음 논의를 참조해 볼 필요가 있다.

> 아이는 순진무구함이며 망각이고, 새로운 출발, 놀이, 스스로 도는 수레바퀴, 최초의 움직임이며, 성스러운 긍정이 아니던가. 그렇다! 창조라는 유희를 위해선, 형제들이여, 성스러운 긍정이 필요하다. 이제 정신은 자신의 의지를 원하고, 세계를 상실했던 자는 이제 자신의 세계를 되찾는다. ─니체, 『차라투스트라는 이렇게 말했다』

니체의 논의를 제대로 이해하기 위해서도 우리는 망각이란 것을 일종의 백치 상태 혹은 단순한 기억력 저하의 상태로 오해해서는 안 된다. 니체가 이야기하고 있는 망각이란 기억을 초월하려는 능동적인 힘, 기억을 벗어나려는 치열한 투쟁을 의미하기 때문이다. 아무런 대가도 없이 모래성을 만들고, 또 파도에 따라 부서지는 모래성을 보고 까르르 웃는 어린아이의 모습을 상상해 보라. 이 아이는 왜 자신이 애써 만든 모래성이 속절없이 파괴되는 것을 보고 즐거워하는가? 그것은 이 아이가 파도가 휘몰고 간 그 자리에 다시 새로운 모래성을 얼마든지 만들 수 있다는 것을 알아차렸기 때문이다. 황폐한 모래사장에서 파괴가 아닌 생성의 가능성을 엿보는 이 아이는 얼마나 차라투스트라(Zarathustra)를 닮아 있는가?

만약 부서진 모래성을 '기억' 하고 있다면, 그래서 좌절과 우울함에 빠지게 된다면, 이 아이는 이전처럼 유쾌해질 수 없을 것이다. 사실 기억에 사로잡힌 아이란 이미 차라투스트라가 권하는 순진무구한 아이라고 말할 수 없을 것이다. 그렇다면 이미 다 자라 성인이 된 우리는 글자 그대로 아이가 될 수 있을까? 니체는 우리의 정신이 세 가지 변화의 단계를 거쳐야 한다고 이야기했던 적이 있다. 낙타에서 사자로, 그리고 사자에서 최종적으로 아이로. 낙타가 자신의 것이 아닌 짐을 고집스럽게 짊어지고 살아가는 자를 의미한다면, 사자는 자신의 것이 아닌 것을 과감하게 내던져서 마침내 자유를 획득한 자를 상징한다. 그러나 사자는 아직도 부정의 정신 상태에 머물러 있다.

기존의 모든 가치와 생각에 대해 과감하게 '아니오!' 라고 할 수는 있지만, 사자는 아직 새로운 가치를 창조하면서 '예!' 라고 이야기하는 긍정의 정신에 미치진 못하고 있다. 바로 여기에 인간의 정신이 최종적으로 사자에서 아이로 변해야만 하는 필요성이 존재한다. 이제 우리는 니체의 차라투스트라를 통해, 장자의 양행이란 것이 결국 사자의 원리인 동시에 아이의 원리이기도 하다는 사실을 직감하게 된다. 양행은 사자처럼 기존의 모든 사유를 판단중지하고, 아이처럼 언제든 타자와 민감하게 반응하는 모습을 보여 주기 때문이다. '천균' 과 '도추' 개념에서 드러난 망각과 회전의 이미지를 통해 우리가

"순진무구함과 망각" 그리고 "스스로 도는 수레바퀴"라는 니체의 어린아이 이미지를 보게 된 것도 단순한 우연의 일치만은 아닐 것이다.

## 3. 여명을 맞는 단독자

우리는 '양행'의 논리를 통해 장자철학의 내적인 구조를 살펴볼 수 있었다. 양행의 논리는 우리가 타자성을 경험하면 일종의 판단중지 상태에 이르게 되고, 역으로 일종의 판단중지 상태에 있게 되면 우리가 타자성을 경험하게 된다는 것을 말해 준다. 그러나 우리는 대개의 경우 타자성의 경험 단계로부터 판단중지 상태에 이르기보다, 오히려 판단중지의 상태를 미리 확보함으로써 타자성에 적절히 대응할 수 있다. 다시 말해 우리는 자신의 생각을 잊는 판단중지의 수양 자세를 미리 확보할 수 있다는 말이다. 판단중지 혹은 잊음의 사태란 우리에게 장자가 강조했던 '망각'〔忘〕의 수양론이 무엇을 의미하는지 이해할 수 있도록 해준다. 장자가 권고한 망각의 수양론이란 타자와 소통하기 위해서 일종의 판단중지 상태를 우리 마음속에 확보하는 것을 가리킨다. 장자의 수양론과 관련해 가장 유명한 대목 가운데 하나인 '남곽자기 이야기'를 살펴보도록 하자.

남곽자기가 탁자에 의지하고 앉아 하늘을 올려다 보면서 숨을 쉬고 있었다. 그는 마치 자신의 짝을 잃어버린 것과 같아 보였다. 안성자유는 그 앞에서 시중을 들면서 서 있다가 다음과 같이 질문하였다. "어찌된 일입니까? 몸은 진실로 시든 나무처럼, 마음은 꺼진 재처럼 만들 수 있습니까? 오늘 탁자에 기대고 앉은 사람은 어제 탁자에 기대고 앉았던 사람이 아닙니다." 그러자 남곽자기가 대답했다. "자유야, 현명하게도 너는 그것을 질문하는구나! 지금 나는 내 자신을 잃었는데 너는 그것을 아느냐?"—「제물론」

南郭子綦隱几而坐, 仰天而噓. 嗒焉似喪其耦. 顔成子游立侍乎前,
남 곽 자 기 은 궤 이 좌   앙 천 이 허   탑 언 사 상 기 우   안 성 자 유 립 시 호 전

曰, 何居乎? 形固可使如槁木, 而心固可使如死灰乎? 今之隱几者,
왈   하 거 호   형 고 가 사 여 고 목   이 심 고 가 사 여 사 회 호   금 지 은 궤 자

非昔之隱几者也. 子綦曰, 偃, 不亦善乎, 而問之也! 今者吾喪我,
비 석 지 은 궤 자 야   자 기 왈   언   불 역 선 호   이 문 지 야   금 자 오 상 아

汝知之乎?
여 지 지 호

　제자인 안성자유에게 남곽자기는 "지금 나는 내 자신을 잃었다" (吾喪我)라고 이야기한다. 자신을 잃어버렸다는 남곽자기의 말은 자신의 자의식을 버렸다는 것과 동일한 의미를 담고 있다. 다시 말해 이것은 그가 일종의 판단중지 상태에 도달했다는 것, 혹은 도추나 천균의 상태를 확보했다는 것을 의미하는 것이다. 여기에서도 "마치 자신의 짝을 잃어버린 것 같다"라는 표현이 역시 중요하다. 우리는 이미 장자로부터 "저것〔彼〕과 이것〔是〕이 자신의 짝을 잃는 상태를 '도의 지도리'〔道樞〕라고 부른다"는 이야기를 들었던 적이 있지 않은가? 결국 이곳에서 장자가 짝을 잃어버렸다고 말한 것은 자신을 잃었다고 했을 때의 "상"(喪)이란 용어와 유사한 함의를 담고 있으며, 이것은 결국 자의식을 망각했다는 것을 의미한다.

　장자에 따르면 특정한 공동체의 규칙은 성심이란 형식으로 우리

에게 내면화되며, 이것을 절대적인 기준으로 여길 때 우리의 자의식이 출현하게 되는 법이다. 따라서 우리가 자의식을 망각한다는 것은 결국 자신이 무의식적으로 따르고 있던 특정 공동체의 규칙을 거부하는 것이며, 더 나아가 유아론적인 꿈에서 깨어나 삶의 세계로 진입하는 사태를 의미한다. 그런데 간혹 장자가 강조했던 망각〔忘〕이란 표현에서 초월의 인상을 받는 사람들이 있다. 이런 현상은 장자가 주목한 망각의 작용이 결국 타자와 마주치기 위한 일종의 필요조건이었음을 간과했기 때문에 발생한 것이다. 이 점을 분명히 하기 위해서, 우리는 다음의 에피소드, 즉 '견독(見獨) 이야기'를 함께 읽어 볼 필요가 있다.

성인의 도(道)로 성인의 재주가 있는 이에게 알려 주는 것 또한 쉬운 일이다. 그렇지만 나는 그에게 알려 주고 그를 지켜봤는데, (그는) 삼일이 지나 '세계'를 잊어버릴 수 있었다. (그가) 이미 '세계'를 잊어버린 후 나는 그를 지켜봤는데, (그는) 칠일이 지나 '외부대상'을 잊어버릴 수 있었다. (그가) 이미 '외부대상'을 잊어버린 후 나는 그를 지켜봤는데, (그는) 구일이 지나 '삶'을 잊어버릴 수 있었다. 이미 '삶'을 잊어버린 후 (그는) 조철(朝徹)할 수 있었다. 조철한 후에 (그는) 독(獨)을 볼 수 있었다.—「대종사」

以聖人之道告聖人之才, 亦易矣. 吾猶守而告之, 參日而後能外天
下. 已外天下矣, 吾又守之, 七日而後能外物. 已外物矣, 吾又守之,
九日而後能外生. 已外生矣, 而後能朝徹. 朝徹, 而後能見獨.

지금 장자는 세계, 외부대상, 그리고 삶 자체를 부정하려고 하는 것일까? 여기서 우리는 장자가 잊어야 한다고 강조한 것들, 즉 '세계'〔天下〕와 '외부대상'〔物〕 그리고 '삶'〔生〕이란 것이 우리의 형이상학적 사유를 통해 사유된 것들임에 주목해야 한다. 그는 결코 삶의 지평에서 만나는 세계, 타자, 삶 자체를 부정하려고 하지 않았기 때문이다. 그래서 이 경우 장자가 "잊어야 함"을 '망'(忘)이나 '상'(喪)이란 글자가 아닌 '외'(外)라는 용어로 설명하고 있다는 사실이 매우 의미심장하다. '외'(外)는 글자 그대로 '바깥으로 보내다', 혹은 '도외시하다'라는 의미를 갖고 있다. 그렇다면 이 '외'(外)라는 개념은 자신의 생각 속에 정립된 '세계', '외부대상', 그리고 '삶'을 바깥으로 몰아내서 나의 마음속을 비운다는 의미를 담게 될 것이다.

그러나 마음속에 상상된 것으로서만 존재하는 '세계', '외부대상' 그리고 '삶'을 바깥으로 추방한다고 해서, 우리 바깥에 존재하는 실제 세계나 외부대상이 사라지거나 혹은 우리의 삶 자체가 소멸되는 것은 아니다. 단지 우리는 붉은 선글라스 하나만을 벗었을 뿐이다. 이제 우리는 세계의 진정한 색깔들을 바라볼 수 있는 자세를 갖추게 된 것이다. 이 점에서 망각을 지향했던 장자의 수양론은 후설(E. Husserl, 1859~1938)이 권고했던 판단중지와도 매우 유사하다고 할 수 있다. 후설은 세계에 대한 자연적인 태도에 대해 판단중지하라고 강조한다. 그렇지만 이것이 세계 자체를 부정하려는 의도는 결코 아니다. 그는 단지 세계에 대한 우리의 생각을 문제 삼고 있을 뿐이다.

세계라는 가장 외적인 것으로부터 삶이라는 가장 내면적인 것에 대한 생각을 비워냄으로써, 마침내 우리는 조철(朝徹)이라는 마음의 상태에 이르게 된다. 여기서 조철은 '아침'〔朝〕에 '여명이 터지는' 〔徹〕 경관을 비유하여 표현한 개념이다. 이것은 역으로 '천하'에 대한 일상적인 관념, '외부대상'에 대한 일상적인 관념 그리고 '삶'에 대한 일상적인 관념이 지배하던 마음 상태가 마치 빛이 없는 암흑 같은 유아론적 상태였다는 것을 말해준다. 빛이 없는 밤에는 모든 것들이 무분별의 상태로 들어가기 때문에 사물들은 모두 나의 생각 속에서만 존재하게 된다. 반면 아침의 여명이 비추면 무분별의 상태에 있던 모든 것들이 구별되어 내 앞에 다양하게 펼쳐진다. 이제 밝은 빛을 통해 우리는 타자가 우글거리는 구체적인 삶의 세계를 회복하게 된 것이다.

망각의 상태로써 조철에 이르고 조철에 이른 뒤 장자는 우리가 "독(獨)을 보게〔見〕" 되는 상태에 이른다고 말하고 있다. 여기서 '독' 이란 과연 무엇을 말한 것인가? 그것은 꿈으로부터 깨어난 주체, 이제 삶 속에서 타자와 마주칠 수밖에 없는 주체의 모습을 상징한다. 조철의 상태에 이르러 우리는 자신을 포함한 모든 존재자들을 그들의 고유한 존재성에 입각해 바라볼 수 있게 된다. 바로 이런 상태의 주체 형식을 장자는 '독'이라고 이야기하고 있다. 그렇다면 결국 "독을 보는" 상태, 즉 견독(見獨)의 상태란 우리가 자신의 유한성을 철저하게 자각하고 있다는 것을 말해 주는 것이다. 따라서 우리는 견독의 상태를 삶의 유한성을 발견한 상태라고 불러도 좋을 것이다. '독'을 '단독자'의 의미로서 이해할 수 있는 것도 바로 이런 이유에서이다.

단독자는 기존에 자신이 고집한 특정한 공동체의 규칙을 타자의 삶에 그대로 적용하기는 어렵다는 것을 자각하고 있는 삶의 주체라고 할 수 있다. 이 점에서 장자의 단독자는 정화열(1932~)이 강조했던 존재 개념으로도 설명될 수 있겠다.

> '존재'(existence)의 관념이 그에 대한 반대자들뿐만 아니라 지지자들 사이에서도 근본적으로 오해되고 있음에 주목해야 한다. 그 어원(ex/istence)에서 보이는 바와 같이 존재의 주요한 의미는 중심이 아니라 '탈중심'에 있다. 즉 '다른 사람들과의 세계' 및 '다른 사물들과의 세계'를 향한 자아의 탈중심성이 바로 그것이다. 탈중심적 존재로서 인간은 외부세계에 '노출'되어 있고 저편까지 넘어서 도달하려는 존재이다. 존재의 모토는 다음과 같다 : 안으로 들어가지 말라. 밖으로 나아가라. ─정화열, 『몸의 정치』

정화열이 말한 의미의 '존재'(existence)는 관례대로 '실존'이라고 번역하는 것이 더 좋을 것이다. 그의 지적처럼 어원 그대로의 실존은 "바깥"(ex)을 향해 존재하는 것이다. 그렇다면 실존의 중심은 그 자신에게 있는 것이라기보다 오히려 타자에, 좀더 정확히 표현하면 주체와 타자 사이에 있게 된다. 바로 이것이 그가 말한 '탈중심'의 의미이다. 그런데 바로 이런 '탈중심적 존재'야말로 장자가 강조한 단독자[獨]의 의미를 담고 있다. 단독자도 외부로 향해 있는 주체, 혹은 타자와 마주치는 주체를 가리키고 있기 때문이다. 그러나 정화열이 이 지점에서 조금 간과하고 있는 것이 하나 있다. 그것은 탈중심성이란 성격이 인간 존재에 대한 단순한 기술로서는 발생하기 어렵다는 점이다. 우리는 집요할 정도로 자기중심적인 존재가 아니던가? 그렇다면 결국 중요한 것은 우리가 어떻게 하면 자기중심성으로부터 벗어나 탈중심성을 확보할 수 있느냐의 문제라고 할 수 있겠다.

바로 이 부분에서 장자의 통찰력이 빛을 발한다. 탈중심적인 존재로서 단독자가 되기 위하여 우리는 망각의 단계를 반드시 거쳐야만 한다. 이 점에서 망각은 우리의 삶에 일종의 공백을 가져다 주는 것이라고 할 수 있다. 그래서 망각이란 항상 "비움"[虛]이라는 개념을 동시에 수반하는 것이다. 이런 공백이 있기 때문에 우리는 타자와 연결될 수 있는 가능성을 확보할 수 있다. 이 점에서 공백은 타자를 담을 수 있는 열린 공간이라고 말할 수 있을 것이다. 어쩌면 다음과 같이 말해야 할는지도 모르겠다. 기존의 생각, 혹은 기존의 의미를 비웠기 때문에 단독자는 어쩔 수 없이 새로운 의미를 채워야 할 숙명에 놓이게 된다고. 물론 새로운 의미는 타자와 마주쳐서 이 공백을 채우는 방식으로 이루어질 것이다. 우리는 이제 장자에게서 망각이 "밖으로 나아가려는" 의지, 타자와 마주해 새로운 의미를 창출하려는 의지로부터 모색되었다는 점을 이해할 수 있다. 만약 우리의 삶에 새로움이 허락된다면, 그것은 타자와의 마주침을 통해서만 가능한 일이다. 그러기 위해서 우리는 먼저 망각의 수양론을 통해 타자와 마주칠 수 있는 최소한의 공백을 확보해야만 한다.

# 장자를 만든 사유흐름

## 1. 삶의 긍정과 아나키즘적 전망, 양주

양주(楊朱, BC 440?~BC 360?)의 사상은 고대 중국에서는 한때 파괴적인 영향력을 발휘했었다. 『맹자』(孟子), 『한비자』 등의 문헌들을 살펴보면 우리는 유가나 법가 등이 모두 양주의 사상을 자신의 적으로 설정하고 있다는 것을 어렵지 않게 확인할 수 있다. 도대체 양주의 어떤 점이 유가나 법가에게 치명적인 위협이 될 수 있었던 것일까? 어쨌든 유가와 법가가 지배적인 담론이 됨에 따라, 양주의 사상은 망각되고 은폐되는 운명을 맞게 된다. 그래서 우리에게는 양주의 사상을 확인할 수 있는 자료가 별로 남아 있지 않다. 단지 맹자(孟子, BC 372?~BC 289?)나 한비자가 남긴 목소리를 통해서만 양주사상의 파괴력을 간접적으로 확인할 수 있을 뿐이다. 다만 한 가지 다행스러운 것은 『열자』(列子)의 「양주」(楊朱) 편에 양주의 사상에 대해서 알려주는 간접적인 자료들이 일부 남아 있다는 점이다.

우선 맹자가 어떻게 양주를 공격하는지부터 『맹자』의 다음 구절을 통해 살펴보도록 하자.

양주는 '위아' (爲我)의 입장을 취한다. 자기 몸의 터럭 하나를 뽑아 천하를 이롭게 한다고 하더라도 하지 않았다. 반면 묵자(墨子)는 '겸애' (兼愛)의 입장을 취한다. 정수리로부터 종아리에 이르기까지 자신이 닳는다고 하더라도 천하를 이롭게 한다면 그 일을 했다.
—『맹자』「진심」(盡心) · 상(上)

맹자에 따르면 양주는 '자신만을 위한다' [爲我]는 입장을 취하고 있고, 반면 묵자는 '모든 사람을 사랑한다' [兼愛]는 입장을 취하고 있었다. 맹자가 보았을 때 양주와 묵자는 각각 양극단에 있었던 대립되는 사상가들이었다. 천하를 위해서라면 묵자는 자신의 소중한 삶을 희생하려고까지 했지만, 양주는 천하보다 자신의 몸에 자란 털 한 올을 더 소중하게 여기는 인물로 비춰졌기 때문이다. 맹자의 이야기를 읽으면 우리는 양주가 지독한 이기주의자였다는 인상을 받을 수밖에 없다. 그러나 과연 양주는 극단적인 이기주의를 표방했던 사상가였을까? 이 점을 확인하기 위해 우리는 다음과 같은 한비자의 논의를 다시 참고해 볼 필요가 있다.

지금 여기에 어떤 사람이 있어 위태로운 성에 들어가지 않고 군대에 참여하지 않는 것을 의롭게 여겨서 천하의 큰 이익 때문에 정강

이에 난 털 하나라도 바꾸지 않으려고 한다. 그런데도 세상의 군주들은 그를 따르고 예우하며 그의 지혜를 귀하게 여기고 그의 행동을 높이면서 외물을 가볍게 여기고 삶을 중시하는 선비라고 생각한다. 대저 윗사람이 좋은 땅과 커다란 집을 진열하고 작록을 베푸는 것은 백성들의 목숨과 바꾸기 위해서이다. 지금 윗사람이 '외물을 가볍게 여기고 삶을 중시하는'(輕物重生) 선비를 존중하면서도, 민중이 목숨을 던지면서 윗사람의 일을 위해 죽는 것을 중하게 여기기를 바란다면, 이것은 이루어질 수 없는 일이다. ─『한비자』「현학」(顯學)


삶을 긍정했던 모든 철학은 결국 아나키즘으로 귀결될 수밖에 없다. 이 점에서 볼 때 국가주의 철학자 한비자도 양주의 정치철학적 함축을 정확히 이해하고 있었다고 할 수 있다. 거창한 명분을 위해 자신의 고유한 삶을 희생하지 않으려 한 양주의 철학은 결국 정치적으로 볼 때 아나키즘적 전통으로밖에 이해될 수 없기 때문이다. 강력한 전제 군주정치를 지향했던 한비자의 관점에서 민중이란 존재는 누구나 이해타산적 존재였다. 자신에 대해서 이익과 해로움을 계산할 수 있을 때에만 그들은 군주가 주는 상(賞)과 벌(罰)에 민감하게 반응하고, 따라서 국가의 부국강병에 참여할 수 있을 것이다. 만약 양주가 강조하는 것처럼 군주가 내리는 상이나 벌을 외적인 것이라고 가볍게 여기는 민중들이 있다면, 어떻게 이들을 군주를 위해서 목숨을 바치도록 만들 수 있겠는가? 여기서 한비자는 정치철학으로서의 양주사상이 전제 군주정치에 치명적으로 위험한 것임을 통찰했던 것이다.

그렇다면 양주는 맹자가 보았던 것처럼 단순한 의미의 이기주의 자는 결코 아니었다. 만약 양주가 그런 수준의 주장을 펼친 것이라면 한비자 같은 냉철한 사상가가 이런 걱정을 할 필요가 전혀 없었을 것이다. 이기주의자는 만약 자신에게 이롭다면, 그것이 군주의 명령이라도 들을 준비가 되어 있는 사람이기 때문이다. 그러나 양주는 일종의 사회적 '이익'이라는 것 자체를 이미 거부했던 사람이다. 우리에게 '이익'이 하나의 숭고한 목적으로 대두하면, 우리는 머지않아 자신의 소중한 삶을 하나의 수단으로 폄하하게 될 것이다. 그러나 국가가 제공하는 어떤 이익이나 권력에도 흔들리지 않는 자유로운 개체들을 생각해 보라. 바로 이 대목이 국가의 기반 자체를 흔들 수 있는 아나키즘의 파괴력이 드러나는 부분이자, 국가를 위해 한비자가 진정으로 우려했던 부분이기도 하다. 그렇다면 양주가 모색했던 아나키즘은 어떤 논리로 현실화될 수 있을까? 그의 이야기를 다시 들어보도록 하자.

백성자고(伯成子高)는 한 개의 터럭으로서도 남을 이롭게 하지 않았고, 나라를 버리고 숨어서 밭을 갈았다. 우(禹)임금은 한 몸을 가지고 스스로를 이롭게 하지 않았고 그의 몸을 지치고 깡마르도록 만들었다. 옛날 사람들은 한 개의 터럭을 뽑음으로써 천하가 이롭게 된다고 하여도 뽑아 주지 않았고, 천하를 다 들어 자기 한 사람에게 바친다 하더라도 받지 않았다. 사람마다 한 개의 터럭도 뽑지 않고, 사람마다 천하를 이롭게도 하지 않는다면 천하는 다스려질 것이다. ―『열자』「양주」

전체 세계에 진정한 평화가 도래하기를 원한다면, 우리는 천하를 이롭게 한다는 생각 자체를 버려야만 한다고 양주는 주장한다. 그는 전체 사회를 무질서하게 만드는 원인이 국가 혹은 국가가 추구하는 이념이 부재했기 때문이 아니라고 보고 있다. 오히려 그는 그러한 무질서의 원인이 '삶을 희생하라'고 선동하는 유가나 법가식의 국가주의적 이념 안에 도사리고 있다고 주장한다. 개체의 삶보다는 공동체의 유지를 우선시하게 될 때, 우리 삶은 단지 하나의 수단으로 전락할 수밖에 없기 때문이다. 양주는 우리의 삶 자체가 다른 무엇으로도 환원되지 않는 고유한 절대적 목적이라는 점을 강조하고 싶었던 것이다.

한 마디로 말한다면 국가나 공동체는 각자의 삶을 위한 하나의 수단일 뿐이지 결코 그 자체로서 목적이 될 수는 없는 것이다. 그럼에도 불구하고 국가나 공동체의 유지를 위해서 개체의 삶이 희생될 수 있다고 본다면, 이것이야말로 본말이 전도된 현상이 아니겠는가? 사실 세계의 평화나 안정은 개체들의 삶이 그 자체로 긍정될 때에만 도래할 수 있는 것이다. 개체들의 삶을 희생하고서 얻어야 하는 세계의 평화란 단지 하나의 미사여구에 지나지 않는 것이다. 양주가 말한 바에 따르면 모든 사람들은 국가주의적 이념에 사로잡히지 않고 자신들의 삶이 무엇으로도 바꿀 수 없는 절대적 가치를 가지고 있다는 사실을 자각해야 한다. 바로 이러한 순간 역설적이게도 우리에게는 하나하나의 국가들이 개입할 수 없는 세계의 진정한 평화가 도래할 것이다.

## 2. 반전과 비판의 논리, 송견

송견(宋鈃)은 맹자와 동시대의 사상가이다. 이것은 『맹자』「고자」(告子)·하(下) 편에 송견이 전쟁을 반대하기 위해 초(楚)나라로 가는 길에 맹자를 만났다는 이야기로부터 쉽게 확인되는 사실이다. 무엇보다도 먼저 송견은 반전주의 사상가라고 기억될 필요가 있다. 이것은 그가 평화주의자였다는 것, 나아가 그의 사유 역시 아나키즘으로 귀결될 가능성이 있었다는 것을 말해 준다. 그는 국가간의 전쟁뿐만 아니라 개인간의 다툼을 근본적으로 종식시키려고 했었다. 이 점에서 송견은 일정 정도 '전쟁을 반대했던'〔非攻〕 묵자의 '겸애'(兼愛) 정신을 계승했다고도 말할 수 있을 것이다.

불행하게도 당시 묵자학파의 비공(非攻) 전략은 비극적으로 끝날 수밖에 없었다. 그들은 강대국의 침범을 받는 약소국을 무력으로 지지해 줌으로써 전쟁에 반대하고 평화를 유지하려고 애를 썼다. 그러나 전국시대에는 강대국이었던 국가도 때가 되면 약소국으로 전락하기 마련이고, 역으로 한때는 약소국이었던 국가가 강대국으로 변모할 수도 있었다. 결국 이 과정에서 항상 약자를 선택해서 목숨을 걸고 그들을 지원했던 묵자 집단만이 희생될 수밖에 없었던 것이다. 물론 그렇다고 해서 그 희생의 대가로 평화의 세계가 도래한 것도 아니었다. 바로 여기에 묵자의 반전사상이 비극으로 끝날 수밖에 없었던 중요한 이유가 있다. 그렇다면 반전사상이 비극으로 끝나지 않을 방법은 없었을까? 이 대목에서 송견이 중요한 역할을 하는 사상가이다. 그는 반전사상을 철학적으로 새롭게 숙고함으로써, 그것에 새로운 희망을 제공했기 때문이다.

『한서』(漢書) 「예문지」(藝文志)에 따르면 그에게는 18편으로 구성되어 있는 『송자』(宋子)라는 책이 있었던 것으로 보인다. 그렇지만 아쉽게도 그의 저작은 양주와 마찬가지로 지금 거의 남아 있지 않다. 하긴 반전사상을 표방했던 그의 저술이 거대 제국 하에서 정당한 평가를 받기는 불가능했을 것이다. 아쉬우나마 우리는 『장자』 속에 남아 있는 간접적인 자료들을 통해 송견의 사상이 지닌 윤곽을 되짚어 볼 수 있다.


'공격을 중지하고 병기를 버려야 한다'(禁攻寢兵)는 주장을 학설의 외적인 측면으로 생각했고, '인간의 본질적인 욕망은 적고 얕은 것이다'(情欲寡淺)라는 주장을 학설의 내적인 측면으로 생각했다. 크든 작든 정미하든 거칠든 간에 그들의 실천은 단지 이런 주장들로 귀결될 뿐이었다. ─「천하」

以禁攻寢兵爲外, 以情欲寡淺爲內. 其小大精粗, 其行適至是而止.
이 금 공 침 병 위 외   이 정 욕 과 천 위 내   기 소 대 정 조   기 행 적 지 시 이 지

『장자』를 편찬했던 절충주의자들에 따르면 '공격을 중지하고 병기를 버려야 한다'라는 반전사상은 송견의 사회철학에 해당하는 것이다. 한편 '인간의 본질적인 욕망은 적고 얕은 것이다'라는 슬로건은 그의 철학적 인간론을 상징하는 것이었다. 모든 반전 평화주의자들과 마찬가지로 송견에게도 하나의 당면한 과제가 있었다. 그것은 반전사상을 회의하는 사람들에게 그것이 현실적으로 실현가능하다는 것을 어떻게 설득하느냐라는 문제였다. 바로 여기에서 '인간의 본질적인 욕망은 적고 얕은 것이다', 즉 '정욕과천'(情欲寡淺)이란 주장의 중요성이 드러난다. 이 주장은 단순히 '우리의 기본적인 욕망이 적다'는 것만을 말하고 있는 것이 아니다. 이 주장이 철학적으로 중요한 이유는 '사회적 욕망'이 결코 '본질적인 욕망'〔情欲〕이 아님을 선언하고 있다는 데 있다.

　송견은 '정욕과천'이라는 주장을 통해서 사람들의 갈등과 투쟁이 대부분 허구적이고 관념적인 것으로부터 기원한다는 것을 보여주려고 했던 것이다. 인간의 갈등과 투쟁은 대부분 쓸데없는 명분과 이념에 따라 발생하는데, 이런 명분과 이념은 인간의 기본적인 욕망에 속하지 않는다는 것이다. 그렇다면 동시대를 살아가고 있는 사람들이 이런 사회적 욕망으로 인하여 다투었던 것은 인간에 대한 그들의 그릇된 이해에서 기인한 것이라고 할 수 있겠다. 송견에 따르면 이런 자기 이해의 부족으로 인해서 사람들은 비본질적이고 허구적인 욕망을 마치 자신이 처음부터 타고난 본질적인 욕망으로 착각하게 된다. 그리고 그 결과 서로를 파괴하는 다툼과 전쟁에 휘말려 들게

된다는 것이다. 결국 국가나 사회가 더욱 강화시키고 조장하는 비본
질적인 욕망들, 즉 허구적 욕망들을 식별해서 제거할 수만 있다면,
인간은 상호파괴적인 전쟁 상태로부터 벗어날 수 있게 될 것이다. 그
래서 그는 비본질적인 사회적 욕망을 본질적인 것으로 착각하는 것
을 '선입견' 〔宥〕이라고 부르면서, 그것으로부터의 '결별' 〔別〕을 촉구
했던 것이다.

> 만물들과 관계할 때 송견은 '선입견으로부터 결별하는 것' 〔別宥〕
> 을 시작점으로 삼았고, 마음의 포용함을 말했으며, 이것을 "마음의
> 작용"이라고 불렀다. 그는 서로 친숙하고 다 같이 기뻐함으로써 온
> 세상을 조화시키려 하였으며, '인간의 본질적인 욕망들'을 설정해
> 서 가장 중요한 것으로 여겼다. ─「천하」
>
> 接萬物以別宥爲始, 語心之容, 命之曰心之行. 以聏合驩, 以調海
> 접 만 물 이 별 유 위 시   어 심 지 용   명 지 왈 심 지 행   이 이 합 환   이 조 해
> 內, 情欲置之以爲主.
> 내   정 욕 치 지 이 위 주

사회에서 성공하고자 하는 욕망, 남에게 인정받고 싶은 욕망 등
이 우리에게 있는 본질적인 욕망이 결코 아니라, 사회에서 증폭시킨
허구적 욕망에 불과하다는 것을 우리는 어떻게 알 수 있을까? 이것
을 이해하기 위해서 우리는 인간에 대한 철저한 이해, 즉 자기 반성
을 필요로 한다. 이런 자기 반성을 통해 우리는 일체의 비본질적 욕
망들을 본질적인 욕망들로부터 분리시키고 나아가 이것들을 제거하
도록 노력할 수 있다. 이 때문에 송견은 '선입견으로부터의 결별' 〔別

肴]을 강조할 수밖에 없었던 것이다. '선입견으로부터의 결별'은 그 자체로 최종 목적은 아니다. '선입견으로부터 결별하라'는 의미의 '별유'(別宥)라는 송견의 주장은 타자와 갈등하지 않기 위한 수단으로서의 방법을 의미했기 때문이다. 그의 말대로 사회적 욕망을 본질적인 것으로 선전하는 선입견들을 제거하려는 진정한 목적은, "서로 친숙하고 다 같이 기뻐함으로써 온 세상을 조화시키려"는 데 있었기 때문이다.

송견은 타자와 갈등하고 대립하지 않는 구체적인 행동강령으로 '모욕을 받아도 부끄럽게 여기지 않아야 한다'(見侮不辱)는 준칙을 제안하였다. 모욕을 당한 수치감에 타자에 대한 적대감을 품으면서, 우리는 타자와 갈등하기 시작하는 법이다. 보통 우리는 남이 모욕을 하면 수치심을 느끼고 남이 칭찬을 하면 흥분하고 기뻐한다. 이로부터 우리는 수치심과 명예욕이라는 욕망을 선천적으로 가지고 있다고 추론하기 쉽다. 그러나 송견에게 있어 이것은 위계적 사회에 살면서 불가피하게 내면화된 사회적 욕망 구조에 불과한 것이다. 다시 말해 수치심과 명예욕은 결코 본질적인 욕망이 아니라는 것이다. 따라서 이런 욕망은 우리에게 '내적'인 것이 아니라 '외적'인 것에 지나지 않는다. 그럼에도 불구하고 이런 '외적'인 것을 '내적'인 것으로 착각한다면, 혹은 이런 선입견을 계속 유지한다면, 우리는 타자와 치명적인 갈등 관계에 놓이고 말 것이다.

이제 송견이 '정욕과천'이란 주장과 '별유'를 강조했던 이유가 분명해졌다. 사회적으로 증폭된 욕망과 선입견으로부터 결별할 때에만, 우리는 자신의 욕망이 그렇게 크지 않다는 것을 자각할 수 있게 된다. 송견의 이런 생각은 국가주의로부터 가장 멀리 떨어져 있는, 심지어는 국가주의의 핵심 치부를 건드리는 것이기도 하다. 국가주의는 부족한 재화에 비해 인간의 욕망이 너무도 크다고, 그래서 갈등이 불가피하다고 선전하곤 한다. 중요한 것은 바로 이런 불가피한 갈등의 논리가 국가의 개입을 매번 정당화해 준다는 점이다. 그러나 송견은 인간의 욕망 자체가 그렇게 크지 않다고 주장했다. 따라서 송견의 사상은 결국 국가의 정당성 자체를 근본적으로 와해시키는 방향으로 흐를 수밖에 없었다. 이 점에서 순자(荀子, BC 298?~BC 238?)가 많은 지면을 할애해서, 특히 『순자』 「정론」(正論) 편에서 집중적으로 송견사상을 공격했던 것은 우연이 아니라고 할 수 있을 것이다. 국가주의자로서 순자는 송견의 사상에서 강력한 아나키즘의 논리를 발견하고 경계할 수밖에 없었기 때문이다.

## 3. 논리와 존재의 발견, 혜시

혜시(惠施, BC 370?~BC 309?)는 전국시대에는 사상가라기보다는 정치가나 논변가로 잘 알려져 있었다. 그는 백규(白圭)라는 위(魏)나라의 재상과 논변을 벌였고, 나중에 양혜왕(梁惠王, 재위 BC 370~BC 319)에게 재상으로 등용되어 '합종설'(合縱說)을 펴다가 장의(張儀, BC ?~BC 309)의 '연형설'(連衡說)이 득세하게 되면서 위나라에서 나와 초(楚)나라로 갔던 사람이다. 나중에 그는 다시 남쪽의 초나라를 떠나 북쪽의 송(宋)나라로 되돌아온다. 바로 이 시점에서 장자는 혜시와 만났던 것 같다. 혜시와의 만남은 장자에게 새로운 세계를 만난 것과 같은 신선한 충격을 주었다. 웬만한 모든 곳에 가 보았고 당대의 탁월하다던 논객들과 직접 논변을 벌여 보았던 혜시는 장자에게 있어서는 마치 하나의 별세계처럼 보였을 수도 있을 것이다. 혜시는 장자에게 정치의 비정함과 아울러 언어와 논리의 중요성을 가르쳐 주었다.

『한서』「예문지」편을 보면 혜시는 『혜자』(惠子) 1편을 지었다고 하는데 이것은 전해지지 않고 있다. 우리가 확인할 수 있는 혜시사상에 대한 윤곽은 오직 『장자』「천하」편 제일 마지막 부분에 나오는 그의 '역물'(歷物)에 대한 논의뿐이다. 여기에는 혜시의 10가지 논리학적 명제들이 등장한다. 그 중에서 중요한 것으로 첫번째, 다섯번째, 그리고 마지막 열번째 명제가 있다. 이 세 가지 명제들을 살펴봄으로써 우리는 혜시가 어떻게 자신의 논리를 전개하였으며, 나아가 혜시가 논리를 강조했던 진정한 목적이 무엇이었는지를 이해할 수 있을 것이다.

① 가장 큰 것은 외부가 없는데, 이것을 '가장 큰 일자'〔大一〕라고 부른다. 가장 작은 것은 내부가 없는데, 이것을 '가장 작은 일자' 〔小一〕라고 부른다. ……⑤ 크게 같음과 작게 같음은 다른데, 이것을 '작은 같고 다름' 〔小同異〕이라고 한다. 만물들은 모두 같고 모두 다른데, 이것을 '커다란 같고 다름' 〔大同異〕이라고 한다. ……⑩

만물들을 널리 사랑하라. 천지는 하나의 단위로 세어질 수 있다.

—「천하」

至大无外, 謂之大一. 至小无內, 謂之小一. …… 大同而與小同異,
지대무외 위지대일 지소무내 위지소일 대동이여소동이
此之謂小同異. 萬物畢同畢異, 此之謂大同異. …… 汎愛萬物. 天
차지위소동이 만물필동필이 차지위대동이 범애만물 천
地一體也.
지일체야


대부분의 중국 고대 철학자들은 일종의 경험주의적 경향의 사유
태도를 취하고 있다. 이 점에서 혜시는 매우 예외적인 인물이라고 할
수 있다. 그는 경험론자이기보다는 오히려 합리론자의 측면을 더 많
이 보여 주고 있기 때문이다. 그의 논리적 명제들 중 첫번째 것을 먼
저 살펴보도록 하자. 혜시의 첫번째 주장은 사실 경험으로부터 얻어
질 수 있는 것이 아니라, 순수한 논리, 즉 사유를 통해서만 얻어질 수
있는 것이다. "가장 큰 것은 외부가 없다"는 혜시의 주장은 순수하게
논리적인 명제에 지나지 않는다. 논리학적으로 볼 때, 가장 큰 것이
외부를 가진다면 그것은 가장 큰 것일 수 없기 때문이다. 따라서 만
약 가장 큰 것이 있다고 한다면 그것은 분명 외부가 없어야만 한다.
그러나 경험 세계에서 우리는 혜시가 이야기한 가장 큰 것을 경험할
수가 없다. 아무리 큰 것이라도 그것은 바깥을 가진 것으로서 경험될
수밖에 없기 때문이다.

이처럼 우리는 '가장 큰 것'이나 '가장 작은 것'을 생각할 수만
있을 뿐 결코 그 같은 현상을 직접적으로 경험할 수는 없다. 바로 여
기에서 합리론자로서 혜시의 면모가 분명히 드러난다. 이 대목에서

우리는 혜시의 다섯번째 명제에 주목해 볼 필요가 있다. 이 명제를 통해 그는 아리스토텔레스(Aristoteles, BC 384~BC 322)의 분류법을 연상시키는 논리적 세계관을 피력하고 있기 때문이다. 예를 들어 망아지 한 마리와 강아지 한 마리가 있다고 해보자. 혜시에 따르면 이 세계의 모든 개별자들은 '모두 같음' / '크게 같음' / '작게 같음' / '모두 다름' 이라는 위계를 통해 설명될 수 있다. '모두 같음' 이란 위상에는 '존재한다' 라는 정의가 속할 수 있겠다. 어쨌든 망아지나 강아지는 존재하는 것들이기 때문이다. 그 다음에 '크게 같음' 이란 위상에는 '생물' 이라는 정의가 속할 수 있겠다. 망아지와 강아지는 모두 살아 있는 생물체이기 때문이다. 그 다음 '작게 같음' 이란 위상에는 '동물' 이란 정의가 속할 수 있겠다. 망아지와 강아지는 식물과는 달리 활동하면서 생명을 유지하는 것들이기 때문이다. 마지막으로 '모두 다름' 이란 위상에는 '개별성' 이라는 정의가 속할 수 있겠다. 결국 망아지는 망아지이고 강아지는 강아지이기 때문이다.

순수한 사변에 의한 논리적 추론 끝에 혜시는 만물들이 '모두 같은' 〔畢同〕 차원을 발견하게 된다. 이것은 그가 '존재' 를 발견했다는 것과 마찬가지의 의미를 담고 있다. 이런 차원을 발견하였기 때문에 그는 묵자의 '겸애' (兼愛)를 연상시키는 주장, 즉 "널리 모든 개별자들을 사랑하라" (氾愛萬物)는 충고를 우리에게 했던 것이다. 모든 것은 겉으로는 달라 보일지라도 결국 모두 '존재' 이기 때문이다. 그러나 '존재' 를 사랑한다는 것은 '개별자' 를 사랑한다는 것과 같은 의미를 가질까? 그렇다면 혹여 '모든 것을 사랑하자' 는 그의 주장은 단지 사변적인 주장에 불과한 것이 아닐까?

예를 들어 내가 A를 사랑한다고 하자. 이것은 사실 내가 A가 아닌 것, 즉 A를 제외한 무수히 많은 다른 것들에 대해서는 우선 무관심하다는 것을 의미한다. 따라서 현실적으로 모든 것을 사랑한다는 것은 사실 어떤 것도 사랑하지 않는다는 것을 함축한다고 말할 수 있다. 사랑이라는 개념은 구체적인 개별자와 개별자 사이의 관계에서만 의미를 지닐 수 있는 것이기 때문이다. 결국 혜시의 사랑이 아쉽게도 관념적인 사랑에 머물 수밖에 없었던 것도 바로 이런 이유에서일 것이다. 혜시는 모든 인류를 사랑한다고 생각했을지는 모르지만 한 사람의 구체적인 사람을 사랑한다고 말하기는 어려웠을 것이 분명하다.


## 4. 양주, 송견, 혜시 그리고 장자

전국시대의 갈등과 대립을 어떻게 해소하느냐가 그 당시 사상가들에게 주어진 핵심적인 당면 과제였다. 유가는 인(仁)을 회복함으로써 갈등이 해소될 것이라고 믿었다. 그래서 그들은 자신의 윤리적인 이념인 인(仁)을 위해서 자신들의 유한한 삶마저도 버릴 수 있다고 생각했던 것이다. 반면 법가는 강력한 국가만이 모든 갈등을 종식시킬 수 있다고 주장했다. 그들이 개인의 삶을 수단으로, 그리고 국가를 지상의 목적으로 긍정했던 것도 바로 이런 이유에서였다. 그러나 전국시대에 진정으로 중요한 사상가들은 사실 유가사상과 법가사상 모두를 극복하기 위해서 노력하였다. 양주, 송견 그리고 혜시가 철학사적으로 중요한 이유가 바로 여기에 있다. 그들은 유가의 공동체주의나 법가의 국가주의를 일종의 악으로 진단했다. 그래서 이 세 사람의 공통점은 그들이 모두 반전 평화주의자였다는 데서 찾을 수 있을 것이다.

전쟁과 갈등, 특히 인간의 삶을 피폐하게 만드는 대규모 살육전이 항상 거대한 무력집단이나 국가에 의해 수행된다는 점에서, 반전 사상은 사실 집단주의나 국가주의에 반대하는 아나키즘으로 귀결할 수밖에 없는 것이다. 아나키즘은 기본적으로 개체의 삶을 우선적인 가치로 긍정하는 사유이기 때문이다. 그러나 아쉬운 것은 장자의 선배들, 즉 양주, 송견 그리고 혜시는 자신의 입장이 결국은 아나키즘으로 귀결된다는 것을 의식하지 못했다는 점이다. 이 점에서 장자는 예외적이라고 할 수 있다. 『장자』「제물론」편을 보면, 장자는 군주와 신하라는 지배관계가 일종의 꿈에 불과하다고 분명히 이야기하고 있기 때문이다. 그에게 있어 꿈은 현실적인 삶과 무관한 것, 나아가 우리의 삶을 왜곡하는 생각을 상징하는 것이다. 이런 장자의 생각을 통해 우리는 장자 본인이 의식적인 아나키스트였다는 사실을 어렵지 않게 확인할 수 있다.

모든 위대한 사상이 그렇듯이, 장자의 철학은 하늘에서부터 갑자기 떨어진 것은 아니었다. 그가 위대한 철학자로 성장할 수 있었던 이유는, 그에 앞서 개체의 삶을 긍정했고 세계의 진정한 평화를 꿈꿨던 위대한 선구자들이 있었기 때문이었다. 장자는 세 명의 선배들을 비판적으로 독해하면서 자신의 사유를 다듬어 나갔다. 그는 양주로부터 삶을 긍정하는 태도를 배웠으며, 송견으로부터 선입견을 해체하는 공부의 중요성을 배웠다. 그리고 마지막으로 혜시로부터 추상적 논리의 세계와 언어의 구조를 비판적으로 흡수할 수 있었다. 그렇다면 그가 세 명의 선배들로부터 결정적으로 벗어나게 된 지점은 과연 어디일까? 아니 정확히 말해서 세 명의 선배들이 물려 준 유산들을 비판적으로 종합할 수 있었던 계기는 무엇이었을까?

그것은 장자가 바로 타자라는 문제 설정을 자기 철학의 중심부에 도입했다는 데 있다. 타자라는 문제 설정을 도입함으로써, 장자는 고대 중국의 아나키스트적 전통을 성공적으로 종합할 수 있었다. 양주는 타자 일반을 무시할 정도로 개인주의적 경향의 아나키즘을 철저하게 관철시키려고 하였다. 그리고 송견은 타자를 의식하고는 있었지만 타자가 주는 자극에 대해 무감각과 무관심의 상태만을 유지하려고 애썼을 뿐이다. 마지막으로 혜시는 논리적 기법으로 모든 것을 포괄하는 초월적인 지평을 정립하고 사랑을 실현하라고 역설했지만, 삶에서 마주치는 타자에 대해서는 무력할 수밖에 없었다. 그렇다면 결국 이 세 명의 선배가 결여하고 있던 것이 바로 타자라는 문제 설정이었던 셈이다.

세 명의 선배들이 남긴 유산을 타자라는 문제 설정으로 종합했던 것, 그것이 바로 장자철학의 고유함이다. 장자의 사유가 다음 세 가지 층위를 가지게 된 것도 이런 이유 때문일 것이다. 첫째는 양주와 관련된 테마로서, 우리의 삶은 타자와의 소통을 통해서만 긍정될 수 있다는 통찰이다. 둘째는 송견과 관련된 테마로서, 타자와 소통하기 위해서 우리는 내면화하여 갖게 된 선입견으로부터 벗어날 수 있어야 한다는 관점이다. 셋째는 혜시와 관련된 테마로서, 내면화된 선입견을 제거하기 위해서 논리적 해체 방법을 적절히 사용할 필요가 있다는 점이다. 『장자』 '내편' 가운데 특히 「제물론」 편이 중요한 이유가 바로 여기에 있다. 이 짧은 편에는 장자철학의 세 가지 쟁점들이 아름다운 에피소드 형식으로 모두 녹아들어 있기 때문이다.

# 3부

# 삶의 강령과 연대의 모색

「나이아가라」(프레데릭 처치, 1855)

라이프니츠(Leibniz)는 미세지각(petites perceptions) 이론으로 우리가 세계를 지각하는 방법을 새롭게 설명해낸다. 그의 생각에 따르면 우리가 세계에 대해 느끼고 있는 지각은 사실 셀 수 없이 많은 미세한 지각들로 구성되어 있다. 폭포 소리는 하나의 거대한 소리로 들리지만, 우리는 거대한 폭포를 이루는 물방울 하나하나의 소리를 무의식적인 차원에서 다 듣고 있다는 것이다. 결국 폭포 소리는 수많은 물방울들의 소리가 들려주는 오케스트라 연주였던 셈이다.

# 7장_잊어라! 그리고 연결하라!

사건은 상황의 모든 통상적인 법칙들 밖에 위치하는 것이다. 사랑이란 사건
과의 만남, 그리고 그 영향 하에서 내가 그 만남에 실질적으로 충실하고자
한다면, 나는 상황에 머물고 있는 내 자신의 방식을 머리끝에서 발끝까지
바꾸어야 한다는 사실은 명백하다. ―바디우, 『윤리학』

## 1. 망각의 수양론

장자는 '천균'과 '도추'라는 개념을 통해 판단중지의 상태야말로 타
자에 대해 민감하게 대응할 수 있는 가장 기본적인 마음 상태임을 강
조했다. 이 상태에서는 "나는 나다"라는 자의식 자체가 작용 불가능
하다는 점에서, 판단중지는 '망각'〔忘〕이나 '비움'〔虛〕의 상황이라고
불릴 수도 있을 것이다. 물론 '망각'이나 '비움'이란 개념이 무엇인
가 신비스럽고 초월적이라는 인상을 주는 것도 사실이다. 그러나 우
리는 '망각'이나 '비움'의 목적이 초월을 지향하려는 데 있는 것이
아니라, 오히려 초월을 거부하려는 데 있다는 점을 잊어서는 안 된

다. 이 점에서 '망각'이란 꿈으로부터 깨어난 상태, 다시 말해 삶의 세계로 이행하기 위한 필요조건이라고 할 수 있다.

장자에게 '꿈'[夢]이란 특정한 공동체의 규칙이 다른 모든 곳에도 일괄적으로 적용될 수 있다고 보는 형이상학적 태도를 가리킨다. 반면 '깨어남'[覺]은 이런 형이상학적 태도가 불가능할 뿐만 아니라 우리 자신의 삶 혹은 타자의 삶을 위태롭게 만들 수 있다는 점을 통찰한 것이다. 이 점에서 비트겐슈타인의 다음 말은 꿈과 깨어남이 무엇을 가리키는지를 잘 보여 준다고 하겠다.

> 우리는 마찰이 없는 미끄러운 얼음판으로 잘못 들어섰던 것이다. 어떤 의미에서 그 조건은 이상적인 것이었지만 그로 말미암아 우리는 걸을 수 없게 된 것이다. 그러므로 마찰이 필요하다. 거친 땅으로 되돌아가자! ─비트겐슈타인, 『철학적 탐구』

비트겐슈타인에게 '미끄러운 얼음판'이란 유아론적 형이상학의 세계를 그리고 '거친 땅'이란 구체적인 삶의 세계를 상징하는 것이다. '거친 땅'이라는 표현에서 우리는 자신의 삶에 불가피하게도 어떤 저항이 있을 수밖에 없다는 점을 직감할 수 있다. 물론 이때의 저항이란 타자와의 우연한 마주침으로부터 유래한 것이다. 꿈속에서라면 우리는 거의 절대자에 비근할 정도의 주인공 역할을 맡을 수 있다. 그렇지만 삶 속에서 우리는 항상 주인공의 역할을 맡기가 쉽지 않다는 것을 이미 잘 알고 있다. 나의 의도, 노력 그리고 생각은 매번 좌절되기 마련이다. 이것이 바로 우리 삶의 모습이다.

그러나 아쉽게도 비트겐슈타인의 논의는 매번 이 정도에서 그치고 만다. 그는 우리에게 삶을 어떻게 영위할지에 대해 좀더 친절하게 가르쳐 주지 않는다. 단지 그는 이 세계에는 다양한 시스템들이 존재한다는 사실, 따라서 어떤 시스템의 규칙은 다른 시스템에서는 적용될 수 없다는 점만을 냉정할 정도로 차분하게 기술하고 있을 뿐이다. 그러나 우리는 다양한 시스템들이 존재한다는 사실을 관조하는 것만으로 만족할 수가 없다. 중요한 것은 우리가 타자와 마주칠 수밖에 없다는 여전한 사실이 아닌가? 그렇다면 비트겐슈타인은 삶의 세계를 지혜롭게 살아가기 위한 구체적인 방법을 모색했어야만 했다. 그러나 그는 이 점에 대해 침묵으로 일관하고 있다. 반면에 장자는 비트겐슈타인이 멈춘 이 지점에서 한 걸음 더 나아가려고 한다. 그가 제안한 망각의 수양론이 중요한 이유가 바로 여기에 있다.

『장자』에는 망각의 수양론을 피력하는 수많은 에피소드들이 기록되어 있다. 그 중에서 가장 중요한 것은 물론 '심재 이야기'일 것이다. 우선 이 에피소드의 전반부를 먼저 읽어 보도록 하자.

안회가 말했다. "저로서는 이제 더 생각해낼 도리가 없습니다. 부디 방법을 가르쳐 주십시오." 공자가 말했다. "재계[齋]하라! 너에게 말하겠는데, 사심을 가진다면 쉽게 될 수 있겠느냐? 쉽다고 하는 자는 저 맑은 하늘이 마땅하다고 여기지 않을 것이다." 안회가 말했다. "저는 가난하여 여러 달 동안 술을 못 마시고 양념한 음식도 먹지 못했습니다. 이 경우 재〔齋〕라고 할 수 있지 않겠습니까?”

공자가 말했다. “그런 것은 ‘제사지낼 때의 재’ 이지, ‘마음의 재’

〔心齋〕는 아니다.” 안회가 말했다. “부디 ‘마음의 재’가 무엇인지

말씀해 주십시오.” 공자가 대답했다. “먼저 마음을 하나로 모아라.

귀로 듣지 말고 마음으로 들어라. 다음에는 마음으로 듣지 말고 기

(氣)로 들어라. 귀는 고작 소리를 들을 뿐이고 마음은 자신에게 부

합되는 것만을 알뿐이지만, 기(氣)는 비어서 타자와 마주치는 것이

다. 도(道)는 오로지 빈 곳에만 깃든다. 이렇게 ‘비움’〔虛〕이 바로

‘마음의 재계’ 이니라.” 안회가 말했다. “제가 심재를 실천하기 전

에는 안회라는 자의식이 실재처럼 존재했었지만, 심재를 실천하자

자의식이 더 이상 존재하지 않게 되었습니다. 이것을 ‘비움’ 이라

고 하는 것입니까?” ─「인간세」

顔回曰, 吾无以進矣. 敢問其方. 仲尼曰, 齋! 吾將語若, 有而爲之,
안 회 왈   오 무 이 진 의   감 문 기 방   중 니 왈   재   오 장 어 약   유 이 위 지

其易邪? 易之者, 皥天不宜. 顔回曰, 回之家貧, 唯不飮酒不茹葷者
기 이 야   이 지 자   호 천 불 의   안 회 왈   회 지 가 빈   유 불 음 주 불 여 훈 자

數月矣. 如此, 則可以爲齋乎? 曰, 是祭祀之齋, 非心齋也. 回曰, 敢
수 월 의   여 차   즉 가 이 위 재 호   왈   시 제 사 지 재   비 심 재 야   회 왈   감

問心齋. 仲尼曰, 若一志. 无聽之以耳而聽之以心. 无聽之以心而
문 심 재   중 니 왈   약 일 지   무 청 지 이 이 이 청 지 이 심   무 청 지 이 심 이

聽之以氣. 聽止於耳, 心止於符, 氣也者, 虛而待物者也. 唯道集虛.
청 지 이 기   청 지 어 이   심 지 어 부   기 야 자   허 이 대 물 자 야   유 도 집 허

虛者, 心齋也. 顔回曰, 回之未始得使, 實自回也, 得使之也, 未始
허 자   심 재 야   안 회 왈   회 지 미 시 득 사   실 자 회 야   득 사 지 야   미 시

有回也. 可謂虛乎?
유 회 야   가 위 허 호

공자의 수제자 안회(顔回)는 위(衛)나라에 사신으로 가려고 하였

다. 물론 안회와 공자는 노(魯)나라 사람들이다. 여기서 위나라와 노

나라라는 두 국가는 상이한 시스템을 상징하고 있다. 그럼에도 불구하고 안회는 노나라의 삶의 규칙을 그대로 위나라에 적용하려고 했다. 그러자 공자는 이에 대해 우려를 표명하면서, 제자에게 재계〔齋〕를 해야 한다고 권고한다. 보통 재계라는 것은 종교적인 목적으로 수행하는 일종의 금욕적인 자기 절제 행위를 의미한다. 처음 안회는 스승이 권한 재계를 일상적인 의미로만 받아들였다. 그러자 공자는 재계의 대상은 몸이 아니라 너의 마음이라고 이야기한다. 다시 말해 몸을 삼가는 태도가 아니라 '심재'(心齋)를 해야 한다는 것이다. '심재'란 글자 그대로 '마음을 재계(齋戒)한다'는 의미이다. 그렇다면 결국 심재는 마음의 작용을 금욕적으로 절제하는, 즉 마음의 비움이나 망각을 가리키는 수양론의 일종이라 할 수 있을 것이다. 그래서 장자도 '비움'〔虛〕이란 바로 '마음의 재계', 즉 '심재'라고 직접 설명했던 것이다.

## 2. 비움과 미세지각

지금까지 우리는 이론적인 설명을 통해 판단중지, 비움 그리고 망각의 상태에 대해 살펴보았다. 그러나 구체적으로 나의 실존에서 망각이란 어떤 마음의 상태인가? '심재 이야기'가 우리에게 보다 중요한 이유가 바로 여기에 있다. 안회와 공자 사이에 이루어진 문답을 통해서 장자는 우리의 의문에 적절한 대답을 제공하려고 시도한다. 장자에 따르면 우리가 타자를 지각하는 데는 세 가지 형태의 방법이 있다. 첫째는 귀[耳]로 상징되는 감각적인 인식이다. 둘째는 마음으로 상징되는 일상적인 의식 작용이다. 마지막 셋째는 기(氣)로 상징되는, 감각과 사변을 넘어서는 인식의 형태이다. 물론 장자가 주장하는 것은 첫번째와 두번째 인식이 아니라 세번째 형태의 인식 작용이다. 장자는 자신이 세번째 형태의 인식 작용을 권장하는 이유를 다음과 같이 밝히고 있다. "귀는 고작 소리를 들을 뿐이고 마음은 자신에게 부합되는 것만을 알뿐이지만 기는 비어서 타자와 마주치는 것"이기 때문이다.

세번째 인식의 형식, 즉 기로 들어야 한다는 장자의 주장은 사실 이해하기가 쉽지 않다. 더구나 기로 듣는다는 것은 무엇인가 초월적이고 신비한 형태의 인식 작용인 것 같은 인상마저 들게 한다. 이런 인상을 불식시키기 위해 우리는 라이프니츠(G. W. Leibniz, 1646~1716)의 '미세지각'(petites perceptions) 이론을 이곳에서 함께 생각해 볼 필요가 있다.

모든 순간 우리에게 무한히 많은 지각들이 존재한다고 결론 내리도록 하는 수많은 증거들이 있다. 물론 영혼에서의 변이들이라고 할 수 있는 이런 무한히 많은 지각들에는 의식이나 반성이 수반되지 않는다. 이런 인상들이 너무 미세하고 많아서 혹은 지속적으로 유지되기 때문에, 우리는 그것들을 충분히 그 자체로서 구별하지 못하고 있을 뿐이다. ─ 라이프니츠, 『신인간오성론』(*Nouveau essais sur l'entendement humain*)

미적분학의 창시자답게 라이프니츠는 지금 우리의 일상적인 지각은 너무도 다양한 수많은 미세지각들이 쌓이고 종합됨으로써 이루어진 것이라고 이야기한다. 마치 미적분학에서 미분된 요소들이 쌓이면 적분된 것을 얻고, 적분된 것을 쪼개면 미분적인 요소들을 발견하는 것처럼 말이다.

미세지각 이론을 설명하면서 라이프니츠는 폭포 떨어지는 소리를 비유로 든다. 사실 폭포 떨어지는 소리는 무수히 많은 물들이 떨어지면서 내는 미세한 소리들이 합쳐서 나는 소리가 아닌가? 가령 우리가 교향곡을 듣고 있다고 해보자. 이 경우 우리는 피아노 소리, 바이올린 소리 그리고 드럼 소리 등 미세한 형태의 다양한 소리들을 동시에 듣고 있다고 할 수 있다. 우리는 이렇게 미세지각 차원의 소리들이 결합된 전체 교향곡을 듣고서 감동을 받을 수 있다. 그런데 만약 교향곡을 구성하는 악기 소리 하나가 변화되었다면, 이제 결과는 어떻게 될까? 미세한 소리에 매우 민감한 사람이라면 교향곡에서 다른 느낌을 받게 될 것이고, 거대한 지각에 매몰된 사람이라면 자신이 지금 듣고 있는 교향곡이 이전의 것과 여전히 동일하다고 생각할 것이다.

감각적 인식과 일상적 의식을 거부하고 오직 기로써 들으라고 했을 때 장자가 생각했던 것도 바로 이런 것이었다. 라이프니츠라면 장자가 말한 감각적 인식과 일상적 인식을 우리의 일상적 지각이라고, 그리고 기에 의한 인식은 미세지각이라고 말했을 것이다. 그런데 이 지점에서 중요한 것은 감각적 인식이나 일상적 의식 자체도 사실 미세지각들의 종합으로서만 출현할 수 있다는 점이다. 다만 문제가 되는 것은 이렇게 출현한 거대지각들이 유연성을 잃고 굳어져 버린 다는 데 있다. 다시 말해서 거대지각이 부단히 타자로부터 나오는 미세한 움직임들을 새롭게 포착할 수 있는 미세지각의 작용을 억압하게 된다는 것이다. 그렇다면 장자가 권하는 망각, 즉 심재의 작용은 이렇게 굳어져 버린 감각적 인식과 일상적인 의식을 풀어 버리는 과정이라고 볼 수 있다. 오직 그렇게 할 때에만 우리는 타자로부터 나오는 미세한 소리들을 새롭게 받아들이고 거기에 대응할 수 있기 때문이다.

스승 공자의 조언을 받아들인 안회는 심재를 실천하게 된다. 그리고 마침내 그는 공자에게 다음과 같이 말한다. "제가 심재를 실천하기 전에는 안회라는 자의식이 실재처럼 존재했었지만, 심재를 실천하자 자의식이 더 이상 존재하지 않게 되었습니다." 이것은 그가 일상적인 의식 상태로부터 벗어나 타자에 민감하게 대응하는 미세지각 차원의 역량을 회복했다는 것을 말해 준다. '도추 이야기'에 따르면 이제 안회는 "'원의 중심'〔環中〕을 얻어서 무한하게 타자와 감응할 수 있게 된" 것이다.

이제 라이프니츠의 미세지각 이론이 심재라는 장자의 망각의 수양론을 이해하는 데 한 줄기 빛을 던져 준다는 것을 알 수 있다. 장자가 말한 '망각', '심재', '도추', '천균' 등은 결국 세계 그리고 타자로의 개방성을 가능하게 해주는 미세한 마음 상태였던 셈이다. 물론 이렇게 하기 위해서 우리는 기존의 시스템에서 유래한 자의식을 비워

내는 과정을 반드시 거쳐야만 한다. 내면화된 아비투스를 제거할 때에만 우리는 외부로부터 발생하는 어떤 미미한 소리들을 듣고 자신을 새롭게 구성할 수 있기 때문이다. 앞서 살펴보았던 장자의 '수영 이야기'가 말하려고 했던 것도 바로 이 점이다. 수영의 달인은 다음과 같이 말하지 않았던가? "물이 소용돌이쳐서 빨아들이면 저도 같이 들어가고 물이 나를 물속에서 밀어내면 저도 같이 그 물길을 따라 나옵니다. 물의 도를 따라서 그것을 사사롭게 여기지 않습니다. 이것이 제가 물을 건너는 방법입니다."

흥미로운 것은 들뢰즈 역시 장자의 '수영 이야기'를 거의 그대로 반복하고 있다는 점이다.

수영하는 사람의 운동은 물결의 운동과 닮지 않았다. 정확히 말하자면 우리가 모래사장에서 재생하는 수영교사의 운동은 물결의 운동에 비하면 아무것도 아니다. 우리가 그 물결의 운동에 대응하는 방법을 배우는 것은, 실천적 상황 안에서 그 운동들을 어떤 기호들처럼 파악할 때나 가능한 일이다. …… 의식-운동(idéo-motricité)이란 것은 없다. 오로지 감각-운동(sensori-motricité)만이 있을 뿐이다. —들뢰즈, 『차이와 반복』

심재라는 개념에 익숙해진 우리에게 '의식-운동'은 없고 오직 '감각-운동'만이 있다는 들뢰즈의 이야기는 전혀 낯설지 않다. 예를 들어 수영 교본이 있다고 해보자. 우리는 의식적으로 그 교본을 숙지할 수 있다. 만약 수영하는 방법을 그 교본으로부터 완전히 배웠다고 가정해 보자. 이 경우 과연 우리는 수영을 잘 할 수 있을까? 불행히도 쉽게 그럴 수는 없는 법이다. 오히려 교본을 통해 익힌 이런 식의 '의식-운동'은 실제 수영을 하려는 우리에게 하나의 장애물로 작용하게 될 뿐이다. 그렇다면 육지와는 전적으로 다른 규칙 하에 움직이는 물 속에서 능숙하게 수영하기 위해, 우리는 어떻게 해야 할까? 물에서의 삶이 육지처럼 편해지려면, 우리는 물이 함축하고 있는 다양한 물결들의 흐름, 그 각각의 차이 나는 흐름들을 그대로 받아들여야만 한다. 들뢰즈가 '감각-운동'을 따로 이야기했던 것도 바로 이런 이유에서이다.

그렇다면 들뢰즈의 말대로 '의식-운동'을 없애고서 '감각-운동'만을 활성화시킨다면 우리는 과연 수영을 잘 할 수 있을까? 이 점 역시 꼭 그렇지 않다. 마음을 비우고 물에 뛰어들었다고 해서, 우리가 저절로 수영을 능숙하게 잘 할 수 있는 것은 아니기 때문이다. 극단적으로 말해 우리는 물에 빠져 죽을 수도 있다. 이런 불확실성 속에서 우리가 물이라는 타자와 조화로운 관계를 맺을 수 있게 된다면 사실 그것은 일종의 행운이라고밖에 말할 수 없을 것이다. 여기서 우리는 심재라는 망각의 수양론으로서도 모든 것이 완수되지 않으리라는 점을 어렴풋이 예감할 수 있다. 따라서 우리는 잠시라도 장자에게 있어서 '망각'의 심리 상태가 최종 목적이 아니었다는 점을 잊어서는 안 된다. 그것은 여전히 타자와의 새로운 연결을 가능하도록 하는 필요조건에 불과하기 때문이다.

## 3. 날개 없이 나는 방법

꿈에서 깨어나면 우리는 삶의 세계에 적나라하게 내던져진다. 이제 우리는 매순간 예기치 못한 타자와 마주치게 될 것이다. 이제 어떻게 타자와 관계하면 될까? 나와 타자, 우리 모두에게 바람직한 관계를 맺을 수 있는 방법이란 무엇일까? 이런 질문에 답하기에 앞서 우리는 다음과 같은 근본적인 질문 하나에 답할 필요가 있다. 왜 우리는 타자와 관계해야만 하는가? 아쉽게도 우리는 이 질문에 대한 장자의 답을 쉽게 확인할 수 없다. 그러나 장자와 마찬가지로 삶의 철학을 피력했던 스피노자의 입장을 살펴봄으로써 우리는 장자의 속내를 나름대로 짐작해 볼 수 있다.

우리들은 자신들의 존재를 유지하기 위하여 바깥에 있는 것을 아무것도 필요로 하지 않는다고 말할 수 없으며, 바깥에 있는 사물과 아무런 상관이 없이 생활한다고 말할 수 없다. 그리고 더욱이 우리들의 정신을 살펴볼 경우 만일 정신이 홀로 존재하고 자기 자신만을 인식한다고 하면, 확실히 우리의 지식은 더 불완전해질 것이다. 그러므로 우리들의 바깥에는 우리들에게 유익한 것, 즉 우리들이 추구할 만한 것이 많이 주어져 있다. 그 중에서 우리들의 본성과 전적으로 일치하는 것보다 더 가치 있는 것은 생각해낼 수가 없을 것이다. 왜냐하면 만일 전적으로 본성이 똑같은 두 개체가 서로 결합한다면 단독의 개체보다 두 배의 능력을 가진 개체가 될 것이기 때문이다. 그러므로 인간에게는 인간 자신보다 더 유익한 것이 하나도 없다. ―스피노자, 『에티카』

스피노자나 장자에게 있어 우리의 삶은 유한한 것이다. 이 말은 우리의 바깥에 타자가 존재한다는 것을 의미한다. 사실 우리의 삶 자체가 타자와의 모종의 관계를 통해서만 유지되고 증진될 수 있는 것이 아닌가? 그렇다면 문제는 간단하다. 우리는 우리 자신의 삶의 역량을 증진시키기 위해서라도 타자와 관계 맺지 않을 수 없다. 그렇다면 어떤 관계를 맺어야 우리는 자신의 삶을 행복하게 영위할 수 있는가? 스피노자에 따르면 가장 바람직한 관계는 물론 개체 자신의 존재를 지속적으로 유지시키고 증진시킬 수 있는 것이어야만 한다. 이것은 사실 매우 자명한 이야기 같아 보이지만, 동시에 혁명적인 생각을 함축한 주장이기도 하다. 한 개체의 존재를 유지시킬 수 없는 관계는 지속될 이유도 없고, 또 지속되어서도 안 된다는 강한 전제를 피력하고 있기 때문이다.

내면화된 공동체의 규칙을 꿈이라고 조롱했을 때, 장자가 의도했던 것도 바로 이 점이다. 만약 맹목적으로 따르고 있는 아비투스가 자신이나 타자의 삶을 증진시킬 수 있는 것이라면, 그것은 꿈이라고 조롱받을 이유가 전혀 없을 것이다. 그러나 그것이 꿈이라고 불리는 이유는, 기존의 모든 공동체가 자신이나 타자의 삶을 부정하는 방식으로 기능하고 있었기 때문이다. 이런 이유로 장자는 항상 새로운 관계, 즉 자유로운 연대를 모색하지 않을 수 없었다. 물론 그러기 위해 우리는 우선 망각의 수양론을 거쳐 타자와 직면할 수 있어야만 한다. 우리는 장자가 말한 타자와의 연결이란 것이 단순한 윤리적 결단을 넘어선 문제라고 말할 수 있다. 왜냐하면 그것은 삶을 보호하고 증진시키기 위한 개체의 불가피한 선택을 의미하기 때문이다.

진정 문제가 되는 것은 타자와의 새로운 연결이다. 비록 그 또한 쉬운 일은 아니겠지만 망각은 우리의 노력에 의해서 어느 정도 가능한 것이다. 반면 타자와의 새로운 연결이란 쉬운 일이 아닐 뿐만 아니라 일종의 위험한 비약을 통해서만 가능한 것이다. 어떤 사람과 악수하는 경우를 생각해 보자. 나는 그에게 먼저 손을 내밀 수 있다. 그러나 이것으로 악수가 이루어질 수는 없는 법이다. 오직 부끄럽게 내민 나의 손을 그가 잡아주었을 경우에만, 악수는 완수될 수 있기 때문이다. 타자와의 새로운 연결이 항상 위험으로 가득 찬 모험일 수밖에 없는 이유가 바로 여기에 있다. 그것은 일종의 비약, 혹은 축복이나 행운을 통해서만 실현 가능한 것이다.

앞에서 살펴본 '심재 이야기'는 전체 에피소드의 전반부에 해당한다. 그러나 장자의 속내는 사실 이 에피소드 후반부에 이르러서야 분명하게 등장한다고 말할 수 있다.


공자가 대답했다. "이제 되었다. 내가 너에게 말하고 싶은 것이 있구나! 네가 위나라에 들어가 그 새장 안에서 노닐 때, 이름 같은 데에서 영향을 받아서는 안 된다는 말이다. 받아 주거든 유세하고, 받아주지 않거든 멈추어라. 문도 없애고 언덕도 없애서 마음을 전일하게 하여 부득이(不得已)한 일에만 깃든다면 괜찮을 것이다. ……너는 날개가 있는 것이 난다는 것을 들어보았겠지만, 날개가 없이 난다는 것은 들어보지 못했을 것이다. 너는 앎으로써 안다는 것은 들어보았겠지만, 알지 못함으로써 안다는 것은 들어보지 못했을 것이다." ―「인간세」

夫子曰, 盡矣. 吾語若! 若能入遊其樊而無感其名. 入則鳴, 不入則
부자왈 진의 오어약 약능입유기번이무감기명 입즉명 불입즉
止. 無門無毒, 一宅而寓於不得已, 則幾矣. …… 聞以有翼飛者矣,
지 무문무독 일택이우어부득이 즉기의 문이유익비자의
未聞以无翼飛者也. 聞以有知知者矣, 未聞以无知知者也.
미문이무익비자야 문이유지지자의 미문이무지지자야


불행히도 지금까지 장자를 연구했던 많은 연구자들은 '심재 이야기'의 전반부, 즉 망각이란 테마에만 관심을 집중시켰다. 그러나 이런 시선 속에서라면 심재는 우리의 모든 삶을 행복하게 만들어 주는 만병통치약인 것처럼 보일 수도 있을 것이다. 하지만 장자는 우리의 삶이 유한하다는 것, 그리고 타자와 마주칠 수밖에 없다는 사실을 누구보다도 분명하게 통찰했던 사람이다. 그런 그에게 있어 심재란 잘 말해야 유아론적 형이상학, 즉 꿈으로부터 깨어난 상태에 지나지 않는 것이었다. 물론 그렇다고 해서 심재라고 불리는 망각의 수양론이 중요하지 않았다는 말은 결코 아니다. 심재라는 수양 과정을 성공적으로 완수한다면, 우리는 타자의 소리를 민감하게 들을 준비를 갖춘 셈이기 때문이다.

한편 심재라는 수양론으로 모든 문제가 끝난 것 역시 아니다. 이제 진정으로 중요한 문제, 우리를 고뇌에 빠뜨리는 구체적 타자와의

관계 문제가 여전히 남아 있기 때문이다. 공자는 안회가 위나라라는 다른 규칙을 가진 공동체로 들어갈 준비를, 다시 말해 위나라 군주라는 새로운 타자를 만날 준비를 갖추었다고 이야기한다. 이미 안회는 자신의 자의식을 망각했기 때문이다. 심재라는 수양을 완수한 안회에게 공자는 이제 자신이 진정으로 말하고 싶었던 이야기를 시작하고 있다. 어떻게 하면 우리는 타자와 제대로 마주칠 수 있을까? 이런 의문에 대한 답을 기대하며, 우리는 이어지는 공자의 이야기를 꼼꼼히 살펴보게 된다. 그러나 얼마 지나지 않아 우리는 공자의 대답에 당혹감을 느끼지 않을 수 없다. 타자와 관계할 수 있는 어떤 일관된 방법도 제안되어 있지 않기 때문이다. 공자에 따르면 안회가 할 수 있는 최선의 것은 어떤 선입견도 갖지 않고 위나라 군주를 만나서 그의 타자성에 몸을 맡기는 것이다.

공자의 입을 빌려 장자는 우리에게 다음과 같이 이야기할 뿐이다. "문도 없애고 언덕도 없애서 마음을 전일하게 하여 부득이(不得已)한 일에만 깃든다면 괜찮을 것이다." 여기서 문이란 타자에게로 이르는 유일한 통로를, 언덕은 먼 곳을 조망하기에 좋은 높은 장소를 의미한다. 결국 문이나 언덕은 어떤 초월적 지평을 상징한다고도 말할 수 있다. 물론 우리는 이런 초월적 지평이 유아론적 꿈에 불과하다는 것을 이미 잘 알고 있다. 장자에 따르면 일체의 초월적 지평은 타자를 만나는 데 도움이 되기는커녕 오히려 장애가 되는 법이다. 그렇다면 결국 우리에게 남는 글귀는 "마음을 전일하게 하여 부득이한 일에만 깃들어라"라는 교훈이라고 할 수 있다. '마음을 전일하게 하라'는 것이 심재의 마음 상태를 계속 유지하라는 의미라면, '부득이한 일에만 깃들어라'라는 것은 타자성에 몸을 맡기라는 말이다. 여기서 '부득이'(不得已)라는 개념이 매우 중요하다. 이것은 글자 그대로 "내가 멈출[已] 수 없는 것", 즉 내가 어떤 노력을 해도 바꿀 수·없는 타자성을 상징하는 것이기 때문이다.

결국 장자는 우리에게 타자를 읽으려는 섬세한 마음을 가지고 타자에 몸을 맡기는 방법 이외에 별다른 방법이 없다고 이야기한다. 장자의 방법이 '목숨을 건 비약(salto mortale)'일 수밖에 없는 이유가 바로 이런 데 있다. 사실 그가 제안한 방법은 '방법 아닌 방법'이라고 이야기할 수 있을 것이다. 우리는 '이렇게 하면 되겠지'라고 섣부르게 생각했던 모든 방법들을 부단히 제거해야만 하고, 어떤 매개도 없이 그냥 타자에게로 비약해 가는 위험을 감수해야만 한다. 그래서 장자는 공자의 입을 빌려 자신의 최종적인 조언을 다음과 같이 표현한다. "날개가 없이 날아라!" 타자와의 연결을 보장하는 미리 설정된 어떤 매개도 우리에게는 존재하지 않는다. 사실 타자와 연결될 수 있는 매개가 미리 존재한다면, 그 타자는 사실 진정한 의미의 타자일 수 없는 법이다. 이미 그는 나와 동일한 공동체의 규칙을 공유하고 있을 것이기 때문이다.

이제 우리는 '심재 이야기'를 통해서 장자가 하고 싶었던 이야기를 모두 들은 셈이다. 그는 우리에게 간결하지만 심오한 삶의 강령을 다음과 같이 선포하고 있다. "잊어라! 그리고 연결하라!" 바로 이 때문에 장자의 슬로건은 '소통'(疏通)이라는 한 개념으로 압축될 수 있다. 이 개념은 '막힌 것을 터버린다'는 '소'(疏) 개념과 '타자와 연결한다'는 '통'(通)이란 개념의 합성어다. '트임'이라는 타자로의 개방성을 상징하는 '소' 개념은 결국 '비움'[虛]이라는 망각의 수양론을 함축하고 있다. 우리는 먼저 자신을 터서 비워야만 한다. 오직 그럴 때에만 우리는 타자와 '연결될 수 있는' 가능성을 확보할 수 있을 것이다. 결국 비움은 타자에게로 비약할 수 있는 가벼움을 우리에게 제공해 주기 때문이다. 무거운 짐을 지고서 우리는 타자와 나 사이에서 혀를 널름거리고 있는 깊은 협곡을 건너뛸 수 없을 것이다. 그러나 절대 잊지 말도록 하자! 트였다고 할지라도 우리가 저절로 타자와 연결되지는 않는다는 점을. 무거운 짐을 훌훌 벗어던졌다고 해도, 우리가 건너야 할 깊은 협곡은 여전히 우리 앞에 놓여 있기 때문이다. 트임과 비움은 단지 타자와 연결되기 위한 하나의 필요조건에 지나지 않는다. 여기서 우리는 다시 한번 심호흡을 가다듬고 새롭게 비약을 준비해야만 한다. 우리는 타자에게로 "날개 없이 날아야"만 하는 것이다.

**길 위의 발자국**

눈밭 위로 누군가가 걸어갔던 발자국이 보인다. 길에는 두 종류가 있다. 이미 누군가에 의해 만들어진 길이 있는가 하면, 아직 보이지 않지만 우리가 걸어가서 만들어야만 하는 길이 있다. 앞의 길은 안전하고 편안하지만, 뒤의 길은 위험하고 불안하기만 하다. 그러나 우리는 위험을 감내하고 길을 만들어 가야만 한다. 우리의 삶이 꼭두각시로 전락하는 것을 바라지 않는다면 말이다.

# 8장_소통의 흔적, 도(道)

라이프니츠가 사실명제를 분석명제로 간주했을 때, 다시 말해 '루비콘 강을 건넜다'는 것이 '케사르'라는 주어에 포함되어 있다고 생각했을 때, 그는 사후적인 입장(ex post facto stance)에서 이야기하고 있었던 것이다. 본질은 결과에서 나타난다는 헤겔의 경우도 이와 마찬가지이다. 헤겔은 현상과 물자체라는 칸트의 구별을 폐기했는데, 그것은 전자가 '이미 인식된 것'이고 후자는 '아직 인식되지 않은 것'에 불과한 것이기 때문이라는 것이다. 그러나 헤겔이 물자체를 폐기하도록 만든 이유는 그가 '절대정신'이라는 절대적 사후성의 입장에서 물자체를 사유했기 때문이다. ─가라타니 고진, 『트랜스 크리틱』

## 1. 초월에서 포월로

장자는 '소통'(疏通)을 지향했던 철학자였다. 그래서 그는 차이를 가로질러서 타자에 도달하려고 했던 것이다. 그러기에 앞서 그는 무엇보다도 먼저 타자의 차이를 우리 삶의 조건으로 발견해야만 했다. 그가 일체의 초월적 형이상학을 꿈이라고 비판할 수밖에 없었던 것도 바로 이런 이유에서이다. 초월적 형이상학은 타자의 차이를 부정하고 모든 것을 관통하는 일자의 동일성을 추구하기 때문이다. 그것이 주체의 동일성이든 아니면 절대자의 동일성이든 관계없이 상황은 마찬가지다. 이 점에서 소통의 철학은 형이상학으로부터 가장 멀리 떨어져 있는 사유 경향, 어쩌면 형이상학의 진정한 적이라고도 할 수 있을 것이다.

장자는 형이상학적 사유가 유아론적인 환각에 불과한 것이라고 조롱했다. 그가 보았을 때 형이상학은 특정한 공동체의 삶의 규칙을 절대화하고 신비화하는 사유에 불과했던 것이다. 그래서 형이상학은 결국 자신의 규칙을 함께 공유하지 않는 타자에 대한 폭력성을 숨길 수 없게 된다. 초월에 대한 김진석의 다음과 같은 니체적인 고발은 장자의 속내를 이해하는 데도 큰 도움을 준다.

땅에서 박박 또는 스물스물 기지도 않고 그냥 항상 당당하게 걷다가, 아니 걷는 꿈을 꾸다가, 수직적인 비상으로 이 땅을 위로 초월하는 꿈을 꾼 게 형이상학자였고 이상주의자였다. 실제로는 날아오르지도 못하고 초월하지도 못한 채, 땅에서 멀어지지도 못한 채, 땅 위에서 왔다 갔다 하면서. …… 그리고 따지고 보면 이 초월을 동경하는 태도는 형이상학자만의 태도가 아니라, 권력 지향적인 모든 일상인의 태도이기도 하다. 일상인들은 놀랍게도 형이상학의 환상 속에서 살지 않는가. 그러므로 형이상학의 이상이라고 정의될 수 있는 초월은, 그 철학적 규정 이전에, 이미 땅의 문제였고,

어떻게 땅에서 움직이는가라는 문제였으니, 놀랍지 않은가. ……
초월에서는 수직적인 상승과 승천이 목적과 오브제를 형성했지만,
포월에서는 그와 달리 넘어감이 수평적인 이동과 멀어짐의 과정을
지칭한다. 수직적인 올라감이 아니라 수평적인 건너감, 수평적인
가로질러 감이 그 운동의 중요한 방향이자 방식이다. 물론 이 수평
성이 모든 종류의 심화를 배제하는 것은 아니다. 다만 이 심화가
수평적 움직임과 함께 일어난다는 것이 중요하다. ―김진석, 『초월
에서 포월로』

　책 제목이 시사하는 것처럼 김진석은 수직적인 초월(超越)이 아
니라 수평적인 포월(匍越)이란 이념을 제안한다. 그것은 그가 형이상
학에서 일종의 지배의지를 읽어냈기 때문이다. 사실 형이상학자들의
지배의지는 공공연한 비밀이 된 지 오래이다. 우리는 플라톤이 자신
의 이데아론으로 결국 '철학자＝왕' 의 통치를 정당화했으며, 하이데
거도 자신의 심오한 존재론으로 결국 나치즘의 국가사회주의를 인정
했다는 것을 잘 알고 있다. 이것은 서양의 경우에만 한정되지 않는
다. 동양의 사유를 지배했던 유학자들도 본성이나 태극이란 논의를
통해 '성인(聖人)＝군주' 로 정식화되는 이데올로기를 정당화했다는
것은 이제 너무나도 유명한 일이 아닌가?
　그러나 김진석이 말한 것처럼 형이상학의 권력의지는 단순히 형
이상학자들만의 전유물이 결코 아니다. 그런 권력의지는 일상인의
태도에도 무의식적으로 깔려 있기 때문이다. 자신이 옳다고 생각하

는 것을 타자에게 강요하지 않는 사람이 도대체 몇이나 되겠는가? 김진석의 탁월한 점은 그가 일상인의 유아론적 태도에서 형이상학의 기원을 찾고 있다는 점이다. 그의 지적이 옳다면 그렇게 고귀해 보이는 형이상학마저도 하늘로부터 떨어진 것이 아니라, 땅에서 자라났다는 이야기가 된다. 이런 점에서 형이상학은 출생의 비밀을 숨기고 스스로 천상의 자식이라고 선전하는 허영의 학문이라고도 볼 수 있을 것이다.

그렇다면 여기서 궁금한 것이 한 가지 생긴다. 형이상학의 허영은 어떤 논리로 출현한 것일까? 우리는 장자의 '윤편(輪扁) 이야기'로부터 이 대답의 실마리를 찾을 수 있다.

환공(桓公)이 회당의 높은 곳에서 책을 읽고 있었고, 윤편(輪扁)은 회당 낮은 곳에서 수레를 깎고 있었다. 그는 자신의 나무망치와 끌을 밀쳐 두고 올라와서 환공에게 물었다. "공께서는 지금 무슨 말들을 읽고 계십니까?" 환공이 "성인의 말이다"라고 대답했다. 그러자 윤편이 "그 성인은 살아 있습니까?"라고 묻자 환공은 "그는 죽었다"라고 대답했다. 그러자 윤편은 말했다. "그렇다면 공께서 지금 읽고 있는 것은 옛 사람들의 찌꺼기가 아닙니까?" 그러자 환공이 말했다. "수레바퀴나 깎는 장인인 주제에 네가 지금 내가 읽고 있는 것을 논의하려고 하는가! 만일 네가 자신의 행위를 변명할 수 있다면 괜찮겠지만, 만일 그렇지 못하다면 너는 죽음을 면하지 못할 것이다." 그러자 윤편은 말했다. "저는 그것을 제 자신의 일에 근거해서 본 것입니다. 수레바퀴를 깎을 때 엉성하게 작업하면 헐렁해져 견고하게 되지 않고, 꼭 끼게 깎으면 빠듯해서 서로 들어맞지 않습니다. 엉성하지도 않고 꼭 끼지도 않게 작업하려면 저는 그것을 손으로 느끼고 마음으로 대응해야만 합니다. 그러나 그것은 입으로 설명할 수 없는 것입니다. 여기에 제가 저의 아들에게 전달할 수 없고 저의 아들도 또한 저에게서 배울 수 없는 기술〔數〕이 있습니다. 이것이 나이 70이 되도록 제가 직접 바퀴를 깎고 있는 이유입니다. 옛 사람은 자신이 전할 수 없는 것과 함께 이미 죽었습니다. 그렇다면 공께서는 지금 옛 사람들의 찌꺼기를 읽고 있는 것이 아닙니까?" ―「천도」

桓公讀書於堂上, 輪扁斲輪於堂下. 釋椎鑿而上, 問桓公曰, 敢問
환공독서어당상 윤편착륜어당하 석추착이상 문환공왈 감문

公之所讀者何言邪? 公曰, 聖人之言也. 曰, 聖人在乎? 公曰, 已死
공지소독자하언야 공왈 성인지언야 왈 성인재호 공왈 이사

矣. 曰, 然則君之所讀者, 古人之糟粕已夫! 桓公曰, 寡人讀書, 輪
의 왈 연즉군지소독자 고인지조박이부 환공왈 과인독서 윤

人安得議乎! 有說則可, 无說則死. 輪扁曰, 臣也以臣之事觀之. 斲
인안득의호 유설즉가 무설즉사 윤편왈 신야이신지사관지 착

輪, 徐則甘而不固, 疾則苦而不入. 不徐不疾, 得之於手而應於心.
륜 서즉감이불고 질즉고이불입 불서부질 득지어수이응어심

口不能言. 有數存焉於其間, 臣不能以喩臣之子, 臣之子亦不能受
구불능언 유수존언어기간 신불능이유신지자 신지자역불능수

之於臣. 是以行年七十而老斲輪. 古之人與其不可傳也死矣. 然則
지어신 시이행년칠십이노착륜 고지인여기불가전야사의 연즉

君之所讀者, 古人之糟粕已夫?
군지소독자 고인지조백이부


환공이라는 군주가 회당 높은 곳에서 경전을 읽고 있고, 반면 윤편이라는 장인은 회당 아래 낮은 곳에서 수레를 깎고 있다. 이 에피소드는 기본적으로 두 가지 대립적인 이미지들로 구성되어 있다. '군

주/장인', '높음/낮음' 그리고 '경전/수레'가 바로 그것이다. 여기에서 '군주', '높음' 그리고 '경전'이라는 계열이 수직적 초월을 상징한다면, '장인', '낮음' 그리고 '수레'라는 계열은 수평적 포월을 상징한다고 할 수 있다. 이곳에서 특히 중요한 것은 바로 경전이 가지고 있는 위상이다. 경전은 가장 완전한 인간이라고 숭상되는 성인(聖人)의 가르침을 담고 있는 텍스트이다. 그래서 경전을 통해 우리는 성인이 가르쳐 준, 어느 시대에나 혹은 어느 지역에서나 통용될 수 있는 삶의 지혜를 배울 수 있다. 그렇다면 군주로서의 환공이 경전을 읽는다는 것은 어떻게 보면 너무도 당연한 일이라고 하겠다. 그는 성인처럼 영원한 영향력을 가진 인물이 되려는 권력의지를 가지고 있기 때문이다.

그런데 이때 놀라운 사건이 일어난다. 윤편이란 장인이 성인과 경전의 권위를 정면에서 문제 삼고 있기 때문이다. 지금과는 달리 전국시대에는 장인은 '집안의 노예'〔家奴〕에 불과했던 미천한 신분의 존재였다. 그런데 지금 윤편이란 장인이 환공에게 "당신이 지금 읽고 있는 것은 옛사람의 찌꺼기에 불과하다"고 선언한 것이다. 우리가 여기서 주목해야 할 것은 윤편이 이런 결론에 앞서 환공에게 던졌던 아주 짧은 다음과 같은 물음이다. 윤편은 "성인은 살아 있습니까?"라고 묻자 환공은 당연하다는 듯이 "성인은 이미 죽었다"라고 대답한다. 바로 이런 답변을 듣고 윤편은 경전이란 성인의 찌꺼기에 불과한 것이라고 단언할 수 있었던 것이다.

성인도 인간인 이상, 특정한 시공간에서 살 수밖에 없었다. 그렇다면 그가 아무리 탁월한 지혜를 얻었다고 할지라도, 그것은 단지 그가 살았던 특정한 시공간에 한정된 의미를 지닐 수밖에 없을 것이다. 장인 윤편에 따르면 환공은 경전의 가르침을 자신이 살고 있는 시공간에도 모두 적용 가능한 것으로 보는 환각에 빠져 있다. 이때 환각에 빠져 있다는 조롱을 받고 환공이 화를 내는 것도 역시 당연하다. 그는 명색이 군주이고 윤편은 비천한 장인에 불과하지 않았는가? 환공이 변명의 기회를 주자 윤편은 기다렸다는 듯이 진정한 삶의 지혜를 자신의 군주에게 이야기해 준다. 물론 그것은 장자가 말하고 싶었던 '소통'의 진리이다. 그가 수레바퀴를 능숙하게 깎을 수 있게 된 이유는, 그가 장자가 말한 삶의 강령을 충실히 따랐기 때문이다. '잊으라! 그리고 연결하라!' 마침내 그는 어느 순간부터 수레바퀴를 "손으로 느끼고 마음으로 대응할 수 있게" 된 것이다. 물론 여기서의 마음이란 타자의 미세한 소리들에 민감하게 반응할 수 있는 그런 비워진 마음을 가리킨다.

문제는 그가 자신의 이런 숙련된 기술을 자식을 포함한 어느 누구에게도 언어적 방법으로는 전달할 수 없었다는 점이다. 왜 그럴까? 그것은 언어라는 것이 자신과 수레바퀴 사이의 소통에 대한 찌꺼기에 불과한 것이기 때문이다. 윤편의 아들은 자신의 아버지로부터 수레바퀴를 깎는 방법을 분명 들었을 것이다. 그러나 비법을 전해 들었다고 할지라도, 윤편의 아들이 아버지처럼 능숙하게 바퀴를 깎을 수는 없는 법이다. 윤편과 그의 아들 사이의 관계는, 성인과 환공 사이의 관계보다 시공간적으로 더 가깝다는 것을 생각해 보라. 그렇다면 환공이 성인의 경전을 읽는다고 해서 그가 훌륭한 통치자가 될 수 없다는 것은 너무도 자명하지 않은가? 이렇게 윤편은 환공이 읽고 있던 경전이 결국 찌꺼기일 수밖에 없는 이유를 논리 정연하게 설명했던 것이다.

## 2. 우발적인 마주침

윤편처럼 능숙하게 수레바퀴를 깎으려면 누구든지 자기 스스로의 힘으로 소통을 시도해야 한다. 물론 윤편은 『수레바퀴를 잘 깎는 방법』이란 책을 저술할 수도 있었을 것이다. 그의 책은 수레바퀴를 깎는 작업에 착수한 신참자에게 도움이 되었을 수도 있다. 그러나 이 책은 그와 나무 사이에 이루어졌던 소통의 흔적, 소통의 사후적 기록일 뿐이다. 만약 다른 신참자들이 진정한 고수가 되려고 한다면, 그들은 어느 순간 윤편의 방법마저도 버려야만 할 것이다. '수영 이야기'에서도 우리는 비슷한 교훈을 얻었던 적이 있다. 아무리 수영 교본을 철저하게 암기한다고 해도, 그것이 실제로 수영을 잘 하는 것과는 아직 분명한 거리가 있다. 오히려 머릿속에 각인된 수영하는 방법은 실제로 수영하는 데에 장애가 될 가능성이 높다. 수영 교본의 지적은 물에서 펼쳐지는 다양한 흐름들을 민감하게 지각하는 데 방해가 될 것이기 때문이다.

　과거에 성인이 존재했다는 것은 분명 사실일 수 있다. 성인으로 불렸던 사람들은 동시대의 타자들과 누구보다도 능숙하게 소통할 수 있었던 삶의 달인들이었다. 결국 성인이란 존재는 초월보다는 포월의 결과였던 셈이다. 여기에 성인의 진정한 심오함이 있다. 이것은 김진석의 말을 따른다면 "수평적 움직임과 함께 일어나는", 타자와 소통함으로써 발생하는 심오함이다. 소통에서 발생하는 심오함에서 타자와 마주쳤다는 사실이 간과될 때, 포월의 심오함은 곧 초월의 심오함으로 변질된다. 경전을 보편적인 진리로 확신했던 환공이 빠졌던 오류도 바로 여기에 있다. 그는 성인의 지혜가 타자와 소통한 결과로 발생한 것일 뿐임을 모르고서, 성인의 지혜를 절대적인 것으로 신비화했기 때문이다. 이런 점에서 알튀세르(L. Althusser, 1918~1990)의 '우발성의 철학' 혹은 '마주침의 유물론'(matérialisme de la rencontre)을 음미해 보는 것은 매우 시사적이다.

편의(Déviation)가 한 세계를 탄생시키는, 하나의 마주침을 발생시키는 것이기 위해서 이 마주침은 지속적인 것이어야 한다. 이것은 '짧은 마주침'이 아니라, 모든 현실, 모든 필연성, 모든 의미 그리고 모든 근거의 토대가 되는 '지속적인 마주침'이어야 한다. 그러나 마주침이 지속되지 않을 수도 있으며, 그러면 세계는 존재하지 않을 것이다. …… 세계는 '이미 만들어진 사실'(le fait accompli), 일단 사실이 완성된 후에 그 속에 근거, 의미, 필연성, 목적의 지배가 확립되는 이미 만들어진 사실이라고 말할 수 있다. 그러나 사실의 이런 완성은 우연의 순수한 효과일 뿐이다. 왜냐하면 그것은 클리나멘(Clinamen)의 편의에서 기인하는 원자들의 우발적 마주침에 의존하기 때문이다. 사실의 완성 이전에는, 세계가 있기 전에는, 사실의 '아직 이루어지지 않음'(non-accomplishment)만이, 원자들의 비현실적인 실존에 불과한 '비(非) 세계'만이 있을 뿐이다. ─알튀세르, 「마주침의 유물론이라는 은밀한 흐름」(『철학과 맑스주의』)

잘 알려져 있는 것처럼 알튀세르는 맑스(K. Marx, 1818~1883)의 정치경제학에 철학적 체계를 부여하려고 평생 노력했던 우리 시대 가장 중요한 철학자 가운데 한 사람이다. 마침내 그의 시도는 「마주침의 유물론이라는 은밀한 흐름」이란 논문으로 결실을 맺게 된다. 그에 따르면 서양철학사에는 한 가지 숨겨진 흐름이 있었는데, 그것은 바로 에피쿠로스(Epicuros, BC 341~BC 270), 루크레티우스(Lucretius, BC 94?~BC 55?), 마키아벨리(N. Machiavelli, 1469~1527), 홉스(T. Hobbes, 1588~1679), 스피노자, 루소(J. J. Rousseau, 1712~1778), 맑스, 하이데거, 들뢰즈, 그리고 데리다(J. Derrida, 1930~2004)로 이어지는 '마주침'과 '우발성'을 강조한 사유 전통이었다. 알튀세르는 에피쿠로스의 사유가 이런 은밀한 사유 전통을 상징적으로 보여 주고 있다고 생각했다.

에피쿠로스에 따르면 세계가 형성되기 이전에 원자들은 마치 비처럼 평행으로 떨어지는 상태에 있었다. 그런데 어느 순간 이 원자들 중 하나가 평행에서 조금 이탈한 운동을 하게 된다. 이 작은 차이, 거의 느껴지지도 않을 것 같은 이 미세한 편차를 에피쿠로스는 '클리나

멘'이라고 정의한다. 클리나멘이 발생하자마자 원자들의 마주침은 불가피하게 된다. 이렇게 마주친 원자들은 결합하고, 다른 원자들과 다시 마주침으로써 우리가 알고 있는 세계로 이루어진 것이다. 이런 에피쿠로스의 생각이 중요한 이유는 무엇일까? 그것은 우리가 세계로부터 읽어내려고 하는 '근거, 의미, 필연성, 목표' 등이 단순히 '우연의 순수한 효과'일 뿐이라는 점이다.

알튀세르의 '마주침의 유물론'이 의미 있는 이유는, 그의 사유를 통해서 우리가 플라톤으로부터 헤겔에 이르는 서양 형이상학 사유 전통을 비판할 수 있는 강력한 이론적 틀을 얻을 수 있기 때문이다. 그러나 보다 중요한 점은 그의 사유가 새로운 실천적 조망을 열어 놓을 수 있다는 점이다. 이미 만들어진 세계는 항상 새롭게 만들 수 있다. 그것은 절대적인 세계가 아니라 어떤 우발적인 마주침의 효과로서 출현한 것이기 때문이다. 전통 형이상학자들은 이미 만들어진 세계를 정당화하기 위해 '근거, 의미, 필연성, 목표'를 마치 신처럼 절대화해 버렸다. 새로운 마주침을 통해서 다른 세계를 만들려면, 우리는 무엇보다도 먼저 세계에 부여된 이런 의미들을 제거해야만 한다. 오직 이런 공백을 가지게 될 때에만 우리는 새로운 마주침을 끈덕지게 지속시키면서 세계를 구성할 수 있을 것이다.

알튀세르의 마주침은 존재론적 층위에서 논의된 것이다. 그렇지만 구체적으로 표현한다면 이 마주침이란 사실 타자와의 마주침일 수밖에 없는 것이다. 가라타니 고진이 지적했던 것처럼 이 마주침은 '어둠 속의 도약'과도 같은 것이다.

만약 하나하나의 '어둠 속의 도약'을 사후적으로 정당화하고 규칙화하는 사고를 헤겔의 변증법에서 발견한다면 그것은 헤겔에 대한 비판이다. 또 불변의 동일성(이데아적 규칙·의미)을 배후에 상정해 버린 사고를 플라톤에게서 발견한다면 그것은 플라톤에 대한 비판이다. 그렇지만 이처럼 특정한 이름이나 시기에 이 문제를 한정할 필요는 전혀 없다. 이런 종류의 사고는 '서양 형이상학'에만 고유한 것이 아니기 때문이다. ─ 고진, 『탐구』 I

헤겔(G. W. F. Hegel, 1770~1831)의 변증법은 타자와의 마주침으로부터 발생하는 논리였다고 할 수 있다. 우리는 타자와 마주치면서 자신뿐만 아니라 타자를 이해하게 된다. 예를 들어 미국인이란 타자를 만나면, 우리는 자신이 한국인으로서 지금까지 어떤 삶을 영위하고 있었는지를 자각하게 된다. 우리는 김치를 먹으며, 한국어를 사용하고 있으며, 한국적인 삶의 양식을 따르고 있었다는 것을 알게 된다. 그러나 다른 타자를 만나게 되면 우리의 자기 이해 과정은 전혀 다른 내용을 가질 수 있다. 이렇게 타자와 마주치는 과정을 지속한다면, 마침내 우리는 자신에 대한 절대적인 이해의 지평에까지 도달하게 될 것이다.

헤겔은 최종적으로 도래하는 절대적인 이해의 지평을 '절대정신'이라고 불렀다. 여기까지는 아무런 상관이 없다. 그저 그는 한 명의 낙관주의자였다고 말할 수 있기 때문이다. 그러나 그는 이 절대정신이 우리 정신 속에서 현실화되지 않은 채로 이미 계속 존재해 왔었다고 주장한다. 여기에서 그는 초월적인 관념론자 혹은 절대적인 관념론자의 길을 걸어가기 시작한다. 헤겔의 이런 전도된 생각은 고진의 말대로 "하나하나의 어둠 속의 도약을 사후적으로 정당화하는 것"에 지나지 않는 것이다. 『자본론』의 서문에서 맑스가 헤겔의 변증법이 거꾸로 되어 있다고 비판했을 때 그가 지적했던 것도 바로 이런 점이었다.

'수영 이야기'를 다시 한번 생각해 보자. 물이라는 타자와 소통하여 우리는 수영의 달인이 될 수 있다. 이럴 경우 헤겔의 논리를 적용한다면 우리는 이미 수영을 할 수 있는 본성을 가지고 있었다는 말이 된다. 그러나 이 이야기에서 중요한 것은 물과 소통하려는 노력에도 불구하고 우리가 수영을 배우는 데 실패할 수도 있다는 점이다. 다시 말해 우리는 물과 소통하는 데 성공할 수도 있고 아니면 실패할 수도 있다.

만약 전자의 경우라면 이것은 우리가 '어둠 속의 도약', 장자의 표현을 빌리자면 '날개 없이 나는' 소통의 과정에 성공했다는 것을 말해준다. 반면 후자의 경우라면 우리는 수영 배우기를 포기할 수도 있고, 심할 경우 물에 빠져 죽을 수도 있을 것이다. 그렇다면 헤겔로 대표되는 형이상학적 사유 전통은 소통이 잘 이루어졌던 경우에만 주목했을 뿐이다. 뿐만 아니라 이런 소통의 필연적 원인이 마치 처음부터 우리에게 내재했던 것처럼 신비화한다. 형이상학적 사유의 맹점은 '어둠 속의 도약', 즉 타자와의 우연한 소통의 과정을 은폐하려는 데서 분명히 드러난다.

## 3. 포정이 소에서 본 것

흥미로운 것은 형이상학을 해체하는 전략이 김진석, 알튀세르 그리고 고진에게 있어 거의 동일한 논리로 수행된다는 점이다. 김진석은 형이상학이 지향하는 수직적 초월이 사실 수평적 포월을 사후적으로 정당화하는 데서 유래했다고 이야기한다. 그리고 알튀세르는 형이상학이 숭상하는 모든 의미가 우발적인 마주침의 결과를 절대화하면서 출현한 것에 지나지 않는다고 폭로한다. 가라타니 고진 역시 형이상학이 강조하는 불변의 동일성은 '어둠 속의 도약'을 은폐하면서 출현했다는 것을 지적한다.

수평적 포월, 우발적 마주침 그리고 어둠 속의 도약은 모두 타자와의 차이를 전제로 해서만 의미를 가지는 논리이다. 이런 표현들은 모두 장자가 말한 '소통'의 논리에 포섭될 수 있는 것이다. 이 점에서 2천여 년 전에 살았던 고독한 철학자 장자의 사유는 탁월한 보편성을 가졌다고 평가할 수 있을 것이다.

도(道)가 무엇에 가리어져 진실한 도와 거짓된 도의 구분이 생긴 것일까? …… 도는 작은 것의 완성으로 가리어진다. …… 도는 걸어가는 데서 이루어지는 것이다. ─「제물론」

道惡乎隱而有眞僞? …… 道隱於小成. …… 道行之而成.
도 오 호 은 이 유 진 위       도 은 어 소 성       도 행 지 이 성

서양의 사유 전통에서 '근거, 의미, 필연성, 목적' 등이 불변하는

동일성으로 기능했던 것처럼, 동양의 사유 전통에서는 도(道)라는 범주가 그런 역할을 대신했다. 그래서 그런지 동양의 형이상학자들은 거의 예외 없이 이런 도를 발견하려고 부단히 애를 썼다. 그것이 내면 깊숙한 본성의 형식으로 내재해 있다고 주장하든, 아니면 만물을 생산하는 실재로서 초월해 있다고 주장하든. 이런 식의 사유에서는 도가 미리 존재하는 그 무엇으로 전제되어 있을 수밖에 없다. 여기서 우리는 동양철학 전통 내에서 장자의 예외적인 비범성을 어렵지 않게 알아차릴 수 있다. 장자만큼은 도란 미리 존재하는 것이 아니라, 우리가 걸어간 뒤에야 만들어지는 것이라고 분명히 주장하고 있기 때문이다. 그렇다면 장자의 도는 발견되어져야 하는 것이 아니라 새롭게 만들어져야 하는 것이라고 말할 수 있다.

이 점에서 '수영 이야기'는 여전히 좋은 사례가 될 수 있다. 수영을 능숙하게 하기 전에 이 사람은 육지라는 타자와의 소통에서 도를 구성했다. 그러나 육지의 도는 육지에서만 통용되는 것이다. 만약 물로 들어간다면 자신이 걸어가 만든 도는 전혀 적용되지 않을 수 있다. 이 경우 그는 매번 새로운 소통의 과정을 거치지 않을 수 없다. 그러나 흔히 사람들은 자신이 먼저 갖게 된 도를 진실한 도라고, 그렇지 않은 것을 거짓된 도라고 손쉽게 구분해 버린다. 이렇게 되면 결국 장자의 말대로 육지의 도, 즉 "작은 것의 완성" 하나만으로 진정한 의미의 "도는 가리어지게" 될 것이다.

우리는 "도는 걸어가는 데서 이루어진다"[道行之而成]는 장자의 주장으로부터 장밋빛 전망을 기대해서는 안 된다. 장자의 도는 항상

'타자와의 마주침'에 열려 있고, 나아가 '목숨을 건 비약'을 통해서만 만들어지는 것이기 때문이다. 하나의 상황을 가정해 보자. 히말라야 산맥의 어느 봉우리를 가는 도중 우리가 발자국들로 쭉 이어져 있는 길 하나를 발견했다고 해보자. 누군가 앞서 걸어갔기 때문에 내 눈앞에 발자국으로 만들어진 길이 이루어졌을 것이다. 자, 그럼 한번 생각해 보자. 어떤 이유로 그는 그곳을 가려고 했던 것일까? 그가 가려고 한 곳은 어디일까? 이런 궁금증을 가지고 그가 남긴 발자국을 따라가 보았는데, 얼마 지나지 않아 그의 발자국은 크레바스 앞에서 뚝 끊어져 버렸다. 그는 크레바스에 빠지기라도 한 것일까? 그렇다면 이 경우 그의 길(道)은 끊어져버린 것이 아닌가?

몰아치는 눈보라에 맞서 싸우며 전인미답의 발자국을 남기고 있는 사람을 생각해 보라. 바로 여기에 도, 즉 길은 걸어가야만 이루어진다는 장자 이야기의 숙명적 비극성이 있다. 어쩌면 장자가 권하는 길은 우리가 죽는 순간에야 끝나는 것인지도 모른다. 우리의 삶 자체는 거의 무한에 가까운 타자와의 연속적인 만남이기 때문이다. 이 점에서 장자의 도는 끝이 없는 과정이라고 설명될 수도 있겠다. 『장자』의 많은 에피소드들 중 가장 유명한 이야기, '포정 이야기'가 말하고자 했던 것도 바로 이 점이다.

제가 귀하게 여기는 것은 도(道)입니다. 기술을 넘어서는 것이지요. 제가 처음 소를 잡을 때는 눈에 보이는 것이 온통 소뿐이었습니다. 삼 년이 지나자 온전한 소가 보이지 않게 되었습니다. 지금은 신(神)으로 만날 뿐, 눈으로는 보지 않습니다. 감각 기관은 쉬고 신(神)이 원하는 대로 움직입니다. 하늘이 낸 결을 따라서 큰 틈바귀에 칼을 밀어 넣고 큰 구멍에 칼을 댑니다. 이렇게 정말 진실로 그러한 바에 따를 뿐, 아직 인대나 건을 베어 본 적이 없습니다. 큰 뼈야 말할 나위도 없지 않겠습니까? 훌륭한 요리사는 해마다 칼을 바꿉니다. 살을 가르기 때문입니다. 보통 요리사는 달마다 칼을 바꿉니다. 뼈를 자르기 때문입니다. 저는 지금까지 19년 동안 이 칼로 소를 수천 마리나 잡았습니다. 그러나 이 칼날은 이제 막 숫돌에 갈려 나온 것 같습니다. 소의 뼈마디에는 틈이 있고 이 칼날에는 두께가 없습니다. 두께 없는 칼날이 틈이 있는 뼈마디로 들어가니 텅 빈 것처럼 넓어서, 칼이 마음대로 놀 수 있는 여지가 생기는 것입니다. 그러기에 19년이 지났는데도 칼날이 이제 막 숫돌에 갈려 나온 것 같습니다. 그렇지만 매번 근육과 뼈가 닿은 곳에 이를 때마다 저는 다루기 어려움을 알고 두려워 조심합니다. 시선은 하는 일에만 멈추고 움직임은 느려집니다. 칼을 극히 미묘하게 놀리면 뼈와 살이 툭하고 갈라지는데 그 소리가 마치 흙덩이가 땅에 떨어지는 소리와도 같습니다. 칼을 들고 일어서서 사방을 둘러보고 잠시 머뭇거리다가 흐뭇한 마음으로 칼을 닦아 갈무리를 합니다. —「양생주」

臣之所好者道也. 進乎技矣. 始臣之解牛之時, 所見无非牛者. 三
신지소호자도야 진호기의 시신지해우지시 소견무비우자 삼
年之後, 未嘗見全牛也. 方今之時, 臣以神遇而不以目視. 官知止
년지후 미상견전우야 방금지시 신이신우이불이목시 관지지
而神欲行. 依乎天理, 批大郤, 導大窾. 因其固然, 技經肯綮之未嘗,
이신욕행 의호천리 비대각 도대관 인기고연 기경긍경지미상

而況大軱乎! 良庖歲更刀, 割也. 族庖月更刀, 折也. 今臣之刀十九
이 황 대 고 호   양 포 세 경 도   할 야   족 포 월 경 도   절 야   금 신 지 도 십 구

年矣, 所解數千牛矣. 而刀刃若新發於硎. 彼節者有閒, 而刀刃者
년 의   소 해 수 천 우 의   이 도 인 약 신 발 어 형   피 절 자 유 간   이 도 인 자

无厚. 以无厚入有閒. 恢恢乎其於遊刃必有餘地矣. 是以十九年而
무 후   이 무 후 입 유 간   회 회 호 기 어 유 인 필 유 여 지 의   시 이 십 구 년 이

刀刃若新發於硎. 雖然, 每至於族, 吾見其難爲, 怵然爲戒. 視爲止,
도 인 약 신 발 어 형   수 연   매 지 어 족   오 견 기 난 위   출 연 위 계   시 위 지

行爲遲. 動刀甚微, 謋然已解, 如土委地. 提刀而立, 爲之四顧, 爲
행 위 지   동 도 심 미   획 연 이 해   여 토 위 지   제 도 이 립   위 지 사 고   위

之躊躇滿志, 善刀而藏之.
지 주 저 만 지   선 도 이 장 지.

이 에피소드는 포정이 말한 것처럼 기술에 대한 이야기가 아니
라 도에 대한 이야기이다. "감각기관은 쉬고 신(神)이 원하는 대로 움
직입니다"라는 말에서 우리는 '심재 이야기'를 떠올려 볼 수 있다.
"귀로 듣지 말고 마음으로 들어라. 다음에는 마음으로 듣지 말고 기
(氣)로 들어라." 이미 우리는 기로 듣는다는 것이 타자로부터 나오는
수많은 미세한 소리들을 민감하게 지각하는 것임을 알고 있다. 지금
포정은 이것을 "신(神)이 원하는 대로 움직인다"라고 다르게 표현하
고 있을 뿐이다. 결국 포정 역시 장자가 권고했던 삶의 강령, 즉 '잊
어라! 그리고 연결하라!'라는 소통의 원리를 따르고 있는 셈이다. 지
금까지 포정은 자신의 자의식을 잊고 소라는 타자와 연결하기 위해
서 부단히 노력했을 것이다. 처음 소를 잡을 때부터 이제 칼날이 막
숫돌에 갈려 나온 것처럼 소를 잡게 되었을 때까지.

이제 포정은 능숙한 백정이 되었다. 그러나 지금 그에게 진정한
위기가 닥치고 있지 않은가? 포정의 도는 매번 기술로 추락할 위험
에 노출되어 있는 것이 아닌가? 언제든 "도는 작은 것의 완성으로 가

리어지는" 것이기 때문이다. 만약 '포정 이야기'가 여기서 끝났다면, 이 에피소드는 기술 이야기로만 기억되었을 것이다. 나아가 포정 그 자신도 "제가 귀하게 여기는 것은 도(道)입니다. 기술을 넘어서는 것이지요"라고 이야기한 말의 속내를 제대로 전달하지 못했을 것이다. 그러나 도가 도일 수 있는 이유는 그것이 타자와의 마주침과 타자로의 비약을 함축하고 있기 때문이다. "그렇지만 매번 근육과 뼈가 닿은 곳에 이를 때마다 저는 다루기 어려움을 알고 두려워 조심합니다"라는 포정의 말에서 우리는 그가 단순한 기술자가 아니라 도를 가지고 있었다는 것을 직감할 수 있다.

그는 타자의 미세한 소리 하나도 놓치지 않는 섬세한 마음을 가지고 있었다. 그리고 그 타자성에 다시 한번 온몸을 내던지려고 시도한다. 외부가 없을 때, 우리는 더 이상 걸어갈 수 없을 것이다. 마찬가지로 타자가 없을 때, 우리의 소통은 무의미해질 것이다. 그러나 우리에게 외부가 없는 것이 가능하기라도 한 일일까? 우리에게 마주칠 타자가 없다는 것 역시 가능한 일일까? 이 때문에 길은 계속 만들어질 수밖에 없다. 멈추는 순간, 길도 거기서 끊어지고 말 것이다. 그렇다면 장자의 이 말, "도는 걸어가는 데서 이루어진다"는 말은 얼마나 무서운 이야기인가?

**「춤」(앙리 마티스, 1910)**

역사가 시작된 이래로 옷은 인간을 사회적으로 구별하고 차별하는 중요한 수단이었다.
이것은 물론 자본주의 사회에서도 예외는 아니다. 비록 신분이나 역할을 표시하는 옷들
이 줄어들었다고 할지라도, 자본주의 사회에는 값비싼 옷이 그런 역할을 수행하고 있
다. 이 점에서 나체가 된다는 것은 사회적 억압과 차별에 대한 저항이라고 할 수 있다.
모든 인간이 비교할 수 없이 고유한 자신만의 육체를 발견할 때, 그리고 타자의 고유한
육체를 긍정할 때, 우리는 자유로운 삶의 연대를 구성할 수 있을 것이다. 나체는 가장
화려하고 행복한 옷, 옷 아닌 옷이라고 할 수 있을 것이다.

# 9장_ 자유로운 연대를 꿈꾸며

우리는 다음과 같은 문제를 제기하게 된다. 어떻게 우리가 본질이 없는 공동체, 즉 민중도 아니고 민족도 아니고 운명도 아니고 유적 인류도 아닌 공동체를 그 자체로 드러낼 수 있는가? 즉 어떤 본질을 실현하려는 의지로부터 유래하지 않는 정치학은 어떤 것일 수 있는가?—낭시, 『무위의 공동체』 (*La communauté désoeuvrée*)

## 1. 국가주의를 넘어서

장자가 제안한 삶의 강령은 단순하지만 강렬한 것이다. "잊어라! 그리고 연결하라!" 이 인상적인 강령으로부터 우리는 두 가지 쟁점을 읽어낼 수 있다. 하나는 역사성(historicity)이란 쟁점이고 다른 하나는 공동체(community)와 관련된 것이다. 기존 시스템의 규칙을 망각하고 타자와 새롭게 연결한다는 것 자체가 우리 삶에 '새로움'을 도입하려는 행위라고 할 수 있다. 새로움의 도입, 이것이야말로 역사를 가능하게 하는 원동력이 아닌가? 그러나 역사성이라는 테마보다 더 중요한 것은 연대라는 문제, 다시 말해 장자가 꿈꾸었던 새로운 공동체의 성격과 관련된 문제라고 할 수 있다.

이것은 아직까지 끈덕지게 지속되고 있는 장자에 대한 오래된 편견과도 관련된 문제이다. '망각'을 통해 장자는 삶의 세계를 초월하려고 했다는 오해가 아직도 지배적이기 때문이다. 물론 이런 오해는 장자가 '망각과 연결'이라는 두 가지 테마를 동시에 사유했다는 점을 간과할 때, 다시 말해 두 가지 테마 중 오직 '망각'만을 부각시킬 때 어쩔 수 없이 발생하는 것이다. 그러나 장자에게서 진정으로 중요한 것은 바로 '연결'이란 테마가 아니었던가? 그가 망각을 사유했던 것도 새로운 연결을 도모하기 위해서였다. 이 점에서 장자의 사유는 표면적인 인상과는 달리 상당히 정치적이며 동시에 혁명적인 성격을 가지고 있다고 하겠다.

그렇다면 장자가 집요하게 사유했던 새로운 연대란 무엇이었을까? 혹은 그가 단절하려고 했던 낡은 삶의 형식이란 어떤 것이었을까? 먼저 그의 이야기를 듣고 이 쟁점과 관련된 논의를 계속 진행해보자.

> 어리석은 자들은 자신들이 깨어 있다고 생각하고, 매우 자세하게 인식하고 있는 척하며 "왕이시여〔君〕!" "하인들아〔牧〕!"라고 말하는데, 진실로 교정할 수 없을 정도로 고루한 사람들이구나! ―「제물론」
>
> 愚者自以爲覺, 竊竊然知之, 君乎, 牧乎, 固哉!
> 우 자 자 이 위 각   절 절 연 지 지   군 호   목 호   고 재

장자는 국가의 위계질서를 꿈, 다시 말해 일종의 환각에 불과한 것이라고 말하고 있다. 장자는 자신이 극복하려고 했던 상태를 항상 꿈으로 비유하곤 한다. 그런데 지금 그는 정치적 위계질서 자체를 일종의 꿈이라고 이야기하고 있다. 이것은 그가 이미 국가주의(statism)로부터 상당히 멀리 떨어져 있다는 것을 말해 준다. 바로 여기에 장자의 근본성(radicality)이 있다. 지금 우리들 가운데서도 국가를 단절해야 할 대상으로 설정하고 있는 사람이 과연 몇이나 될까? 대부분의 사람들은 여전히 국가에 대해 회의적으로 사유하는 것 자체를 스스로 금기시하고 있지 않은가? 그런데 장자는 이 심각하고도 어려운 작업을 이미 수천 년 전에 수행하려고 했던 것이다.

그렇다면 국가주의라는 꿈으로부터 깨어날 때, 우리에게는 어떠한 정치적인 전망이 펼쳐질 것인가? 이런 질문에 성급하게 답하기 전에 우리는 국가주의의 작동 메커니즘, 나아가 왜 우리가 무의식적으로 국가를 문제삼기를 꺼리는지의 문제에 대해서 좀더 숙고해 볼 필요가 있다. 우리가 루소의 통찰에 주목하려는 것도 바로 이런 이유에서이다.

어떤 자가 폭력으로 지배하면, 다른 사람들은 다만 그 주먹에 굴복하여 한탄하면서 시달림을 받게 될 것이다. 이것은 우리 사회에서 흔히 볼 수 있는 일이다. 그러나 이런 일은 미개인 사이에서는 찾아볼 수 없다. 그들에게는 복종과 지배가 무엇인지 이해시키기조차 어려울 것이다. 어떤 사람이 남이 따온 과일이나 잡아 온 먹이 또는 은신처인 동굴을 빼앗을 수는 있을 것이다. 그렇지만 그가 어떻게 남들을 지속적으로 복종시킬 수 있겠는가? 게다가 아무것도 소유하지 않은 사람들 사이에 어떤 주종 관계의 사슬이 있을 수 있겠는가? 한 나무에서 쫓겨났다면 그때는 다른 나무로 옮겨가면 그만이다. …… 주종 관계란 사람들의 상호의존과 그들을 결합시키는 서로의 욕구가 있지 않으면 성립되지 않는다. 그러므로 어떤 사람을 복종시킨다는 것은, 미리 그를 다른 사람이 없이는 살아가지 못하는 처지에 두지 않는 한 불가능한 일이다. 이것은 누구나 알 수 있다. 그런데 이와 같은 처지는 자연 상태에서는 존재할 수 없으므로, 거기서는 누구나 구속에서 떠나 자유의 몸이며 강자의 법률이 무용지물이 되고 만다. ─루소, 『인간불평등기원론』

이 논의에서 우리가 먼저 주의해야 할 점이 하나 있다. 그것은 지금 루소가 과거 '자연 상태'가 실제로 존재했었다고 주장하는 것이 결코 아니라는 점이다. 단지 그는 권력의 메커니즘을 계보학적 입장에서 기술하기 위해서 '자연 상태'라는 조건을 가상적으로 도입하고 있을 뿐이다. 루소에 따르면 권력 관계, 즉 주종 관계는 기본적으로 폭력과 이에 근거한 결핍의 발생을 통해서만 작동한다. 이것이 바로 국가의 기원이기도 하다. 그런데 흥미로운 점은 결핍된 자들 스스로 이런 결핍을 자신의 탓으로 돌린다는 점에 있다. 마치 자신은 본성상 결핍된 존재인데, 이런 결핍은 오직 다른 사람을 통해서만 채워질 수 있다고 믿고 있는 것이다. 그러나 그렇게 결핍을 채워 주는 사람이 바로 결핍을 만든 장본인이 아니었던가?

여기에서 루소가 폭로하고 싶었던 것은 바로 국가의 작동 메커니즘이다. 그의 생각에 따르면 국가는 원초적인 폭력, 즉 원초적인 수탈을 통해서 피통치자들을 결핍의 상태로 만들고, 수탈한 것을 제한적으로 수탈당한 자들에게 재분배함으로써 피통치자들의 결핍 상태를 심화시키는 기구이다. 이러한 원초적 수탈과 재분배의 계속된 과정을 통해서 다른 사람 없이는 살 수 없는 불가피한 상호의존적 관계를 설정해 놓지 않았다면, 지배와 복종의 메커니즘은 작동할 수 없었을 것이다. 단지 오늘 하루 어떤 이가 나의 물건을 빼앗고 보금자리를 강탈해도 나는 다른 곳으로 도망가면 그뿐이다. 아니면 나 역시 다른 사람의 것을 빼앗을 수도 있다. 그러나 나의 것을 빼앗은 자가 역설적이게도 나를 도와주는 자가 된다면 나는 영원히 이런 예속의 굴레를 벗어나기 어려울 것이다. 그리고 어느 순간 나에게서 빼앗은 자들을, 오히려 나의 선천적 결핍을 채워 주는 은혜로운 자라고까지 착각하게 된다. 이 점과 관련해서 우리는 가라타니 고진의 다음과 같은 통찰이 루소의 입장을 더욱 명료화하는 데 많은 도움을 준다고 할 수 있다.

국가는 더 많이 그리고 계속해서 수탈하기 위해 재분배해 줌으로써 토지나 노동력의 재생산을 보장하고 관개 등 공공사업을 통해 농업생산력을 높이려고 한다. 그 결과로 국가는 수탈의 기관으로 보이지 않고, 오히려 농민이 영주의 보호에 대한 답례로 연공(年

貢)을 지불하는 것처럼 생각된다. 그렇기 때문에 일면적으로 국가는 초계급적이고 '이성적'인 것처럼 표상된다. 예컨대 유교가 그러한데, 치세자(治世者)의 '덕'(德)이 설파되기도 한다.—고진, 『일본정신의 기원』

고진에 따르면 국가는 기본적으로 약탈을 통해 힘의 우월성을 확보하고, 나아가 지속적이고 원활한 약탈을 보장하기 위해 재분배를 실시하는 폭력 기구이다. 문제는 피통치자가 갖게 되는 전도된 생각에 있다. 그들은 자신이 강제로 빼앗기고 있는 세금을 국가의 재분배 행위에 대한 타당한 대가라고 믿고 있기 때문이다. 이로부터 국가는 인간을 위해 존재한다는, 다시 말해 국가는 인간의 행복한 삶을 위한 수단에 불과하다는 오래된 착각이 발생하게 된 것이다. 중요한 것은 이런 착각으로부터 통치자와 피통치자라는 정치적 위계질서가 영속화되고, 나아가 피통치자는 이런 질서를 영원히 불변하는 것으로 받아들이게 된다는 점이다.

이렇게 되어 마침내 『자본론』에서 맑스가 이야기했던 상황이 도래하게 되었다. "어떤 인간이 왕이라는 것은 다만 다른 인간들이 신하로서 그를 상대해 주기 때문이다. 심지어 그들은 그가 왕이기 때문에 자기들이 신하가 아니면 안 된다고까지 믿고 있다." 바로 이 지점으로부터 국가가 함축하는 근원적인 폭력이 종교화되고 신비화되기 시작한다. 『헤겔 법철학 비판 서설』에서 맑스가 철학의 임무란 바로 이런 환각을 폭로하는 데 있다고 이야기했던 이유도 여기에 있을 것이다. 아마 알튀세르라면 국가를 우발적 마주침의 한 효과일 뿐이라고 그리고 국가주의는 국가를 절대화하기 위한 형이상학적 담론에 불과한 것이라고 지적했을 것이다.


## 2. 공백을 만드는 힘, 코나투스

장자에게 있어 국가와 그를 정당화하는 국가주의는 꿈에 불과한 것이다. 그렇다면 국가주의라는 꿈으로부터 깨어난다면, 장자는 어느 입장에 설 것인가? 장자에 대한 많은 연구자들이 주목하지도 못했고 숙고하려고 하지도 않았던 주제가 바로 이것이다. 그들은 장자에서 미학적인 해탈과 관련된 일종의 개인주의 혹은 자유주의라는 전망만을 보려고 한다. 그러나 이런 이해는 결국 연구자 본인이 국가를 숙고하는 것을 무의식적으로 꺼리고 있다는 사실을 드러내는 것이 아니겠는가?

국가주의를 첨예하게 문제 삼았던 장자에게 이런 소극적인 전망은 전혀 어울리지 않는다. 장자에게 있어 꿈에서 깨어난다는 것은 기본적으로 타자와 소통하기 위한 필요조건이었다. 이것은 결국 장자가 고독한 자유주의자에 머물 수 없다는 것을 이야기해 준다. 그는 타자와 소통하려고 할 것이고, 그 결과 국가주의와는 다른 새로운 공동체를 구성할 것이기 때문이다. 개념적으로 볼 때 소통은 비움과 연결이라는 두 가지 쟁점을 모두 함축하고 있다. 공동체라는 쟁점과 관련해서 살펴보자면, 비움의 대상은 기존에 당연한 것으로 전제되어 왔던 국가와 국가주의의 관념이라고 할 수 있다. 일단 이것을 비워내야 우리는 타자와의 새로운 연결을 꿈꿀 수 있게 될 것이다. 이 점과 관련해서 우리는 다시 한번 알튀세르의 이야기에 귀를 기울여 볼 필요가 있다.

> 코나투스(conatus)를 타고난, 다시 말해 자신의 존재를 집요하게 유지하려는 힘 및 의지 그리고 자신들의 '자유의 공간'을 마련하기 위하여 자기 앞을 비워 두려는 힘 및 의지를 타고난 개인들이 (나중에 마주치게 될) '사회의 원자들'이다. 원자화된 개인들, 그들의 운동의 조건으로서의 공백. —알튀세르, 「마주침의 유물론이라는 은밀한 흐름」(『철학과 맑스주의』)

노력과 힘을 의미하는 '코나투스'는 스피노자의 용어이다. 『에티카』에는 다음과 같은 정리가 등장한다. "각각의 사물이 자신의 존재를 끈덕지게 유지하려는 노력이 바로 그 사물의 현실적인 본질이다." 바로 이 노력이 '코나투스'를 의미한다. 그렇다면 '코나투스'에 대한 알튀세르의 이해는 매우 정확한 것이다. 그에 따르면 코나투스는 개체가 "자신의 존재를 집요하게 유지하려는 힘이자 의지"를 말하는 것이기 때문이다. 그러나 알튀세르는 스피노자의 코나투스에 대해 보다 더 철저하게 사유하려고 한다. 마침내 그는 코나투스에 결정적으로 중요한 한 가지 정의를 더 덧붙이게 된다. "자신들의 자유의 공간을 마련하기 위하여 자기 앞을 비워 두려는 힘 및 의지."

바로 이것이 알튀세르를 탁월한 정치철학자로 만드는 부분이자, 동시에 그가 장자의 사유와 얼마나 공명할 수 있는지를 명백하게 보여 주는 부분이기도 하다. 알튀세르의 코나투스를 다시 한번 생각해 보자. 그것은 개체가 자신을 유지하는 동시에 자유의 공간을 마련하기 위해서 자기 앞을 비워 두려는 힘이다. 이것은 무엇을 의미하는가? 첫째는 개체가 자신을 유지하기 위해서 자유의 공간이 필요하다는 것이고, 둘째는 자유의 공간을 확보하기 위해서 개체는 자신을 규정하는 기존의 공동체적 형식을 비워 두어야만 한다는 것이다. 물론 여기서 '자유의 공간'이란 국가라는 형식으로부터 가장 멀리 떨어져 있는 공동체의 형식을 의미할 것이다.

장자도 꿈꾸었을 '자유의 공간', 즉 국가주의로부터 벗어난 공동체란 어떤 모습을 하고 있을까? 이런 의문을 갖고 『장자』를 넘기다 보면, 우리는 의미심장한 '애태타(哀駘它) 이야기'를 발견하게 된다.


애태타가 어떤 주장을 내세운다는 이야기를 들어 본 적이 없다. 그는 항상 타인들과 화합할 따름이기 때문이다. 그에게는 사람을 죽음으로부터 구해낼 수 있는 군주의 지위도 없고, 타인의 배를 채워 줄 수 있는 재산도 없으며, 게다가 그의 추함은 이 세상을 놀라게 할 정도이다. 타인과 화합할 뿐 자신의 주장을 내세우지 않으며 그가 아는 것도 자신이 살고 있는 지역에 국한된 것인데도, 남녀들이 그의 앞에 모여들고 있다. —「덕충부」

未嘗有聞其唱者也. 常和人而已矣. 无君人之位以濟乎人之死, 无
미 상 유 문 기 창 자 야    상 화 인 이 기 의    무 군 인 지 위 이 제 호 인 지 사    무

聚祿以望人之腹, 又以惡駭天下. 和而不唱, 知不出乎四域, 且而
취 록 이 망 인 지 복   우 이 악 해 천 하    화 이 불 창   지 불 출 호 사 역   차 이
雌雄合乎前.
자 웅 합 호 전.

노나라에는 애태타라는 추남이 한 사람 살고 있었는데, 그는 비
움에 성공했던 사람인 것 같다. 그래서 그는 자신이 옳다고 생각하는
판단을 타인에게 강요하지 않았던 것이다. 이것은 그가 타인을 지배
하려고 하는 의지가 없다는 사실을 분명히 말해 주는 것이다. 오히려
그는 타인들이 발산하는 모든 미세한 기호들에 마음을 열어 두고, 그
들과 연결하는 데 성공했던 사람이라고 할 수 있다. 그렇다면 애태타
는 장자가 말한 소통의 진리를 실현한 사람이었던 것이다. 그런데 소
통의 진리를 실현한 것은 사실 그 개인의 문제가 아니었을까? 그럼
에도 불구하고 타인들은 왜 그에게 계속 몰려드는 것일까?

장자의 표현처럼 그에게는 타인을 죽이고 살릴 수 있는 군주의
권력도 없었고, 타인의 경제적 궁핍을 해결해 줄 수 있는 부유함도
없었다. 그렇다고 해서 육체적인 매력이 충만한 것도 결코 아니다.
그렇다면 어떻게 해서 애태타와 사람들 사이의 자발적인 연대가 가
능했던 것일까? 그것은 애태타가 알튀세르가 말한 것처럼 "자기 앞
을 비워 두는" 데 성공했고, 마침내 '자유의 공간'이라는 공백을 확보
할 수 있었던 사람이기 때문이다. 바로 이 자유의 공간으로 타인들이
몰려오는 것이며, 이 속에서 그 타인들은 자신의 삶을 긍정할 수 있
게 된 것이다. 장자는 자발적인 연대가 구성되는 이유를 다음과 같이
설명한다.

사람은 누구나 흐르는 물을 거울로 삼지 않고 고요한 물을 거울로 삼는다. 단지 고요한 것만이 고요해지려는 모든 것을 고요하게 할 수 있다. ―「덕충부」

人莫鑑於流水而鑑於止水. 唯止能止衆止.
인 막 감 어 류 수 이 감 어 지 수　유 지 능 지 중 지

물은 바람이 불면 동요하기 마련이다. 그러면 사람들은 그 물에 자신의 얼굴을 비추어 보려고 하지 않을 것이다. 여기서 바람은 권력, 부, 아름다움 등 일체의 초월적인 가치를 상징하는 것이다. 그렇다면 삶을 하나의 수단으로 격하시키는 일체의 초월적 이념들을 제거한 애태타의 마음은 파문이 일지 않은 고요한 물에 비유될 수 있겠다. 바로 이런 모습 때문에 사람들은 애태타에게 몰려들었던 것이다. 고요한 물에서 왜곡되지 않은 자신의 모습을 볼 수 있듯이, 그들은 애태타를 통해서 자신의 삶을 회복하고자 한 것이다.

그들은 애태타에게서 어떤 표준이나 전형을 본 것이 아니다. 다시 말해 그들은 삶이 지향해야 하는 초월적 목적을 그로부터 본 것이 아니라는 말이다. 그들은 오직 자신의 모습을 보았을 뿐이다. 늙었든 젊었든 아름답든 추하든 유한한 삶을 살아가는, 그 누구도 대신할 수 없는 고유한 삶을 사는 자기 모습을 본 것이다. 그 거울은 오직 자신의 모습만을 비추기에, 그 거울에는 비교할 만한 어떤 것도 존재하지 않는다. 그래서 그들은 가장 투명한 거울인 애태타에게로 모여드는 것이다. 무엇과도 환원불가능한 자신의 단독적인 삶 그리고 그 삶이 본질적으로 긍정적인 것이라는 것을 진정 확인하고 싶은 것이다.

장자에 따르면 자발적 연대가 가능하기 위해선 우선 권력, 부, 아름다움 등의 초월적 가치가 우리의 삶으로부터 제거되어야만 한다. 이것은 결국 그가 국가주의를 자발적 연대를 가로막는 가장 중요한 장애물의 하나로 인식했다는 것을 말해 준다. 흥미롭게도 장자의 이런 통찰은 군주제의 비밀을 폭로하려는 스피노자의 정신 속에서 그대로 반복되고 있다.

군주제의 커다란 비밀이자 그것의 버팀목은 사람들을 기만의 상태에 있도록 하는 것이고, 종교라는 허울 좋은 미명으로 사람들이 속박되도록 만드는 공포를 치장하는 것이다. 그래서 인간들은 자신들의 복종을 위해서, 마치 그것이 구원이라도 되는 것처럼 싸우게 되는 것이다. 나아가 그들은 군주 한 사람의 영광을 위해 자신의 피와 생명을 희생하는 것에 대해 어떤 수치심도 없고 오히려 그것을 지고한 영예로까지 여긴다. 그렇지만 자유로운 연합(commonwealth)에서는 더 이상 이런 비참한 정책이 고안되거나 시도되지 않는다. 시민의 자유로운 판단에 편견을 부여하거나 그것을 강제하는 것은 민중들의 자유와는 전적으로 양립 불가능한 것이기 때문이다. ─스피노자, 『신학─정치론』

국가주의에 대한 스피노자의 진단은 기본적으로 루소의 생각과 같은 맥락에 있다고 할 수 있다. 국가의 권력은 기본적으로 자유로운 사람들의 자유를 빼앗음으로써 성립되는 것이다. 그러나 자유를 빼앗긴 사람들은 자신이 자유를 자발적으로 양도한 것이라고 말하면서 스스로를 기만한다. 물론 그 대가로 국가는 피지배층에게 일정 정도의 권력, 부 그리고 미인을 제공하기 마련이다. 이로부터 국가는 피지배층을 위해서 존재한다는 전도된 생각이 출현한다. 이런 착각으로부터 피지배층은 국가나 군주를 위해서 목숨을 바치는 것은 당연한 일이며, 심지어 지고한 영광이라고까지 생각하게 된다. 그러나 스피노자에 따르면 이것은 국가에 대한 자신들의 복종을 마치 구원이라도 되는 것처럼 착각하는 것에 지나지 않는 것이다.

스피노자는 국가에 대립되는 자유로운 민중들의 연대로서 '자유로운 연합'을 이야기하고 있다. 그러나 '자유로운 연합'을 구성하기 위해서는 무엇보다도 먼저 국가주의에 대한 전도된 생각 자체를 비워내야만 한다. 그래서 알튀세르는 자유로운 개체들의 코나투스에 "자기 앞을 비워 두려는 힘 및 의지"라는 정의를 덧붙였던 것이다. 오직 그렇게 비워낼 때에만 '자유로운 연합', 다시 말해서 알튀세르가 이야기했던 '자유의 공간'이 도래할 수 있기 때문이다. 이제 애태타를 중심으로 구성되는 새로운 연대가 어떠한 함의를 가지고 있는지가 보다 명확해졌다. 애태타가 열어 놓은 비움의 공간, 혹은 소통의 공간은 기존의 국가 형식의 공동체를 벗어난 자유로운 개인들의 공동체였던 것이다. 이 공간에서 국가주의라는 마법에 걸렸던 개인들은 이제 그 환각으로부터 깨어나 자신들의 코나투스를 자각하게 된다. 마침내 그들은 자신의 삶을 긍정하는 공동체를 구성하는 데 성공한 것이다.

## 3. 무위의 공동체를 위해서

드디어 우리는 장자가 제안했던 삶의 강령, 즉 "잊어라! 그리고 연결하라!"의 최종적 지향점이 어디에 있는지를 알게 되었다. 그것은 국가주의를 넘어서 자유로운 개인들의 공동체를 구성하려는 것이었다. 이 새로운 공동체에서 개인들은 지금까지 빼앗겨 왔던 삶을 되찾을 수 있을 것이다. 국가주의 속에서 개인들의 삶은 기본적으로 국가나 국가가 설정해 놓은 가치를 위하여 기꺼이 희생되어도 좋을 수단에 지나지 않은 것이었다. 그러나 이제 새로운 공동체에서 각 개인은 자신의 삶을 무엇과도 바꿀 수 없는 숭고한 목적으로 긍정하게 될 것이다. 현대 프랑스 철학자 낭시(J. L. Nancy, 1940~)는 이런 새로운 공동체를 "무위의 공동체"(La communauté désoeuvrée)라고 부른 적이 있다.

> 우리는 다음과 같은 공식을 쓸 수도 있겠다. 유한성(finitude), 즉 무한한 동일성의 무한한 결여가 공동체를 만드는 것이다. 다시 말해 공동체는 어떤 것의 철회나 제거를 통해서 만들어지거나 형성되는 것이다. 이 어떤 것을 나는 '작업'(oeuvre)이라고 부른다. 그것은 공동체에서 실행되는 무한한 동일성일 수 있기 때문이다. 우리의 모든 정치적 프로그램들은 이런 작업을 함축하고 있다. 그것이 작업하는 공동체의 생산물이든지 아니면 작업 그 자체로서의 공동체이든지 간에 상관없이 말이다. …… 단일한 것(몸, 마음, 조

국, 지도자 등등)이 된 공동체는 필연적으로 '공동–내의–존재'(être-en-commun)의 '내'(en)를 상실하게 된다. 혹은 이런 공동체는 '공동–내의–존재'를 정의하는 '함께'(avec)를 상실하게 된다. 그래서 이런 공동체는 '함께–존재함'(être-avec)을 '함께 함의 존재'로 양도하고 만다. 이와는 반대로 공동체의 진실은 그런 존재로부터 벗어남에 달려 있는 것이다. 이런 벗어남은 타자와 더불어 자신이 될 수 있는 기묘한 가능성을 열어 놓으며 지속적으로 그것을 열어 놓은 채로 있도록 만들 수 있기 때문이다. ─낭시, 『무위의 공동체』

낭시에게 있어 유한성은 무한한 동일성의 무한한 결여라고 정의된다. 여기서 무한한 동일성은 모든 것에 적용되는 것으로 간주되는 초월적인 원리를 상징하고 있다. 이것을 장자라면 아마도 꿈이라고 불렀을 것이다. 따라서 본성상 유아론적인 초월적 원리를 무한히 거부하였을 때에만 우리에게는 진정한 의미의 유한성이 도래할 수 있다. 이 점에서 낭시의 무한한 결여는 장자의 비움[虛]이나 알튀세르의 '비워 두려는 힘'이 가지고 있던 철학적 함축을 공유하고 있는 것이라고 할 수 있겠다.

낭시 역시 초월적 원리에 포섭되지 않는 차이와 타자를 긍정하고 있고, 마주침을 통해서 새로운 연대를 도모하려고 시도한다. "유한성이 공동체를 만든다"라고 말했을 때, 분명 낭시는 타자와 마주쳐서 연결되는 공동체를 염두에 두었을 것이기 때문이다. 그러나 이렇게 구성된 공동체는 어떤 단일한 원리에 의해 지배되는 공동체는 결코 아니다. 단일한 원리에 의해 지배되는 공동체 속에서는 나뿐만 아니라 타자도 모두 단일한 원리에 복종하는 존재로 전락할 수밖에 없다. 낭시가 나와 타자 사이의 연대를 '공동-내의-존재'로 규정하고 있는 것도 바로 이런 이유 때문이다.

낭시에게 있어 '내'(en)라는 개념은 자유와 연대, 혹은 분리와 결합을 동시에 함축하는 개념이다. 연대가 하나의 초월적 원리로 묶이게 되면, '공동-내의-존재'는 '공동-존재'로 변질하기 쉽다. 낭시의 표현을 빌리자면 '함께-존재함'이 '함께함의 존재'로 변질될 수 있다는 것이다. 결국 이런 식으로 가족, 민족, 국가, 인류 등의 초월적인 원리들이 발생한 것이 아니겠는가? 초월적 원리들을 현실화하는 과정이 바로 낭시가 말한 '작업'(oeuvre)의 과정이다. 동양의 전통적인 용어를 빌리자면 '작업'이란 개념은 '유위'(有爲)라는 개념으로 옮겨질 수 있을 것이다.

어떤 초월적인 목적을 지향하는 작업 속에서 개체들은 자신의 삶을 긍정할 수가 없다. 이런 작업 속에서 우리나 타자의 삶은 단지 초월적 원리라는 숭고한 목적에 종사해야만 하는 수단으로 변질되기 때문이다. 이런 이유 때문에 낭시는 '무위(無爲)의 공동체'를 이야기한다. 이 무위의 공동체는 자신과 타자의 삶을 위해서 초월적인 원리나 목적을 거부한다. 따라서 무위의 공동체는 타자와의 마주침과 연대를 위해서 국가주의와 부단히 싸우려는 개체들의 공동체라 불릴 수 있다.

한순간 자신의 삶을 긍정하는 것만으로 결코 충분하지 않다. 이 것은 우리가 기본적으로 유한한 존재이기 때문이다. 자신의 삶을 지속적으로 긍정하기 위해서 우리에게는 타자와의 연대가 불가피한 일이다. 낭시가 많은 오해에도 불구하고 공동체라는 개념을 다시 꺼내든 것도 바로 이 때문일 것이다. 이 점에서는 장자 또한 마찬가지였다. '애태타 이야기'의 주인공 애태타에 대해 간결하게 논평하고 있는 장자의 다음 말을 들어 보자.

마음이 조화롭고 즐겁도록 하고 타자와 연결하여 그 즐거움을 잃지 않도록 해야 한다. 또한 밤낮으로 틈이 없도록 하여 타자와 더불어 봄이 되도록 해야 한다. 이런 사람이 바로 타자와 마주쳐서 마음에 봄이라는 때를 생성시킬 수 있는 사람이다. —「덕충부」

使之和豫, 通而不失於兌. 使日夜无郤而與物爲春. 是接而生時於
사 지 화 예  통 이 불 실 어 태   사 일 야 무 극 이 여 물 위 춘   시 접 이 생 시 어
心者也.
심 자 야

장자가 권하고 있는 소통의 진리는 우리에게 개인적인 즐거움과 동시에 연대의 즐거움을 가져다 준다. 비움이라는 망각의 수양론을 통해서 우리는 국가주의를 포함한 일체의 꿈으로부터 벗어나게 된다. 이 지점으로부터 우리는 자신의 삶을 수단이 아닌 목적으로 되찾기 시작할 것이다. 또한 바로 이 지점에서부터 우리의 삶은 즐거움으로 충만하게 될 것이다. 나아가 우리는 연결이라는 실천적 강령을 통해서 타자로 하여금 삶을 되찾도록 하고, 나 또한 그와의 연대를 통

해 스스로의 즐거움을 지속시킬 수 있을 것이다. 이런 점에서 "타자와 더불어 봄이 되도록 해야 한다"〔與物爲春〕는 장자의 이야기가 중요하다. 이 표현에는 장자철학의 최종적인 지향점이 압축되어 있기 때문이다.

많은 연구자들은 장자가 자족적인 즐거움이나 주관적이고 심미적인 기쁨을 도모했다고 이야기해 왔다. 그러나 장자의 기쁨은 기본적으로 타자와의 마주침과 삶의 고양으로부터 유래하는 것이다. 그래서 타자와의 연결 혹은 연대가 봄〔春〕이 되어야 한다는 그의 이야기를 다시 한번 숙고해 볼 필요가 있다. 이것은 물론 나의 삶이 타자와의 연대를 통해서 경쾌해지고 활발해져야 한다는 것을 의미하는 것이기도 하다. 그렇다면 장자의 생각은 스피노자가 지향했던 기쁨의 윤리학과 태생적으로 동일한 것이었다고도 말할 수 있을 것이다. 현대의 가장 탁월한 스피노자주의자인 들뢰즈의 이야기를 들어 보도록 하자.

우리가 우리의 신체와 적합하지 않은 외부 신체를 만날 때(즉 그 신체의 관계가 우리 신체의 관계와 결합하지 않을 때) 모든 것은, 마치 그 신체의 능력이 우리의 능력에 대립하여 그것을 삭제하고 고정시키는 것처럼 진행된다. 이때 우리의 행위능력은 감소하거나 방해받는다고 말해지며, 이에 상응하는 정념들은 '슬픔'에 속한다고 일컬어진다. 반대로 우리의 본성에 적합한 신체를 만날 때, 즉 그 관계가 우리의 관계와 결합할 때 그 신체의 능력은 우리의 능력에

첨가된다고 말할 수 있다. 이와 같은 방식으로 우리를 변용시키는 정념은 '기쁨'에 속하며, 우리의 행위능력은 증가되고 도움을 얻게 된다. ─들뢰즈, 『스피노자의 철학』

알튀세르의 지적처럼 마주치지 않고 평행으로 진행하는 개체들은 아무런 의미가 없는 것이다. 비록 이 개체들에게 코나투스, 즉 삶의 힘이 내재되어 있다고 할지라도 말이다. 일단 개체들은 마주쳐야만 한다. 스피노자에 따르면 이런 개체들 사이에 이루어지는 우발적인 마주침에는 이론상 두 가지 종류가 있을 수 있다. 하나는 우리의 코나투스가 억제되는 마주침이고, 다른 하나는 반대로 우리의 코나투스가 증진되는 마주침이다. 스피노자에 따르면 우리는 전자에서 '슬픔'을, 그리고 후자에서 '기쁨'을 느끼게 된다. 결국 장자와 마찬가지로 스피노자에게도 기쁨이란 마주침으로부터 유래하는 삶의 고양에서 발생하는 것이었다.

우리는 스피노자라는 다리를 거쳐 장자가 모색했던 소통의 철학, 즉 그가 꿈꾸었던 삶과 연대의 모습을 이해할 수 있었다. 스피노자와 마찬가지로 장자 역시 기쁨의 윤리학을 지향했던 삶의 철학자였다. 기쁨의 윤리학이 가능하기 위해서, 다른 무엇보다도 자유로운 개체들의 마주침과 연대가 필수적이다. 그렇다면 이제 우리에게 남은 일은 장자가 권고한 즐거운 연대의 가능성을 실천하는 일일 것이다. 그러나 이 과정은 얼마나 멀고도 힘든 길일까? 자신을 포기할 정도로 치열해야만 하는 망각의 수양론, 날개 없이 비약하는 새처럼 타자로 뛰어들어야만 하는 용기와 결단, 그리고 나의 손을 잡아 줄 타자를 마냥 기다려야 하는 초조함. 이 모든 시련을 지혜와 용기를 가지고 통과할 때, 우리에게는 어느 순간 장자가 이야기한 봄이 분명 도래하게 될 것이다.

# 에필로그_겨울바람을 뒤로 하고

죽령휴게소를 출발해서 비로봉 정상에 이르고, 다시 정상에서부터 비로사(毘盧寺)라는 사찰에 이르는 소백산 겨울 산행에는 대략 8시간 정도가 소요된다. 산행 길에는 눈 덮인 제2연화봉, 제1연화봉 그리고 마지막 종착지인 비로봉이 연이어 눈앞에 펼쳐질 것이다. 특히 연화봉에서 비로봉까지의 구간에서 나는 크고 작은 봉우리들이 솟아 있는 가느다란 능선을 타야만 한다. 멀리 눈 덮인 비로봉의 위엄 있는 자태를 바라보면서 말이다. 물론 이 구간의 능선은 가령 설악산의 공룡능선만큼 험한 편은 아니다. 그러나 겨울에는 상황이 뒤집힌다. 바로 이 구간에서 나는 북쪽 완만한 경사로부터 불어오는 강력한 겨울바람에 쉴 새 없이 부딪히기 때문이다. 이 정도로 강력한 바람은 공룡능선에서도 찾기 힘들 정도이다. 그 매서운 바람소리에 고개를 단양 쪽으로는 돌릴 수도 없다.

　많은 사람들이 산행에 대해 오해하고 있는 것이 하나 있다. 그것은 산행의 묘미를 산의 정상에 올랐다는 희열에서 찾으려는 생각이다. 그러나 사실 산행의 진정한 즐거움은 우리의 마음을 철저하게 비우도록 하는 데 있다. 특히나 험준한 산은 우리에게 하염없이 겸손하기를 요구하며, 일체의 잡념을 허락하지도 않는다. 겨울 소백산 능선에서의 겨울바람은 나의 혼을 빼놓는다. 마치 바람이 모든 찌꺼기와 먼지를 쓸어가듯이, 능선에서 마주친 여러 바람들은 나 자신을 비우게 만들어 버린다. 아니, 나 자신이란 생각마저도 허용하지 않는다. 아마 대붕(大鵬)이 구만리 창공으로 상승하였을 때의 상태도 이와 유사한 것이리라. 그 아찔함과 아득함이라니. 마치 커다란 짐승이 울부짖는 소리처럼 들리는 바람소리를 뒤로 한 채, 나는 한 걸음 한 걸음 비로봉에 접근해 가고 있다.

비로봉 정상으로 가는 길에는 관리하는 사람이 없어서 지금은 버려져 있는 조그만 산장 하나가 있다. 이 산장을 지나고 나면 곧 비로봉 정상으로 가는 눈 덮인 계단들이 내 눈앞으로 펼쳐진다. 약 10분 정도 걸리는 정상까지 이르는 계단 길, 그런데 이곳에서 역시 나를 날려 버릴 것 같은 바람이 등 뒤에서 휘몰아친다. 잠시 다른 생각을 하면 어느 새 나의 몸은 봉 뜨듯이 옆쪽으로 1, 2미터씩 밀려가기 일쑤이다. 마치 하늘 높은 곳까지 나를 날려 보내려는 듯 등 뒤에서 불어오는 바람은 어느새 비로봉 정상까지 나를 떠밀어 올려다 준다. 이런 표현은 단순히 비유가 아니다. 겨울에 소백산을 올랐던 사람들은 누구나 바람이 자신을 정상에 올려놓는 것과 같은 느낌을 받았을 것이다.

비로봉 정상에서 바람은 더욱 거세고 무섭기만 하다. 이곳에서 나는 온갖 종류의 바람소리를 다 들을 수 있을 것만 같다. 그러나 이 곳에서는 잠시 동안이라도 자세를 유지하고 서 있는 것 자체가 힘들다. 어쩔 수 없이 나는 바람소리의 포효를 뒤로 하고 정상을 떠나 남쪽을 향하여 하산 길을 잡는다. 그 길이 비로사로 가는 길이다. 그런데 하산 길에 접어들자마자 놀랍게도 지금까지 미친 듯이 날뛰던 바람이 급속도로 잦아든다. 강력한 바람들의 비명소리에 물들어서인지, 나의 귀에는 여전히 아무런 소리도 들리질 않는다. 정신이 멍하다. 그저 '횡횡' 하는 바람소리의 흔적만이 나의 귓가를 때리고 있을 뿐이다.

* * *

무섭게 몰아치는 바람소리를 뒤로 하며 하산하는 순간, 나에게는 불현듯 하늘의 피리소리, 즉 천뢰(天籟)에 관한 장자의 이야기가 떠올랐다. 독자들은 분명히 기억할 것이다. 「제물론」에서 남곽자기가 자신의 제자인 안성자유에게 천뢰에 대해서 이야기했던 구절을. "만 가지로 다르게 소리를 내지만 모두 자신으로부터 연유한 것이다. 모두 스스로 초래한 소리라면, 그렇게 소리 나도록 한 것은 무엇인가?" 사실 남곽자기는 자신이 진정 말하고 싶었던 이야기를 바람 이야기로 다 풀어낸 셈이다.

수많은 바람소리는 다양한 바람들과 다양한 구멍들의 우발적인 마주침으로 생성되는 법이다. 우리 역시 타자와 우발적으로 마주치고 결합함으로써만 새로운 소리를 만들 수 있는 존재이다. 그렇지만 스승의 바람 이야기를 들은 제자 안성자유는 여전히 자신의 무지를 드러내고 있을 뿐이다. 그는 '땅의 피리'〔地籟〕와 '사람의 피리'〔人籟〕는 이해하겠는데 '하늘의 피리'〔天籟〕에 대해서는 모르겠다고 하소연한다. 그러나 진정 중요한 것은 땅, 사람, 하늘이라는 구분에 있지 않았다. 세상에 존재하는 모든 것을 비어 있는 피리〔籟〕로 보고 있는 남곽자기, 즉 장자 자신의 통찰이 의미심장한 것이다. 남곽자기는 이렇게 말했다. 수많은 소리를 내지만 그 소리를 모두 자신이 초래하는 피리, 즉 천뢰가 있다고. 그것은 바로 우리의 마음을 말한 것이다. 남곽자기는 제자와의 문답을 마치자, 이제 마음의 수많은 양태에 관해 이렇게 설명하고 있다.

> 기쁨, 노여움, 슬픔, 즐거움, 걱정, 염려, 변덕, 고집, 아첨, 오만, 허세, 가식 등과 같은 사람의 마음은 음악이 비어 있는 곳에서 나오고 버섯이 습한 데서 나오는 것처럼, 밤낮으로 우리 앞에 번갈아 나타나지만, 그것이 어디에서부터 싹터 나오는지 알지 못하겠구나!─「제물론」

> 喜怒哀樂, 慮嘆變慹, 姚佚啓態, 樂出虛, 蒸成菌, 日夜相代乎前,
> 희 노 애 락   려 탄 변 접   요 일 계 태   락 출 허   증 성 균   일 야 상 대 호 전
> 而莫知其所萌!
> 이 막 지 기 소 맹

이 세계의 모든 것이 그렇듯이, 사람도 하나의 피리이다. 우리는 그 피리를 마음이라고 부른다. 나무는 바람을 만나서 아름다운 소리

를 낼 수 있다. 그것은 나무가 비어 있는 구멍들을 가지고 있기 때문이다. 마찬가지로 우리는 타자와 만나서 아름다운 소리를 낼 수 있다. 그것은 우리의 마음이 비어 있는 피리와 같기 때문이다. 그러나 남곽자기가 지적했던 것처럼 우리는 비극적인 존재이기도 하다. 마주치는 타자가 없는데도 불구하고 소리를 만들어내고 있기 때문이다. 그러나 이 소리는 진정한 소리가 아니다. 진정한 소리는 타자와 만나면서 발생하는 것이어야만 한다. 그렇다면 타자와 마주치지 않았는데도 발생한 소리는 우리 스스로 만들어낸 소음일 뿐이다. 기쁨, 노여움, 슬픔, 즐거움, 걱정, 염려, 변덕, 고집, 아첨, 오만, 허세, 가식 등등. 이런 소음 속에서라면 우리가 타자와 마주친다고 해서 어떻게 아름다운 소리를 만들어낼 수 있겠는가? 비록 소리가 난다고 하더라도, 그 소리는 우리가 만들어낸 소음에 묻혀 결국 희미해질 수밖에 없을 것이다.

감정과 사려로 인해 막혀 버린 피리. 이것을 뚫으려고 하는 것, 그래서 속이 훤하게 뚫린 마음을 회복하자는 것. 바로 이것이 장자가 남곽자기의 입을 빌려 하고 싶었던 말이다. 소백산의 차가운 능선에서 내가 느꼈던 것도 바로 이것이다. 그 강력했던 겨울바람 그리고 찢어질 듯 포효하던 바람소리는 나의 속내를 텅 빈 피리처럼 만들었다. 때때로 강력한 바람소리는 내가 만들어내는 소음마저도 무력화시키는 법이다. 이와 달리 편안한 산책길은 나에게 상쾌함을 주기는커녕 오히려 온갖 상념들을 불러일으킬 뿐이다. 그러나 강력한 바람을 맞으며 칼날 같은 능선을 거닐 때, 나는 오직 한 걸음 한 걸음에 온 신경을 쓰게 된다. 조금만 잘못 발을 디디면 나는 능선의 어느 한쪽으로 몸이 기울 수도 있다. 이런 날카로운 긴장, 나의 온몸을 나의 발로 지탱하는 조심스러운 걸음 속에서 나의 마음은 비워진다. 마음이 비워지면서 나는 내가 지나가며 마주치는 모든 것들, 바람, 돌, 나무 등에 긴밀히 반응하기 시작한다. 나의 온 신경은 능선의 복잡다단한 경로를 수용하고, 거기서 만나는 모든 난관을 껴안고 걸음을 옮기도록 재촉한다.

*　*　*

피리 속을 비워야 하는 이유는 바람과 마주쳐 소리를 만들기 위해서이다. 마음이 비워져야 하는 이유도 이와 마찬가지이다. 비워짐은 열림과 동의어이다. 비워질 때에만 나는 마주치는 타자를 내 마음속에 담을 수 있는 법이다. 내 마음의 피리는 오직 그 경우에만 아름다운 소리를 내기 시작한다. 그렇다! 오직 이럴 때에만 나는 진정한 피리가 될 수 있을 것이다. 타자와 소통해서 만들어지는 연결과 연대의 아름답고 흥겨운 하모니! 소통(疏通)이란 말은 '트다'라는 의미와 '연결한다'라는 의미를 동시에 갖고 있다. 막혔던 것이 트여서 역동적으로 흘러가는 다양한 갈래의 물길을 생각해 보라. 우리는 우선 마음을 활짝 터서 타자와 연결해야만 한다. 그런데 타자와 연결하기 위해서 우리는 자신의 마음을 비울 필요가 있다. 『장자』라는 책 도처에서 '비움'(虛)이나 '망각'(忘)이, 그리고 이에 도달하려는 집요한 시

도가 등장하는 것도 이 때문이다.

장자가 비우거나 망각하려고 했던 것은 무엇일까? 표면적으로 그것은 우리의 내면으로부터 시끄럽게 울려 퍼지는 소음들인 것처럼 보인다. 그러나 중요한 것은 이런 소음들이 우리 자신이 가진 삶의 힘으로부터 표현된 것이 아니라, 초월적인 이념의 지배를 받을 때 발생하는 신음소리라는 점이다. 초월적인 이념을 절대적인 목적과 가치로 숭배할 때, 우리는 자신의 삶을 부정하게 된다. 결국 우리 내면의 소음들의 진정한 기원은 우리 자신의 삶 자체라기보다는 초월적 이념이었던 셈이다. 초월적 이념은 국가나 종교에 의해, 혹은 현재의 상황이라면 자본에 의해 만들어져서 우리 내면에 각인되어 있는 감시자라고 할 수 있다. 이 점에서 초월적 이념은 우리를 위해서 존재하는 것이 아니라, 국가, 종교, 자본에게 봉사하기 위해 고안된 것이라고 할 수 있다.

일체의 초월적 이념들이 주인 노릇을 할 때, 우리의 삶은 너무나 초라하고 부족하여 극복되어야만 하는 것으로 왜곡될 수밖에 없다. 장자는 바로 이런 전도된 상황을 뒤집어 삶의 긍정성을 회복하고 싶었던 것이다. 그래서 우리는 '비움'이나 '망각'으로부터 어떤 초월에의 의지도 발견해서는 안 된다. 그것은 수직적 상승이 아니라, 세계로의 수평적인 열림을 위한 첫 출발이기 때문이다. 비움을 통해서 우리는 초월적인 이념의 세계로부터 벗어나서 타자와 연결될 수 있는 가능성을 확보하게 될 것이다. 또한 '비움'이나 '망각'에서 우리는 허무주의적 비관론을 읽어내려고 해서는 안 된다. 우리가 비워야 하고 망각해야 하는 것은 우리 자신의 삶 자체가 아니다. 그것은 기본적으로 우리의 삶을 부정적인 것으로 폄하하도록 만드는 일체의 초월적 가치들이라고 할 수 있다. 결국 '비움'이나 '망각'으로부터 우리는 삶을 부정하는 일체의 권력을 단호하게 거부하려는 장자의 정신을 읽어내야만 한다.

'비움'이나 '망각'은 우리로 하여금 삶의 긍정성을 되찾도록 해준다. 그러나 긍정적인 삶은 고독 속에서는 지속적으로 유지되기 어렵다. 그것은 오직 자유로운 개체들의 새로운 연결이나 연대를 통해서만 안정적으로 확보될 수 있다. 사실 국가나 자본의 위협으로부터 쾌활한 삶을 지키기 위해서라도 그것에 저항할 수 있는 새로운 연대는 불가피하다고 하겠다. 장자가 국가나 일체의 초월적 이념에 의해 지배되지 않는 자유로운 연대를 모색했던 것도 바로 이 때문이었다. 물론 그것은 겉으로는 일종의 아나키즘적인 연대로 드러날 수밖에 없을 것이다. 바로 이 자유로운 연대에서 우리는 타자와 마주쳐서 아름다운 소리를 표현할 수 있는 삶의 힘을 유지할 수 있을 것이다. 장자의 사유는 초월주의나 허무주의와 전혀 무관한 것이다. 이 점이 분명해질 때, 그가 제안했던 소통의 진리는 우리의 시선에 명료한 모습으로 드러나게 될 것이다. '잊어라! 그리고 연결하라!'는 삶의 슬로건으로 표현될 수 있는 소통이란 강령은, 초월주의에 의해 빼앗겨서 왜곡된 삶의 긍정성을 되찾으려고 하는 삶의 의지에서 가능한 것이기 때문이다.

* * *

자. 이제 우리는 『장자』라는 거대한 산의 정상부에 이르렀다. 아마 모든 독자들이 나를 따라 동일하게 산 정상에 도달하지는 못했을 수도 있다. 그러나 아직 정상에 이르지 못한 독자들도 저 멀리 정상에 이르는 능선을 타고 힘들게 전진하고 있거나, 아니면 내가 만들어 놓은 휴식처에서 고단한 몸을 달래고 있을 것이다. 불행히도 나를 따라오려고 하지 않고, 다른 길로 빠져서 산속을 헤매고 있는 독자들도 있을 것이다. 어쨌든 여기까지 낙오하지 않고 함께 올라와 준 모든 독자들에게 나는 깊은 경의를 표한다. 이제 땀을 닦고 정상에 서 보라. 정상에서 불어오는 바람을 충분히 만끽하라! 장자도 만끽했을 상쾌하지만 강렬한 바람을! 이제 우리는 저 산 밑에서 전개되는 우리의 삶을 조망할 수 있는 충분한 고도를 확보하게 된 것이다. 우리에게는 마음이란 피리가 있다는 것 그리고 그 피리는 오직 타자와의 우발적인 마주침을 통해서만 아름다운 소리를 낼 수 있다는 것.

정상이 아닌 다른 봉우리들이 만들어내는 다양한 파노라마를 음미하는 기회도 놓쳐서는 안 된다. 여기에는 송견이라는 봉우리도, 양주라는 봉우리도 그리고 혜시라는 봉우리도 있을 것이다. 그러나 독자들이 반드시 응시해야 할 것은 바로 노자라는 봉우리일 것이다. 우리가 서 있는 장자라는 봉우리와는 전혀 다른 곳, 장자가 정상임에도 불구하고 2천여 년 동안 정상이라고 오해되었던 봉우리이기 때문이다. 노자와 장자가 그렇게도 오랜 시간 동안 혼동되었다는 사실, 이것은 우리가 그만큼 철학적 섬세함을 결여하고 있다는 증거이기도 하다. 표면적인 표현의 유사성에 현혹되어 노자와 장자 사이에 본질적인 차이가 있다는 점을 우리는 너무도 쉽게 망각하고 있었던 것이다. 군주와 국가를 위해 전개된 사유가 어떻게 개체와 소통을 꿈꾸던 사유와 혼동될 수 있겠는가! 도는 미리 존재하기 때문에 우리는 그 도를 찾으면 된다고 주장하는 사유가, 어떻게 도는 우리의 결단과 노력에 의해 사후적으로 구성된다고 주장하는 사유와 같을 수 있단 말인가!

우리는 자신이 장자라는 산에 애써 올랐던 이유를 한시라도 잊어서는 안 된다. 그것은 우리가 이 산이 다른 산들보다 우리의 삶을 제대로 조망할 수 있는 높이와 각도를 제공할 수 있다고 믿었기 때문이었다. 이제 우리는 충분히 장자가 던져 준 조망에 익숙해졌고, 마침내 장자라는 산을 내려가야 할 때가 된 것이다. 모든 산행이 그렇듯이 진정으로 위험한 순간이 다가오고 있다. 그것은 바로 하산 길이다. 이미 우리는 능선에 오르고, 이어서 세 개의 봉우리를 넘느라고 힘이 빠질 대로 빠져 있기 때문이다. 아주 조심스럽게 한 발 한 발 다시 내려가야만 한다. 경솔하게 내려갔다가는 길을 잃기 십상이다. 우리는 자신이 떠나왔던 삶의 세계로 제대로 복귀해야만 한다. 사실 우리는 삶의 세계에 다시 복귀하기 위해, 일순간 삶의 세계를 잠시 떠났던 것이 아닌가? 우리가 고뇌하며 살아야 할 곳, 그래서 오래 비워 둘 수 없는 곳, 타자가 우글거리는 거친 삶의 현장이 우리를 기다리고 있다. 산을 내려오는 우리에게는 아마 다음과 같은 생각들이 스쳐

지나갈 것이다. 어떻게 우리는 자신의 피리를 울릴 수 있겠는가? 소음으로 넘쳐나는 세상을 침묵시킬 수 있는 아름다운 소리를 내는 방법은 무엇일까? 이 세상 모든 피리들이 제각각 흥겨운 소리를 내도록 만들 수 있는 방법은 과연 무엇일까?

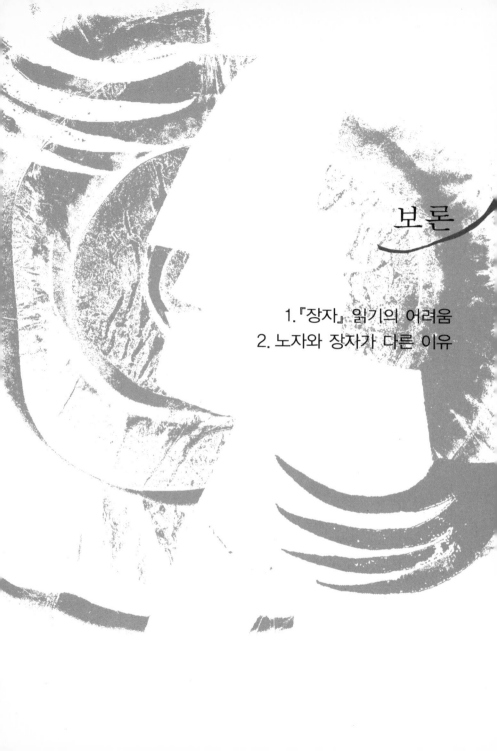

# 보론

# 보론 1_『장자』 읽기의 어려움

## 1. 장자에 대한 기존의 이해 방법

『장자』에 대한 기존의 연구들을 살펴보면 누구나 놀라지 않을 수 없을 것이다. 장자의 사상에 대한 규정들이 연구자들에 따라 천차만별이기 때문이다. 이런 다양한 연구 경향이 문제가 되는 것은, 이들의 입장이 정도 상의 차이만을 보이는 것이 아니라 장자의 사상 규정에 있어 양립하기 어려운 질적 차이를 보이고 있다는 데 있다. 그래서 마치 장자라는 사람은 횡설수설하는 정신분열자가 아니면 아무런 문제의식도 없는 백과사전 편찬자인 것처럼 보일 수 있다. 그러나 이것은 장자 본인의 문제점일까? 아니면 『장자』라는 텍스트 구성의 문제일까? 아니면 기존 연구자들의 연구 시선의 문제일까? 이에 대해 성급한 답을 내리기 전에, 여기서 잠깐 기존의 장자철학에 대한 연구 경향을 살펴보도록 하자. 지금까지의 연구 경향은 편의상 크게 두 가지 형태로 구별해서 살펴볼 수 있다. 첫째는 동양권에서 이루어진 연

**▶ 장자에 대한 동양의 세 가지 연구 경향**

| 연구경향 | 대표적인 연구자와 저서 |
|---|---|
| 본질주의 | 후쿠나가 미쓰지(福永光司), 『장자 : 난세의 철학』(임헌규 외 옮김, 민족사, 1991)<br>이강수, 『노자와 장자』(길, 1997) |
| 주관주의<br>(심미주의) | 牟宗三, 『才性與玄理』(臺北 : 臺灣學生書局, 1989)<br>高柏園, 『莊子內七篇思想硏究』(臺北 : 文津出版社, 1992)<br>김충렬, 『노장철학강의』(예문서원, 1995) |
| 절충주의 | 유소감(劉笑敢), 『장자철학』(최진석 옮김, 소나무, 1990)<br>진고응(陳鼓應), 『노장신론』(최진석 옮김, 소나무, 1997) |

구 경향이고 둘째는 서양권에서 이루어진 연구 경향이다.

동양의 연구 경향은 다시 세 가지의 입장으로 나누어 살펴볼 수 있다. 본질주의, 주관주의(심미주의), 본질주의와 주관주의를 절충한 형태가 바로 그것이다. 이렇게 갈라지는 결정적인 지점은 '도'(道)라는 개념이 장자의 사유에서 차지하는 위상과 밀접하게 관련된다. 본질주의를 따르는 입장은 장자의 도를 세계의 본질이라고 이해한다. 물론 이런 입장에는 장자가 노자의 사유를 그대로 계승하고 있다는 이해가 전제되어 있다. 노자에게서 도는 모든 개별자들을 지배하는 유일한 본질이기 때문이다. 반면 주관주의는 장자의 도를 인간 정신의 최고 경지라고 설명한다. 다시 말해 주체가 자신의 마음을 비운 상태가 바로 도의 상태라는 것이다. 여기서 흥미로운 것은 이런 이해 방법이 무의식적으로 장자가 노자와 다를 수도 있다는 점을 고백하고 있다는 점이다. 여기에서 독자들이 간과해서는 안 되는 점이 있다. 그것은 사실 본질주의라도 주관에 대해서 배려를 하고 있고, 주관주의도 객관성에 대한 배려를 하고 있다는 점이다. 다시 말해 본질주의라고 규정되는 경향의 연구자들도 기본적으로 주체의 수양이라는 실천적 노력을 강조하고 있으며, 주관주의라고 규정되는 경향의 연구자들도 인간의 최고 정신 경지가 보여주는 객관성을 강조하고 있다는 것이다.

이런 동양의 연구 경향과는 대조적으로 서양의 연구 경향은 『장자』 도처에서 등장하는 '회의주의적이거나 상대주의적'인 주장들에 대한 관심으로부터 시작되었다. 그 중에서 가장 대표적인 것이 「제물론」편에 등장하는 '나비꿈 이야기'일 것이다. 이 에피소드에는 장자가 다음과 같이 회의하는 구절이 나온다. "장주가 꿈속에서 나비가 된 것인지, 아니면 나비가 꿈속에서 장주가 된 것인지 알지 못한다." 이 점에서 볼 때 우리는 서양의 연구 경향은 주로 인식론적 맥락에서 장자에 접근하려고 한다는 것을 알 수 있다. 이런 연구 경향에 따르면 장자는 어느 것이 진짜이고 어느 것이 허구인지, 그리고 진짜와 허구를 나눌 수 있는 기준이 무엇인지를 고민했던 사상가라고 말할 수 있다. 그래서 그런지 대부분의 서양 연구자들은 장자의 철학을 회의주의(skepticism)나 상대주의(relativism)로 이해하려는 경향을 강하게 보이고 있다.

그레이엄(A. C. Graham)의 설명에 따르면 장자는, '왜 우리가 이성(reason)에 의지해서는 안 되는지'에 대한 철학적 근거를 제시했던, "위대한 반-합리론자(anti-rationalist)"였다. 이와 유사하게 한센

**▶ 장자에 대한 서양의 두 가지 연구경향**

| 연구경향 | 대표적인 연구자와 저서 |
|---|---|
| 회의주의 (상대주의) | Angus Graham, *Chuang-Tzu : The Inner Chapters*(London : Unwin Paperbacks, 1981)<br>Chad Hansen, "A Tao of Tao in Chuang-tzu", Victor Mair, *Experimental Essays on Chuang-tzu*(Honolulu : Center for Asian and Pacific Studies, Univ. of Hawaii, 1983) |
| 치료적 회의주의 | 앨린슨(Robert E. Allinson), 『장자 : 영혼의 변화를 위한 철학』(김경희 옮김, 그린비, 2004)<br>Ivanhoe, "Zhuangzi on Skepticism, Skill, and the Ineffable Tao", *Journal of the American Academy of Religion*(LXI/4, 1993)<br>Paul Kjelberg and Philip J. Ivanhoe(ed.), *Essays on Skepticism, elativism, and Ethics in the Zhuangzi*(SUNY Press, 1996) |

(C. Hansen)도 장자를 "후기 묵가의 언어철학에 대해서 회의주의적이고 상대주의적으로 대응했던" 상대주의자였다고 이해한다. 한센에 따르면 「제물론」 편은 (절대주의적인 입장에 대립되는 의미로) 상대주의적인 입장에 대한 체계적 설명서라고 할 수 있다. 그러나 앨린슨(R. E. Allinson)과 아이반호(P. J. Ivanhoe)는 그레이엄이나 한센과는 약간 다른 입장을 취한다. 그들의 생각에 따르면 장자는 진정한 의미에서의 상대주의자가 아니라 오히려 기존의 절대주의적인 시선이 가지고 있는 맹점을 치료하기 위하여 상대주의를 임시로 취한 인물로 그려진다.

비록 표면적으로는 복잡하고 다양해 보인다고 할지라도, 서양의 연구 경향들은 크게 두 가지로 대별될 수 있다. '회의주의(상대주의)'와 '치료적 회의주의'가 그것이다. 결국 서양의 연구에 있어 쟁점은 장자가 근본적인 회의주의자(상대주의 혹은 관점주의자)인가 아니면 치료적 회의주의자인가의 여부에 달려 있다고 할 수 있겠다. 그런데 한 가지 흥미로운 것은, 지금 서양 연구자들 사이에서는 회의주의자로 장자를 이해하던 견해가 거의 극복되고 장자의 회의주의를 치료적인 목적에 종사하는 수단에 불과한 것으로 보는 견해가 지배적이게 되었다는 점이다.

한 사람의 사상을 놓고 이렇게 상이한 이해 방법들이 가능할 수 있을까? 도대체 우리는 어느 입장에 따라서 『장자』를 읽어야 할까? 이런 혼돈은 장자 본인의 사상이 정합적이지 못한 때문일까? 그러나 사실 여러 연구자들을 혼돈에 빠뜨린 결정적인 요인은 『장자』라는 텍스트 자체에 있다고 말해야 할 것이다. 여기에서 우리가 기억해야 할 것이 하나 있다. 그것은 『장자』라는 텍스트 자체가 장자 본인에 의해 쓰인 것이 아니라는 점이다. 이것은 결국 이 텍스트가 편찬자의 의도나 안목에 의해 강한 영향을 받을 수밖에 없다는 것을 말해 준다. 더구나 더 심각한 문제가 우리를 기다리고 있다. 많은 연구자들이 지적하고 있는 것처럼 이 텍스트에는 장자의 고유한 사유와는 구별되는 다양한 사상 경향들이 뒤섞여 있기 때문이다. 그렇다면 결국 우리에게 남는 유일한 방법은 『장자』를 직접 읽고서 그것을 내용별로 분석하는 것뿐이다. 그리고 만약 통일될 수 없는 사유 경향들이 병존하고 있다면, 우리는 그것들을 철학적으로나 사상사적으로 모두 식별해내야만 한다. 이런 작업을 통해서만이 우리는 마침내 장자 본인의 사상을 되찾을 수 있게 될 것이다.

## 2. 『장자』의 구성

우리가 지금 보고 있는 『장자』는 위진(魏晉)시대를 풍미했던 사상가 곽상이 편집한 것으로, 총 33편 6만 4천 606자로 이루어져 있다. 이 33편은 관례상 '내편', '외편' 그리고 '잡편'으로 묶여 있는데, '내편' 에는 7편, '외편'에는 15편 그리고 '잡편'에는 11편이 실려 있다. 그 러나 『장자』의 구성에 대한 기록을 살펴보면, 우리는 지금 보고 있는 판본이 일종의 축약본이라는 것을 알 수 있다. 서기 1세기 경에 반고 (班固, 32~92)가 지은 『한서』 「예문지」에는 『장자』가 전체 52편으로 되어 있다는 기록이 있다. 또 사마천도 자신의 『사기』 「노장신한열 전」편에서 장자가 10여만 자를 썼다고 이야기하고 있다. 따라서 곽 상이 편집한 것은 사마천과 반고가 본 『장자』 중 약 3분의 1 정도가 유실된 판본이라는 결론이 나오게 된다.

흥미로운 것은 이 52편의 고본은 위진 시대에도 여전히 남아 있 었다는 점이다. 당(唐)나라 사람 육덕명(陸德明)의 『경전석문』(經典釋 文) 「서록」(序錄)을 보면 "『한서』 「예문지」에 기록되어 있는 『장자』 52 편이란 사마표(司馬彪)와 맹씨(孟氏)가 주석을 붙인 것이다"라는 구 절이 나온다. 육덕명이 말한 맹씨가 누구인지는 분명하지 않지만, 『진서』(晉書)를 보면 사마표는 진(晉)의 비서랑(秘書郎)을 지낸 사람 으로 보인다. 그렇다면 위진 시대에도 이 고본 『장자』가 통용되었다 는 것을 알 수 있다. 육덕명은 이 고본에 대해 『장자』는 '내편' 7편, '외편' 28편, '잡편' 14편, '해설' 3편으로 모두 52편이라고 기록했다. 위진 시대에는 이 고본 외에도 고본을 추린 선집본이 있었던 것 같다. 그것이 바로 최선(崔譔)과 향수(向秀)가 주석을 붙인 27편으로 된 판본의 『장자』와 이이(李頤)가 주석을 붙인 30편으로 된 판본의 『장자』이다. 이런 위진 시대의 다양한 『장자』 판본을 기초로 해서 곽상은 지금 우리에게 통용되는 33편의 『장자』를 자신의 주를 달아 새롭게 편집했던 것이다.

여기에서 우리가 주목해야 할 것이 하나 있다. 그것은 『한서』 「예문지」에 기록되어 있는 『장자』의 구성과 곽상이 편집한 『장자』에서는 모두 '내편'이 7편으로 되어 있다는 사실이다. 이것은 단순히 우연의 일치라고는 보기 힘들다. 『경전석문』에 따르면 최선의 판본도 '내편'이 7편으로 되어 있다고 말하기 때문이다. 이것은 이미 위진 시대에도 '내편' 7편은 거의 확정되어 있었다는 사실을 말해 준다. 결국 우리는 곽상이 비록 『장자』를 약 3분의 2 상태로 줄였다고 할지라도, 그는 '내편'의 체제 자체는 거의 건드리지 않았다고 추론해 볼 수 있다. 이런 우리의 추론은 '내편'과 '외·잡편'의 '편명'으로도 강화될 수 있다. '내편' 7편의 제목(「소요유」, 「제물론」, 「양생주」 등등)은 모두 전체 편의 핵심 요지라고 생각되는 세 글자로 이루어져 있는 반면, '외·잡편'의 20편 대부분(「천하」, 「지북유」, 「추수」 등등)은 각 편 시작의 처음 몇 글자를 그대로 추려서 편의 이름으로 삼고 있기 때문이다.

따라서 통용되는 33편의 곽상 판본은 선집임에도 불구하고, '내편' 7편을 거의 건드리지 않고 유지하고 있었다고 볼 수 있다. 따라서 우리는 곽상의 판본에 실린 '내편' 7편이 『장자』를 최초로 편찬한 한대의 고본 『장자』의 '내편'과 크게 차이가 없었을 것이라고 추정할 수 있다. 더구나 곽상 당시에 아직도 이 고본 『장자』와 최소한 세 종류의 선집본 『장자』가 있었기 때문에, 그가 함부로 자신이 선집한 『장자』에 자신의 글을 삽입했을 수도 없었을 것이다. 우리의 이런 추론은 『장자』라는 책의 진위 문제를 최초로 제기한 소식(蘇軾, 1036~1101) 이래로 지금까지 많은 학자들이 주장했던 의견과 일치한다. 대부분의 학자들이 공유하고 있는 의견에 따르면, '내편'에는 전국시대(戰國時代) 중엽에 살았던 장자 본인의 사상이 그래도 온전히 들어 있고, '외·잡편'은 장자에게 직·간접적으로 사상적 영향을 받은 장자 후학들에 의해 이루어진 일종의 논문집의 형식이라고 볼 수 있다.

그렇다면 '외·잡편'에는 어떤 자료들이 수록되어 있는가? 그리고 그 자료들은 '내편'에 기록되어 있다는 장자 본인의 사상과 어떤 관계를 맺고 있는가? 위의 표는 현대 중국의 대표적인 장자 연구자 관평(關鋒)과 서양을 대표하는 그레이엄의 견해를 종합해서 정리한 것이다.

'외·잡편'과는 달리 '내편' 7편의 편명은 세 글자로 되어 있다. 이것은 우리에게 결정적인 정보를 하나 제공해 준다. 이 사실에 근거해서 우리는 52편으로 이루어진 『장자』 고본이 언제 편찬되었는지를 추정해 볼 수 있다. 편명으로 세 글자를 사용했던 관례는 한대(漢代)에 주로 통용되었던 것이기 때문이다. 그 증거로 우리는 그 당시 편찬된 위서(緯書)들의 편명이 대부분 세 글자로 되어 있다는 것을 들

▶ 『장자』 '외·잡편'의 다양한 사유경향

| | 편들의 이름 | 사상적 특징 |
|---|---|---|
| 원시주의<br>자료 | 8. 「변무」, 9. 「마제」<br>10. 「거협」, 11. 「재유」 | 콴펑과 그레이엄은 이 편들이 노자(老子)를 숭배하는<br>한 명의 사상가에 의해 쓰인 것으로 본다. 그러나 이<br>자료는 사실 고대 중국의 아나키즘 전통을 반영하고<br>있는 것으로 보는 것이 더 타당하다. |
| 절충주의<br>자료 | 12. 「천지」, 13. 「천도」<br>14. 「천운」, 15. 「각의」<br>16. 「선성」, 33. 「천하」 | 이 편들은 『장자』를 편찬한 것으로 보이는 절충주의<br>사상가들의 작품들이다. 이 중 「천하」 편은 일종의 고<br>대 중국 철학사의 맥락에서 쓰인 것으로 매우 중요한<br>자료이다. |
| 장자후학<br>자료 | 17. 「추수」, 18. 「지락」<br>19. 「달생」, 20. 「산목」<br>21. 「전자방」, 22. 「지북유」 | 장자철학에서 영향을 받았던 사상가들의 작품들로,<br>'내편'의 문체나 테마를 흉내내려는 경향이 강하다.<br>이 중 「달생」 편은 장자의 철학적 문제의식을 가장 분<br>명히 이해하고 있는 자료이다. |
| 양주후학<br>자료 | 23. 「경상초」, 24. 「서무귀」<br>25. 「즉양」, 26. 「외물」<br>27. 「우언」, 32. 「열어구」 | 아마 곽상이 가장 많이 손을 본 자료들일 것이다. 중요<br>한 것은 이 자료 속에는 '내편'에 속할 수 있는 단편들<br>이 많이 있다는 점이다. |
| 파편화된<br>자료 | 28. 「양왕」, 29. 「도척」<br>30. 「설검」, 31. 「어부」 | 양주(楊朱)의 사상에 강하게 영향을 받고 있는 작품들<br>이다. 양주는 묵자(墨子)와 함께 장자가 살았던 시대<br>의 사상계를 양분하고 있던 대표적 사상가이다. 삶을<br>긍정하면서 그가 표방했던 아나키즘은 장자에게 강한<br>영향을 미쳤다. |

수 있다. 그렇다면 결국 『장자』 고본은 늦어도 BC 2세기경, 한(漢)나
라 초기에 이루어졌다는 것을 알 수 있다.

　사실 진시황(秦始皇)의 후견인이었던 여불위(呂不韋)가 식객들을
모아서 편찬했던 『여씨춘추』(呂氏春秋)를 제외하고, 제자백가와 관련
된 대부분의 텍스트들은 한나라 때 정리되고 구성된 것들이다. 이것

은 제자백가의 텍스트들이 사상적으로 오염되어 있을 수밖에 없다는 것을 말해 준다. 그래서 전문적인 연구자들은 제자백가의 텍스트들을 읽기에 앞서 이 안에 녹아들어 있는 한나라 지식인들의 사유 경향을 우선 비판적으로 식별하려고 한다. 물론 이것은 『장자』의 경우에서도 예외는 아니다.

어쨌든 이제 우리는 『장자』 고본이 편찬되었던 시기를 확인할 수 있게 되었다. 그렇다면 도대체 누가 이것을 편찬하였을까? 콴펑이나 그레이엄을 포함한 대부분의 학자들의 의견에 따르면 이 고본의 편찬자들은, 곽상 판본의 '외·잡편' 중 천(天)으로 시작되는 편들인 「천지」(天地), 「천도」(天道), 「천운」(天運), 「천하」(天下) 편 그리고 「각의」(刻意) 편을 지은 사람들로 추정되고 있다. 그레이엄은 이들을 '절충주의자'(syncretist)라고 부른다. 그들은 제자백가가 전개했던 다양한 사유 흐름들을 절충하려는 경향을 보이고 있기 때문이다. 이들이 고본 『장자』의 편찬자라는 것은 '내편'의 편명에서 어렵지 않게 확인할 수 있다.

우선 「제물론」이라는 편명에서 제물(齊物)이라는 표현은 '내편' 내의 편명일 뿐만 아니라, 「천하」 편에서 법가 사상가로 알려진 신도(愼到, BC 395~BC 315)를 평가할 때도 등장하는 개념이다. 이 밖에 '내편'의 다른 편명들도 '절충주의자'가 고본 『장자』의 편찬자였음을 잘 보여 주고 있다. 예를 들어 「대종사」(大宗師)라는 편명에 나오는 '대종'(大宗) 혹은 '종'(宗)은 앞에서 열거한 '절충주의 자료'로 분류된 편들에서 중심적인 용어로 재등장하는 개념이다. 또 「응제왕」

(應帝王)이라는 편명에 나오는 '제왕'(帝王)이라는 용어도 '내편'에서는 편명을 제외하고는 한 번도 나오지 않고, 오히려 '외·잡편' 특히 '절충주의 자료들' 속에서 집중적으로 출현한다. 따라서 처음 『장자』라는 책을 편집한 사람들은 한대 초기의 절충주의적 경향의 연구자들이었다는 것을 알 수 있다.

## 3. 『장자』 편찬자의 사상 경향

우리에게는 아직 한 가지 과제가 아직 더 남아 있다. 그것은 최초의 『장자』 편찬자들, 즉 '절충주의자들'의 사상 경향과 관련된 문제이다. 흔히 장자 본인의 사상을 가장 잘 알려 준다는, 그래서 거의 무반성적으로 장자철학에 대한 일차적 자료로 사용되는 '내편'도 그들의 손을 거쳐서 다시 편집된 것이다. 그렇다면 '내편'의 구성과 내용 역시 그 당시 편찬자들의 입김에서 자유로울 수 없었을 것이다. 그러므로 우리는 '내편' 7편 속에 들어 있는 다양한 에피소드들 중 어느 것이 장자 본인의 것인지, 또 어느 것이 편찬자가 만든 것인지를 확인해 보아야 할 필요가 있다. 이 점에서 『장자』의 제일 마지막에 실려 있는 「천하」편은 매우 중요한 자료가 된다.

　『장자』 편찬자들은 자신들의 편찬 작업을 마무리하면서 일종의 고대 중국 철학사를 완성하였는데, 이것이 바로 「천하」편이다. 「천하」편을 통해서 우리는 그들이 어떤 사유 경향을 가지고 있었는지 엿볼 수 있는 실마리를 얻을 수 있다.

옛날의 도(道)는 과연 어디에 있었는가? 그것은 존재하지 않는 곳
이 없었다. 그렇다면 신명(神明)함은 어디서부터 생겨난 것인가?
성인이 생겨나고 왕이 이루어진 것은 모두 '하나' [一]에 근거한 것
이었다. ······ 비유하자면 귀, 눈, 코, 입은 모두 제각기 인식하는 것
이 있어서 서로 통할 수 없는 것처럼, 제자백가의 여러 학술들도
지금 서로 통하지 못하고 있다. 물론 각각의 학술들은 자신만의 장
점을 가지고 있어서 때에 따라 쓰일 수가 있었다. 비록 그렇다고
할지라도 제자백가의 사상은 포괄적인 것이 아니니, 그들은 한쪽
으로 치우친 지식인들이었을 뿐이다. 세계의 아름다움을 쪼개고
만물의 이치를 분석하며 옛사람의 완전함을 살피려고 하였지만,
그들 중 세계의 아름다움을 갖추어 신명(神明)한 모습에 부합될 수
있는 사람은 별로 없었다. 그러므로 내성외왕(內聖外王)의 도(道)는
은폐되어 밝혀지지 않았고 막혀서 드러나지 않았던 것이다. 지금
지식인들은 자신이 원하는 것만을 하면서도 스스로 도를 행하고
있다고 생각한다. 슬프구나! 제자백가는 자신의 생각대로만 치달
아서 진정한 도로 돌아올 줄을 모르니 끝내 도와 합치될 수 없을
것이다. 그래서 그들을 배우려는 후세의 학자들도 불행하게도 세
계의 순수함과 옛사람의 위대한 모습을 보지 못하게 되었던 것이
니, 도는 천하의 사람들 때문에 산산이 쪼개지게 되었다.─「천하」

古之所謂道術者, 果惡乎在? 曰, 无乎不在. 曰, 神何由降? 明何由
고 지 소 위 도 술 자　과 오 호 재　왈　무 호 부 재　왈　신 하 유 강　명 하 유

出? 聖有所生, 王有所成, 皆原於一. ······ 譬如耳目鼻口, 皆有所明,
출　성 유 소 생　왕 유 소 성　개 원 어 일　　　　비 여 이 목 비 구　개 유 소 명

不能相通, 猶百家衆技也, 皆有所長, 時有所用. 雖然, 不該不徧, 一
불 능 상 통　유 백 가 중 기 야　개 유 소 장　시 유 소 용　수 연　불 해 불 편　일

曲之士也. 判天地之美, 析萬物之理, 察古人之全, 寡能備於天地之
곡지사야 판천지지미 석만물지리 찰고인지전 과능비어천지지

美, 稱神明之容. 是故內聖外王之道, 闇而不明, 鬱而不發. 天下之
미 칭신명지용 시고내성외왕지도 암이불명 울이불발 천하지

人, 各爲其所欲焉, 以自爲方. 悲夫, 百家往而不反, 必不合矣. 後世
인 각위기소욕언 이자위방 비부 백가왕이불반 필불합의 후세

之學者, 不幸不見天地之純, 古人之大體, 道術將爲天下裂.
지학자 불행불견천지지순 고인지대체 도술장위천하열

　　'절충주의자들'은 하나의 근원적인 메타포를 가지고 제자백가
(諸子百家) 사상사, 즉 고대 중국 철학사를 구성하고 있다. 그것은 바
로 '신체'의 메타포이다. 하나의 전체로서 '신체'에는 귀와 눈과 같
은 다양한 기관들이 존재한다. 여기에서 중요한 것은 기관들의 다양
성과 신체의 전체성 사이에 놓인 분명한 대립이다. 이것은 존재론적
으로는 다자(多者)와 일자(一者) 사이의 대립을 상징하는 것이다. 아
무리 구별되는 기능을 수행한다고 할지라도, 모든 기관들은 근본적
으로 신체에 의존해 있다. 그렇다면 이런 메타포는 결국 다자가 일자
에 의존해 있다는 이미지를 제공해 준다. '절충주의자들'에 따르면
세계에 대한 진정한 이해, 혹은 신명(神明)은 오직 일자나 전체를 볼
수 있는 것이어야만 한다. 나아가 그들은 제자백가의 견해가 전체를
보지 못하고 부분만을 보는 데 그치고 있다고 이야기한다. 물론 그들
은 제자백가가 나름대로의 가치를 가지고 있다는 것을 인정하고는
있다. 그들이 보았던 부분도 어차피 전체에 속한 부분들일 것이기 때
문이다.

　　「천하」편의 후반부에서 절충주의자들은 제자백가의 서로 구별
되는 사상적 특징을 논의하는 데 지면을 할애하고 있다. 실명으로 언

급된 제자백가로는 첫째로 묵가(墨家)에 속하는 묵적(墨翟)과 금골리 (禽滑釐), 둘째로 아나키스트적 입장을 취했던 송견(宋鈃)과 윤문(尹文), 셋째로 법가(法家)로 분류될 수 있는 팽몽(彭蒙)과 전병(田駢)과 신도(愼到), 넷째로 도가(道家)로 분류될 수 있는 관윤(關尹)과 노담 (老聃), 다섯째로 장자(莊子) 그리고 마지막 여섯째로 흔히 명가(名家) 로 분류되는 혜시(惠施)가 있다. 여기서 반드시 기억해 두어야 할 것 이 있다. 노담(老聃), 즉 노자(老子)는 장자와는 전혀 별개의 사상 전 통을 가진 사람으로 기록되어 있다는 사실이다. 다시 말해 고본『장 자』편찬자들에게 있어 노자와 장자의 관계는 묵적과 신도 사이의 관 계 그 이상도 이하도 아니었다는 것을 분명히 알 수 있다.

어쨌든 절충주의자들의 사상에는 전체와 부분의 논리가 가장 중 요한 요소였던 셈이다. 그들은 집요하게 부분이 아닌 전체의 논리를 추구했던 사상가들이었다고 볼 수 있다. 절충주의자들의 이런 사상 경향을 웅변적으로 보여주는 에피소드가 하나 있다. 그것은 '내편'의 제일 마지막 에피소드라는 자리를 차지하고 있는 유명한 '혼돈(混沌) 이야기'이다.

남쪽 바다의 임금을 '숙'(儵)이라 하고, 북쪽 바다의 임금을 '홀' (忽)이라 하였으며, 그 중앙의 임금을 '혼돈'이라고 하였다. 숙과 홀이 때때로 혼돈의 땅에서 만났는데, 혼돈은 그때마다 그들을 극 진히 대접했다. 숙과 홀은 혼돈의 은덕을 갚을 길이 없을까 의논하 면서 말했다. '사람에게는 모두 일곱 구멍[七竅]이 있어서 보고, 듣고, 먹고, 숨쉬는데 오직 혼돈에게만 이런 구멍이 없으니 구멍을 뚫어 줍시다.' 하루에 한 구멍씩 뚫어 주었는데 칠일이 지나자 혼돈은 죽고 말았다. ―「응제왕」

南海之帝爲儵, 北海之帝爲忽, 中央之帝爲渾沌. 儵與忽時相與遇
남해지제위숙   북해지제위홀   중앙지제위혼돈   숙여홀시상여우
於渾沌之地, 渾沌待之甚善. 儵與忽謀報渾沌之德, 曰, 人皆有七
어혼돈지지   혼돈대지심선   숙여홀모보혼돈지덕   왈   인개유칠
竅以視聽食息, 此獨无有, 嘗試鑿之. 日鑿一竅, 七日而渾沌死.
규이시청식식   차독무유   상시착지   일착일규   칠일이혼돈사

이 에피소드에서 남과 북을 관장하고 있다는 '숙' 과 '홀' 은 분별적인 의식작용을 상징한다. 중앙을 관장하고 있는 '혼돈' 은 분별의식으로는 포착될 수 없는 실재의 모습을 상징하고 있다. '남' 과 '북' 은 두 가지 극단의 사례로서 쉽게 인식될 수 있다. 그렇지만 '남' 과 '북' 이라는 구분이 무의미해지는 '중앙' 은 극단적인 분별의식으로는 인식될 수 없는 것이다. 결국 '혼돈 이야기' 는 진정한 실재란 언어와 사유의 분별작용을 넘어서 있다는 취지를 가지고 있었다고 할 수 있다. 이 점에서 우리는 이 에피소드가 『장자』 편찬자들, 즉 절충주의자들이 가졌던 사유 경향을 그대로 반복하고 있음을 어렵지 않게 확인할 수 있다. 분별과 무분별이란 '혼돈 이야기' 의 도식은 사실 부분과 전체 사이의 관계를 강조하는 절충주의자들의 사유를 반복해서 재현한 것에 지나지 않기 때문이다.

여기서 한 가지 더 살펴보아야 할 것이 있다. 그것은 바로 '일곱 구멍', 즉 '칠규' (七竅)라는 표현이다. 전통적으로 외부와 연결되는 감각기관은 아홉 구멍〔九竅〕으로 일컬어진다. 여기서 아홉 구멍이란

두 개의 눈, 두 개의 귀, 두 개의 콧구멍, 한 개의 입, 한 개의 소변기관, 한 개의 항문을 합쳐서 부르는 것으로, 인간이 세계와 관계하는 아홉 가지 감각적인 통로를 의미하는 것이었다. 그런데 '혼돈 이야기'에서는 아홉 구멍이 아니라 일곱 구멍을 이야기하고 있다. 따라서 우리는 이 에피소드의 논점이 '구멍'〔竅〕이 아니라 '일곱'〔七〕이라는 숫자에 있다고 보아야만 한다. 만약 '혼돈 이야기'의 핵심이 감각 기관을 상징하는 구멍에 있다는 전통적 해석이 옳다면, 이 이야기에선 일곱 구멍이 아니라 아홉 구멍을 말했어야 하기 때문이다.

그렇다면 '일곱 구멍', 즉 '칠규'라는 표현은 무엇을 상징하고 있는가? 그것은 「소요유」 편에서부터 「응제왕」 편까지 '내편' 7편 전체를 가리키는 것이라고 보아야만 한다. 『장자』의 최초의 편찬자들은 지금까지 독자가 읽은 '내편' 7편의 내용을 독자들이 글자 그대로 맹신하지 않을까 두려워하고 있었던 것이다. 그들의 이런 경고에 따르면 우리는 '내편' 7편을 읽은 후 장자 본인이 우리에게 남기고 싶었던 진정한 가르침, 즉 혼돈으로 상징되는 핵심 취지를 파악해야만 할 것이다.

물론 여기서의 혼돈은 부분으로 갈라지지 않는 '전체', '일자'를 상징하고 있다고 할 수 있다. 그렇다면 위에서 언급한 우화는 장자 본인이 지은 것이라기보다는 『장자』를 최초로 편찬한 절충주의자들이 구성한 것이라고 추정하는 것이 더 타당할 것이다. 절충주의자들은 '내편'을 마무리하면서 문학적 장난을 치고 있었던 셈이다. 다시 말해 지금까지 읽은 장자의 '내편' 일곱 편은 제각각 전체의 부분이란 역할만 맡고 있기에, 전체를 보기 위해서는 그것마저도 잊어야 한다는 점을 강조하고 싶었던 것이다.

## 4. 장자 사유의 원점

『장자』라는 텍스트 자체는 우리에게 해석학적 모험을 요구하고 있다. 무엇보다도 먼저 우리가 해야 할 일은 통용되는 장자에 대한 선입견이나 편견을 뚫는 일이다. 이 점에서 우리는 곽상을 포함한 역대 주석가들의 주석과 해석뿐만 아니라 『장자』 도처에 실려 있는 장자 자신과는 구별되는 사상적 경향들 또한 뚫고 지나가야만 한다. 그래야 우리는 장자 본인의 사상과 접촉할 수 있을 것이기 때문이다. 2천여 년 전에 살았던 장자에 대해 쌓이고 쌓인 다양한 의미와 해석이라는 두터운 지층을 먼지를 뚫고 나가야만 하는 것이다.

오직 그럴 때에만 우리는 중국 철학사에서 유례가 없을 정도로 진지하고 영민했던 고독한 철학자, 전쟁과 논쟁의 혼란 속에서 타자와 소통의 진실을 탐구했던 철학자, 그러나 결코 비관적이지만은 않았던, 그리하여 인간에 대해 희망 섞인 미소를 보여 준 철학자와 만날 수 있다. 모든 대화는 항상 의미와 해석의 충돌로 이루어질 수밖에 없을 것이다. 장자와 대화하려는 우리의 노력도 많은 저항에 봉착하게 될 것이 분명하다. 이렇게 자신의 노력이 저항에 부딪혀 혹이 날 때에만, 우리는 장자로부터 많은 것을 배웠다고 말할 수 있을 것이다.

지금까지 많은 학자들은 '내편' 만은 장자의 사상을 정확히 반영하고 있다고 맹신해 왔다. 그러나 '내편' 자체를 구성했던 것이 장자 본인이 아니라 그의 사후 2백여 년 뒤 절충주의자들이었다면 이야기는 또 달라질 수밖에 없을 것이다. 절충주의자들이 자신의 글을 '내편'에 삽입했던 대표적인 증거로는 「제물론」 편에 등장하는 다음 구절을 들 수 있을 것이다.

> 손가락으로 '손가락이 손가락이 아님'을 설명하는 것보다 손가락이 아닌 것으로 '손가락이 손가락이 아님'을 설명하는 것이 낫다. 말[馬]로 '말이 말이 아님'을 설명하는 것보다 말이 아닌 것으로 '말이 말이 아님'을 설명하는 것이 낫다. 세계는 한 개의 손가락이고, 만물은 한 마리의 말이다. ―「제물론」
>
> 以指喩指之非指, 不若以非指喩指之非指也. 以馬喩馬之非馬, 不
> 이 지 유 지 지 비 지 　 불 약 이 비 지 유 지 지 비 지 야 　 이 마 유 마 지 비 마 　 불
> 若以非馬喩馬之非馬也. 天地一指也, 萬物一馬也.
> 약 이 비 마 유 마 지 비 마 야 　 천 지 일 지 야 　 만 물 일 마 야

혜시와 함께 명가(名家), 즉 언어논리철학 학파에 속했던 인물로 공손룡이라는 인물이 있다. 그의 사상은 『공손룡자』(公孫龍子)라는 책으로 전해져 오는데, 이 책에는 '지시작용'[指]과 '지시대상'[物] 사이의 관계를 다루고 있는 「지물론」(指物論) 편 그리고 대상을 규정하는 문제를 다루고 있는 「백마론」(白馬論) 편이 들어 있다. 공손룡은 「지물론」 편에서 '손가락이 손가락이 아니'(指非指)라는 명제를, 그리고 「백마론」 편에서는 '말이 말이 아니'(馬非馬)라는 명제를 주장

했었다. 그래서 우리는 방금 읽은 구절이 공손룡의 이런 두 가지 입장을 전면적으로 공격하고 있다는 것을 어렵지 않게 확인할 수 있다. 그런데 문제는 공손룡이 장자보다 더 뒤에 활동했던 사상가라는 점에 있다. 결국 방금 읽은 구절은 장자 본인의 주장일 수는 없다는 말이 된다. 아직 활동하지도 않았던 사상가를 장자가 비판했다는 것이 어떻게 가능할 수 있겠는가?

그렇다면 결국 '내편'도 장자 본인의 사상을 완전히 그대로 반영하고 있지는 않다는 것을 알 수 있다. 이것은 역으로 '외·잡편'에도 장자 본인의 사상이 남아 있을 가능성이 여전히 존재한다는 것을 알려 준다. 물론 '외·잡편'과는 달리 '내편'이 장자 본인의 사상을 더많이 반영하고 있다는 것은 숨길 수 없는 사실이다. 그렇다면 장자의 철학을 반영하고 있는 에피소드들을 좀더 분명하게 식별하는 기준은 무엇일까? 물론 그것은 그의 철학적 문제의식을 얼마나 많이 반영하고 있는지의 여부를 살펴보는 것이다. 이 점에서 우리는 장자와 관련된 에피소드들 중 '조릉 이야기'에 주목해 볼 필요가 있다. 이 에피소드 역시 장자가 타자와의 소통의 문제를 깊이 숙고했었다는 점을 분명히 보여 주기 때문이다.


장주(莊周)가 조릉의 울타리 안에서 노닐고 있을 때, 그는 남쪽에서 온 날개의 폭이 일곱 자이고 눈의 크기가 한 치나 되는 이상한 까치를 보았다. 그 까치는 장주의 이마를 스치고 지나가 밤나무 숲에 앉았다. 장주는 말했다. "이 새는 무슨 새인가? 그렇게 큰 날개를 가지고 있으면서도 날아가지 못하고 그렇게 큰 눈을 가지고 있으면서도 (나를) 보지도 못하는구나."

장주는 자신의 치마를 걷어 올리고 걸음을 재촉하면서 석궁을 들고 그 새를 겨냥했다. 그때 그는 한 마리의 매미를 보았다. 그 매미는 방금 아름다운 그늘을 발견해서 그 자신[其身]을 잊고 있었다. 나뭇잎 뒤에 숨어 있던 사마귀 한 마리가 (자신이 얻을) 이익 때문에 자신이 노출되었다는 것[其形]을 잊고서 그 매미를 낚아챘다. (장자가 잡기 위해 석궁으로 겨냥하고 있던) 그 이상한 까치도 (자신이 얻을) 이익 때문에 자신의 생명[其眞]을 잊고서 사마귀를 잡으려는 중이었다. 장자는 소스라치게 놀라면서 말했다. "아! 사물들은 본질적으로 서로에게 연루되어 있고 하나의 종류가 다른 종류를 부르는구나!" 아니나 다를까 그가 자신의 석궁을 던지고 숲으로부터 달려 나왔을 때, 사냥터지기가 그에게 욕을 하면서 달려왔다. 장주는 집으로 돌아와서 3개월 동안 나오지 않았다.

그러자 (제자인) 인저(藺且)가 물었다. "선생님께서 무엇 때문에 요사이 밖으로 나오지 않으십니까?" 그러자 장주가 대답했다. "지금까지 나는 외부로 드러나는 것[形]만을 지켰지 나 자신[身]을 잊고 있었다. 나는 혼탁한 물로 비춰 보았을 뿐 맑은 연못에 대해서는 알지 못했다. 게다가 나는 선생님으로부터 이미 '다른 풍속에 들어가서는 그곳에서 통용되는 규칙을 따르라'는 말씀을 들은 적이 있다. 얼마 전 내가 조릉에서 놀고 있을 때 나는 내 자신을 잊었다. 이상한 까치가 나의 이마를 스치고 날아갈 때 나는 밤나무 숲을 헤

매면서 나의 생명을 잊었고 밤나무 숲의 사냥터지기는 나를 범죄

자로 여겼다. 이것이 내가 밖으로 나오지 못한 이유다." ─「산목」

莊周遊於雕陵之樊, 覩一異鵲自南方來者, 翼廣七尺, 目大運寸,
장주유어조릉지번  도일이작자남방래자  익광칠척  목대운촌

感周之顙而集於栗林. 莊周曰此何鳥哉? 翼殷不逝, 目大不覩. 蹇
감주지상이집어율림  장주왈 차하조재  익은불서  목대불도  건

裳躩步, 執彈而留之. 覩一蟬, 方得美蔭而忘其身. 螳螂執翳而搏
상각보  집탄이류지  도일선  방득미음이망기신  당랑집예이박

之, 見得而忘其形. 異鵲從而利之, 見利而忘其眞. 莊周怵然曰, 噫!
지  견득이망기형  이작종이리지  견리이망기진  장주출연왈  희

物固相累, 二類相召也! 捐彈而反走, 虞人逐而誶之. 莊周反入, 三
물고상루  이류상소야  연탄이반주  우인축이수지  장주반입  삼

月不庭. 藺且從而問之. 夫子何爲頃閒甚不庭乎? 莊周曰, 吾守形
월불정  인저종이문지  부자하위경한심불정호  장주왈  오수형

而忘身, 觀於濁水而迷於淸淵. 且吾聞諸夫子曰, 入其俗從其俗,
이망신  관어탁수이미어청연  차오문제부자왈  입기속종기속

今吾遊於雕陵而忘吾身, 異鵲惑吾顙, 遊於栗林而忘眞, 栗林虞人
금오유어조릉이망오신  이작혹오상  유어율림이망진  률림우인

以吾爲戮, 吾所以不庭也.
이오위륙  오소이불정야


매미를 노리는 사마귀, 그 사마귀를 노리는 이상한 까치, 그리고

그 까치를 노리는 장자. 장자는 이런 연쇄적 과정에 깜짝 놀라 석궁

을 내던지고 그 자리를 피해 되돌아 나왔다. 아니나 다를까 장자도

그곳을 지키던 사냥터지기의 노림을 받고 있었던 것이다. 장자는 조

릉에서 각 개체들이 타자와 연루되어[累] 있음을 깨닫게 되었다. 그

러나 이런 깨달음의 귀결로 장자는 타자와의 연루됨을 끊어 버리려

고 하지는 않았다. 이것은 끊어 버릴 수 있는 성질의 것이 아니기 때

문이다. 우리의 삶이 타자와 연루될 수밖에 없다면, 우리 역시 타자

와의 관계를 끊을 수 없을 것이다. 그렇다면 우리에게 남겨진 숙제는

어떻게 하면 우리가 타자와 상호 파괴적인 관계에 들어가지 않을 수

있느냐라는 문제일 뿐이다.

이 에피소드에 등장하는 인저는 유일하게 이름이 알려져 있는 장자의 제자이다. 장자는 자신의 제자에게 "자신은 혼탁한 물로 세계를 비추어 보았을 뿐 맑은 연못에 대해서는 알지 못했다"(觀於濁水而迷於淸淵)라고 토로한다. 여기서 혼탁한 물(濁水)이 선입견을 가지고 있는 마음을 상징한다면, 맑은 연못(淸淵)은 이런 선입견이 제거된 깨끗한 마음을 상징한다고 할 수 있다. 맑은 연못은 거울처럼 자신이 만난 사물들을 그대로 비춘다. 만약 우리의 마음도 이렇게 맑은 연못과 같을 수 있다면, 우리의 삶이 타자와 소통할 수 있는 가능성을 충분히 확보하게 될 것이다. 반면 타자에 대한 선입견을 가진다면, 즉 혼탁한 물과 같은 마음을 가진다면, 우리는 자신과 타자 사이의 관계를 파국으로 몰고 갈 수도 있는 위험에 노출될 것이다.

이어지는 구절에서 장자는 자신의 스승에게서 들은 말, 즉 "다른 풍속 속에 들어가면 (자신이 살던 곳의 풍속을 버리고) 그 풍속의 규칙을 따르라"(入其俗, 從其令)는 말을 언급한다. 고요하고 맑은 물이어야 섬세하게 자신에게 비추는 모든 것을 그대로 비출 수 있듯이, 다른 풍속에 들어가서도 맑은 마음을 가지고 있어야 그 풍속의 규칙을 잘 따를 수 있다는 말이다. 이런 장자의 깨우침은 우리가 통상적으로 그의 가르침이라고 생각했던 것과는 거리가 있다. 통속적인 장자 이해에 따르면, 그는 일체의 세속적인 것으로부터 초탈한 자유를 우리에게 권고하고 있다. 그러나 인간의 유한성을 생각해 볼 때, 일체의 것으로부터 거리를 둔 초탈한 자유란 애초에 불가능한 것이다. 또 그것이 가능하다고 할지라도 그것은 단지 관념적으로만 그럴 수 있을 뿐이다. 우리가 기억해야만 하는 것은 장자의 시선에는 다른 풍속과 그 풍속을 지배하는 다른 규칙이 이미 들어와 있다는 점이다. 그는 결코 관념적인 자유에만 머문 것이 아니라, 자신의 삶에서 마주칠 수밖에 없는 타자의 삶, 타자의 규칙에 대해 사유했던 것이다.

'조릉 이야기'를 다시 정리해 보자. 조릉이라는 사냥터에서 장자는 타자와 소통하기 위하여 우리가 맑은 연못과 같은 마음을 가지고 있어야 함을 체험했다. 물론 그는 맑은 연못과 같은 마음, 즉 비어 있는 마음을 가진다고 해서 타자와의 소통이 저절로 이루어지지 않는다는 점을 잘 알고 있었다. 맑은 마음이란 단지 타자와 소통하기 위한 필요조건일 뿐 충분조건은 아니기 때문이다. 이런 장자의 체험은 이미 살펴 본 「제물론」편의 '조삼모사 이야기'에서 철학적으로 체계화되는데, 그것이 바로 '양행'의 논리이다. 타자와 소통하기 위해서 우리는 반드시 다음 '두 가지 사항'〔兩〕을 '실천해야만'〔行〕 한다는 것이다. 첫째는 우리의 마음을 일종의 판단중지의 상태로 만들어야 한다는 것이고, 둘째는 이런 마음 상태로 타자의 소리에 민감하고 역동적으로 대응해야 한다는 것이다. 따라서 맑은 마음을 만드는 것 이상으로 우리는 새로운 관계 속에서 새로운 삶의 양식을 구성할 필요가 있다. 이렇게 비워 둠과 새로운 연결의 두 테마를 모두 반영하고 있을 때, 우리는 그것이야말로 장자 본인의 정신을 가장 잘 드러내고 있는 에피소드라고 강조할 수 있을 것이다.

# 보론 2_노자와 장자가 다른 이유

## 1. 노자와 장자, 불행한 동거의 서막

유가사상은 흔히 공맹(孔孟)사상이라고 불리기도 한다. 그것은 유가사상이 공자(孔子)가 창시하고 맹자(孟子)가 철학적 체계를 부여함으로써 완성되었기 때문이다. 맹자가 당시 이미 '죽은 개' 취급을 받고 있던 공자의 유학사상을 다시 살리려는 소명의식을 가지고 있었다는 것은 유명한 사실이다. 이 점에서 유가사상을 공맹사상이라고 부르는 것은 아무런 문제가 없다고 할 수 있다. 이와 유사하게 도가사상도 노장(老莊)사상이라고 불리고 있다. 물론 이런 관례에는 도가사상을 노자가 창시하고 장자가 부연 설명함으로써 완성하였다는 이해가 전제되어 있다. 그렇다면 이런 이해는 과연 옳은 것일까? 이것은 노자의 사상을 담고 있다는 『노자』와 장자의 사상을 담고 있다는 『장자』 '내편'을 직접 읽어 본 사람이라면 누구든지 갖게 되는 의문이다. 아무리 우호적으로 읽는다고 해도 우리는 노자와 장자가 사상적으로 별다른 관계가 없을 뿐만 아니라, 오히려 어느 면에서는 대립하는 경향을 보이고 있다는 점을 확인할 수 있기 때문이다.

이 점에서 우리는 노자와 장자가 최초로 함께 묶인 시기에 대해 다시 한번 숙고해 볼 필요가 있다. 그들이 처음 도가라는 이름으로 함께 묶인 것은 『사기』와 『회남자』(淮南子)가 구성된 시기이다. 이 작품들은 지방분권적 세력(혹은 공신·기득권세력)과 중앙집권적 세력이 생사를 걸고 싸우던 시대, 즉 한나라 초기에 쓰인 저술들이다. 당시 지방분권 세력들은 자신들의 정치적 입장을 노자의 사상으로 정당화했고, 반면 중앙집권 세력은 자신들의 정치적 입장을 공자의 유학사상으로 정당화했다. 이같은 당시의 정치적이고 사상적인 긴박한 대립 상황을 사마천은 다음과 같이 극적으로 기록하고 있다.

> 지금 노자를 배운 학자들은 유학을 배척하고, 유학자들은 또 노자를 배척하고 있다. "도(道)가 같지 않으면 서로 논의하지 않는다"는 말이 있다. 어찌 이런 상황을 두고 했던 말이 아니겠는가?
> ─ 사마천, 『사기』「노장신한열전」

시대적·정치적 압력으로 인해 사마천은 노자를 중심으로 하는 사상적 경향과 공자를 중심으로 하는 사상적 경향으로 이분화하여 다양한 선진(先秦)사상사를 기술할 수밖에 없었던 것이다. 가령 방금 읽은 구절의 편명에도 한번 주목해 보라.「노장신한열전」(老莊申韓列傳)! 사마천은 이 편 안에서 노자(老子), 장자(莊子), 신불해(申不害),

한비자(韓非子) 네 사람을 함께 다루고 있다. 신불해는 차치하고 문제가 되는 것은 바로 한비자라는 사상가이다. 흔히 법가사상의 집대성자로 알려진 한비자는 무슨 이유로 노자 그리고 장자사상을 다룬 장에서 함께 기록되었던 것일까?

그것은 우선 한비자가 『노자』에 대한 최초의 주석자였기 때문이다. 『한비자』를 보면 우리는 그가 지은 「해노」(解老) 편과 「유노」(喩老) 편을 살펴볼 수 있는데, 이 두 편은 글자 그대로 '노자를 해석하고[解] 설명하는[喩]' 일종의 『노자』 주석서로 기획된 것이다. 사마천이 장자를 노자 계열 사상가로 분류한 것도 마찬가지의 이유에서이다. 『장자』의 '외·잡편'을 살펴보면, 우리는 노자를 위대한 사상가로 숭배하고 나아가 『노자』를 직접 인용하고 있는 내용들이 많이 기재되어 있다는 사실을 확인할 수 있다. 사마천도 바로 이 같은 점을 근거로 장자를 노자와 같은 계열이라고 평가했던 것이다.

그렇다면 사마천 이전의 제자백가 시대에는 노자와 장자가 어떻게 이해되었을까? 『순자』「해폐」(解蔽) 편과 「천론」(天論) 편이나 『여씨춘추』의 「불이」(不二) 편을 살펴보더라도, 노자와 장자가 같은 계열의 사상가로 병칭되는 경우는 거의 찾아볼 수 없다. 더구나 『장자』의 「천하」 편마저도 노자와 장자가 별개의 사유 전통을 계승한 사상가라는 점을 분명하게 밝히고 있다. 이것은 『사기』 이전, 즉 제자백가의 시대에는 노자와 장자가 동일한 학파에 소속된다고 보는 생각 자체가 아예 없었다는 것을 말해 주는 것이다.

이뿐만이 아니다. 장자 본인의 사상을 가장 잘 담고 있다고 평가

되는 '내편'의「양생주」편에서는 노자, 즉 노담을 아예 폄하하고 조롱하는 내용이 등장하기까지 한다. 따라서 『장자』 내에서도 노자의 권위는 주로 '외·잡편', 특히「지북유」편에서만 주로 확인될 수 있을 뿐이다.「지북유」편은 노자를 절대적 권위자로 숭배할 뿐만 아니라, 직접적으로 『노자』의 원문을 인용하고 있기 때문이다. 결국 우리는 장자가 사상적으로 『노자』의 영향을 받았다는 증거를 장자 본인의 글로 알려진 '내편'에서는 거의 확인할 수가 없다.

그렇다면 노자와 장자는 철학적으로 어떻게 구별되는가? 두 사람은 철학적으로 어떤 관계를 가지고 있는가? 두 사람 사이의 철학적 관계를 알기 위해서 우리는 직접 『노자』와 『장자』의 중요 쟁점들을 살펴보아야 할 것이다. 그러다 보면 우리는 우선 두 텍스트가 상이한 문체로 구성되어 있다는 사실을 가장 먼저 확인할 수 있다.『노자』는 81장으로 구성된 철학시(philosophical poem)라고 할 수 있지만, 『장자』라는 텍스트는 단편적인 에피소드들로 구성된 이야기책이다. 두 책의 이런 문체상의 차이점은 매우 중요한 것이다. 두 텍스트의 문체적 특징을 통해서 우리는 두 권의 책이 누구를 위하여 쓰인 것인지 추론해 볼 수 있기 때문이다. 시라는 운문의 성격도 그렇고 난해한 형이상학을 피력하고 있다는 점에서도 그렇고, 『노자』의 독자는 기본적으로 지식인층, 즉 통치자나 통치계층에 국한될 수밖에 없었던 것이다. 반면 『장자』는 흥미로운 이야기 형식, 한 번 들으면 잊기 힘든 강렬한 소설의 형식으로 이루어져 있다. 더구나 이야기의 주인공들도 백정, 불구자, 나무꾼, 목수, 뱃사공, 농부 등 일반 민중들이 대다수이다. 장자는 오히려 못나고 가진 것 없고 지위가 낮은 사람들, 사회에서 흔히 비난받을 만한 사람들을 중요한 등장인물로 삼았던 셈이다.

## 2. 정치적 이념에서의 차이, 국가주의 vs. 아나키즘

통치계층을 대상으로 하는 책과 민중을 대상으로 하는 텍스트! 이것은 많은 것을 생각하도록 만드는 대비점이다. 특히 중요한 것은 제자백가 중 오직 유일하게 장자만이 자신이 만든 이야기의 주인공으로 민중들을 캐스팅했다는 점이다. 그런데 오히려 그 주인공들은 고귀한 혈통의 귀족들, 많이 배운 지식인들 그리고 권세 높은 위정자들보다도 더 현명한 삶의 달인들로 등장하고 있다. 이것은 장자가 고유한 삶의 지평에서 인간을 이해하려고 하였지, 결코 빈부귀천이라는 사회적 위계관계로써 인간을 이해하지 않았다는 것을 말해 준다. 반면 노자의 사상은 전혀 그렇지 않았다. 그의 사상이 지닌 가치를 최초로 알아보았던 사람이 법가사상의 집대성자였던 한비자였던 사실이 이점을 웅변적으로 말해 주지 않는가?

한비자의 시선을 존중한다면, 노자는 국가주의 철학자일 수밖에 없었다. 민중-지향적이었던 장자, 그리고 국가-지향적이었던 노자! 그렇다면 우리의 이러한 판단은 진정 타당한 것일까? 먼저 노자의 이데올로기적 위상이 무엇이었는지를 다음 구절을 통해서 생각해 보도록 하자.

도(道)에는 영원히 이름이 없고 소박해서 비록 작아 보인다고 할지라도 이 세상의 그 누구도 감히 신하로 삼을 수 없는 것이다. 통치자들[侯王]이 만약 이것을 지킬 수만 있다면 만물은 스스로 와서 복종할 것이고, 하늘과 땅은 서로 부합되어 단비를 내릴 것이다. 이렇게 되면 민중들[民]은 명령을 내리지 않아도 스스로 가지런해질 것이다. ─『노자』(백서본)

방금 읽은 첫 구절을 통해서는 '도(道)'가 무엇인지를 명확하게 이해하는 것이 쉽지 않다. "영원히 이름이 없다"는 말도 그렇고 "이 세상 누구도 지배할 수 없는 것"이라는 말도 또한 그렇다. 그러나 이어지는 다음 구절을 살펴보면, 우리는 노자가 수사학적으로 신비화한 도가 그렇게 신비한 것이 아님을 직감할 수 있게 된다. 그것이 무엇이었든지 간에, 도가 주는 효과는 분명하게 인식되기 때문이다. 노자가 말하고자 했던 도의 효과, 그것은 통치자가 도를 지킬 수 있을 때에만 민중들이 자발적으로 군주에게 복종하리라는 점이다. 그렇다면 여기서 우리는 노자의 도를 다음과 같이 정의할 수 있겠다. 도란 '민중들로 하여금 자발적으로 복종하도록 만드는 일관된 통치의 방법 혹은 원리'를 의미한다고. 또 하나 간과해서 안 되는 것은 노자가 통치자[侯王]와 민중[民]이라는 위계질서를 자명한 것으로 수용하고 있다는 점이다. 이런 그의 이데올로기적 입장은 장자의 그것과는 확연한 차이를 보이고 있다.

그러나 우리가 살펴보았듯 장자는 이미 「제물론」 편에서 왕과 목

동으로 상징되는 정치적 위계질서를 일종의 꿈에 불과한 것으로 단
호하게 비판했다. 여기에서 목동(牧)은 당시에는 가장 천한 계층, 즉
귀족들의 정원에서 기르는 소나 양들을 기르는 노예들을 가리킨다.
장자의 입장에 따르면 노자와 같은 지식인들 혹은 위정자들은 어리
석은 자들에 불과하다고 할 수 있다. 노자는 통치자와 민중 사이의
위계를 당연하게 여겼고, 통치자가 자신이 제안한 통치의 도를 지키
기만 하면 민중들이 자발적으로 복종하게 될 것이라고 장담했기 때
문이다. 그러나 장자는 이런 노자의 태도를 스스로는 깨어 있다고 생
각하지만 사실 거대한 꿈속에 사로잡혀 있는 것이라고 일침을 놓고
있다. 만약 장자가 역설하듯 우리가 큰 꿈에서 깨어난다면, 그때 우
리는 어떤 광경을 보게 될 것인가? 그 광경은 결국 정치적 위계가 없
는 사회, 클라스트르(P. Clastres, 1934~1977)의 이야기를 빌리자면
'국가에 대항하는 사회'(La Société contre l'etat)가 될 수밖에 없을
것이다.


### 3. 사유 이미지에서의 차이, 나무 vs. 리좀

『천 개의 고원』(Mille Plateaux)에서 들뢰즈는 사유의 이미지에는 두
가지 종류가 있다고 이야기한 적이 있다. 하나는 나무(tree)의 이미지
이고 다른 하나는 리좀(rhizome), 즉 뿌리줄기라는 이미지이다. 나무
는 땅에 굳건히 뿌리를 박고 서서 무성한 가지와 잎들을 지탱하는 식
물이다. 여기서 나무의 뿌리는 눈에 보이는 모든 가지와 잎들에 앞서

존재하는 절대적 근거로서의 역할을 수행한다. 반면 '뿌리줄기'라고
번역될 수 있는 리좀은 나무와는 전혀 다른 활동을 하는 식물이다.
이것은 땅속에서 부단히 증식하여 다른 뿌리줄기와 연결되기도 하고
분리되기도 하면서 온갖 방향으로 뻗어 나간다. 결국 나무의 이미지
가 중심과 토대에 기초해서 작동하는 수직적인 위계적 철학을 상징
한다면, 후자의 리좀 이미지는 타자와의 조우를 통해서 지속적으로
자신을 변형시키는 수평적인 철학을 상징한다고 할 수 있다.

들뢰즈가 제안한 두 가지 사유 이미지에 따르면 노자와 장자는
각각 어느 이미지에 속할 수 있을까? 노자는 이렇게 말한 적이 있다.
"도는 하나를 낳고, 하나는 둘을 낳고, 둘은 셋을 낳고, 셋은 만물을
낳는다"(『노자』 백서본)라고. 노자가 말한 '하나', '둘' 그리고 '셋'의
의미에 관해서 무수하게 많은 주석가들이 너무도 다양한 해석을 제
안했었다. 그러나 사실 이 세 개념의 의미는 그다지 중요한 것이 아
니다. 중요한 것은 결과적으로 '도'가 '만물'을 낳았다고 보는 노자
의 생각이다. 이 때문에 노자에게 있어서 '도'는 뿌리가 되고, '만물'
은 다양한 가지들 혹은 잎들이라고 할 수 있다. 그렇다면 노자의 사
상을 관통하는 사유의 이미지는 결국 나무 이미지였다고 말할 수 있
을 것이다.

이 때문에 왕필(王弼, 226~249)이란 천재 역시 노자사상에 대해
설명을 달면서, 나무 이미지를 볼 수밖에 없었던 것이다. 그는 한비
자 이후 『노자』에 대한 가장 주목할 만한 주석을 붙였던 사상가였다.
그는 본말(本末)이란 이미지로 노자를 철저하게 해석하려고 하였는

데, 여기서 본(本)이란 글자 그대로 '뿌리'를 그리고 말(末)이란 '가지'를 의미한다. 그에게 있어 뿌리는 보이지 않는다는 점에서 형이상(形而上)의 영역을, 다양한 가지들을 통일하고 있다는 점에서 일자(一者)를, 더 나아가 수많은 민중들을 통치하는 통치자의 자리를 상징하는 것이었다.

그러나 장자의 경우는 어떤가? 그는 말하기를 "도는 걸어가는 데서 이루어진다"(「제물론」)라고 강조했다. 노자에게서 도는 모든 개체들 앞에 미리 존재하는 바탕이었다. 그것은 절대적인 근거, 모든 것을 지탱하는 중심이라고 할 수 있는 것이다. 반면 장자에게서 도는 모든 개체들 앞에 먼저 올 수 없는 것이다. 오히려 그것은 가장 뒤에 때늦게 찾아온다. 더구나 개체들이 소통을 거부하면, 소통의 결과로서의 도는 흔적조차 남길 수 없는 법이다. 그렇다면 결국 장자에게 있어 애초에 도와 같은 것은 존재하지도 않았다고 볼 수 있다. 그것은 단지 우리가 타자와 만나서 그와 소통함으로써 사후적으로 발생한 것에 지나지 않기 때문이다. 이처럼 장자의 사유는 들뢰즈가 말한 리좀 이미지와 거의 전적으로 부합되는 것이다. 그런데 특히 중요한 것은 리좀 이미지가 지닌 정치적 함축이라고 할 수 있을 것이다. 리좀 이미지의 사유는 개체 사이의 연대와 연결을 강조하고, 따라서 개체 관계를 미리 규정하려는 선험적인 정치 원리를 거부하는 방향으로 진행될 수밖에 없기 때문이다. 이 점에서 우리는 리좀 이미지의 사유가 장자가 지향했던 아나키즘, 즉 '국가 없는 사회'의 가능성과 공명할 수밖에 없다는 점을 확인할 수 있다.

## 4. 운동 형식에서의 차이, 초월 vs. 포월

나무 이미지는 존재론적으로는 일자와 다자 사이의 존재론적 차이를, 그리고 정치적으로는 군주와 민중 사이의 정치적 위계질서를 상징하는 것이다. 나무에는 무수히 많은 가지들이 있다. 그러나 이 가지들은 서로 직접적으로 소통할 수 없다. 하나의 나뭇 가지에서 다른 나뭇 가지로 이동하기 위해서, 우리는 두 나뭇 가지가 갈라지는 지점까지 깊이 내려가는 수고를 아끼지 않아야 한다. 나아가 하나의 나뭇 가지에서 모든 다른 나뭇 가지로 이동하기 위해서, 우리는 반드시 뿌리에 이르러야만 하기 때문이다. 이처럼 나무 이미지에 따르면 모든 개체들은 서로 직접적으로 연결되거나 연대할 수 있는 가능성을 원천적으로 박탈당하게 된다.

이런 관점의 정치철학적 함축은 다음과 같다. 개체들 가운데 누군가 군주가 되려는 자는 다른 개체들과 직접 관계를 맺을 이유가 전혀 없다. 다른 개체들에 한눈을 팔기보다 자신에게 영양분과 아울러 지지력을 제공하는 하나의 뿌리로 내려가면 되기 때문이다. 여기서 우리는 세계를 구성하는 다른 개체들과의 수평적 관계를 부정하고 자기 내면의 깊숙한 곳으로 내려가려는 어떤 초월의 움직임을 직감하게 된다. 이 점에서 노자가 다음과 같이 이야기하는 것은 오히려 당연한 일이었다고 할 수 있겠다.

도를 하는 자는 날마다 덜어낸다. 덜고 덜어내어 마침내 무위(無

爲)에 이르게 된다. 무위하면 하지 못할 것이 없다. 장차 천하를 취하려고 한다면 항상 무사(無事)로서 해야 한다. —『노자』(백서본)


세계의 초월적 근거이자 절대적 일자로 가기 위해서, 우리는 자신이 가진 개체의 속성들을 지워내야만 한다. 이것은 마치 화려한 외관을 가지고 있는 가지들로부터 어두운 곳에서 질박하게 박혀 있는 뿌리로 이동하려는 것과 마찬가지의 사태이다. 그래서 "덜고 덜어냄"이란 '초월'(transcendence)의 움직임이자 '내성'(introspection)의 움직임이라고도 할 수 있는 것이다. 보이는 가지들로부터 보이지 않은 뿌리로 이동한다는 점에서, 그것은 초월적인 운동이 된다. 가지의 가지됨을 덜어내면서 가지의 내면에 함축되어 있는 뿌리를 직관한다는 점에서, 그것은 내성적인 운동이 된다. 만약 이런 전망 하에서라면 우리는 타자를 눈여겨 볼 필요가 전혀 없다. 타자란 자신과 마찬가지로 일종의 극복되어야 할 가지들에 지나지 않기 때문이다. 그래서 우리는 노자의 사유가 운동하는 방식인 '초월'과 '내성'에서 일종의 유아론(solipsism)을 직감할 수밖에 없다. 하긴 모든 형이상학과 종교적 사유는 기본적으로 유아론적인 것이 아니겠는가? 이와 달리 장자의 사유는 유아론으로부터 가장 멀리 떨어져 있는 사유이다. 그는 타자 그리고 소통의 문제를 자기 철학의 핵심으로 사유하고 있기 때문이다.


마음으로 하여금 타자를 자신의 수레로 삼아 그것과 노닐 수 있도록 하고, 멈추려 해도 멈출 수 없는 것[不得已]에 의존해서 중심[中]을 기르는 것이 우리가 할 수 있는 최선의 일이다. ─「인간세」

且夫乘物以遊心, 託不得已以養中, 至矣.
차 부 승 물 이 유 심  탁 부 득 이 이 양 중  지 의

들뢰즈의 나무 이미지를 그대로 빌려 온다면, 장자의 사유는 가지와 가지 사이의 소통을 전적으로 긍정하고 있다고 볼 수 있다. 그러나 타자를 수레처럼 타는 것이 어떻게 쉬운 일이겠는가? 물론 쉽지는 않겠지만, 장자는 그런 관계가 가능하다고 이야기한다. 장자가 자신의 사유 속에서 모든 가지들의 근거인 하나의 뿌리를 폐기했던 것도 바로 이런 이유에서이다. 장자의 사유가 리좀 이미지를 닮아 있는 것도 역시 마찬가지의 이유 때문이다.

위의 이야기에서 장자는 우리에게 "멈추려고 해도 멈출 수 없는"[不得已] 어떤 타자성과 조우해서, 어떤 새로운 중심[中]을 갖추라고 이야기하고 있다. 여기에서 장자가 말하는 중심이란 "도는 걸어가는 데서 이루어지는 것"[道行之而成]이라고 이야기했을 때의 '도'에 다름 아닌 것이다. 이런 점에서 장자의 사유 방식은 김진석의 표현을 빌리자면 '포월'(匍越)의 형태를 띠고 있다고 이야기할 수 있다. "포월에서는 넘어감[越]이 수평적 이동과 멀어짐의 과정을 지칭한다. 수직적인 올라감이 아니라 수평적인 건너감, 수평적인 가로질러 감이 그 운동의 중요한 방향이자 방식"(김진석, 『초월에서 포월로』)이기 때문이다.

## 5. 주석 전통에서의 차이, 왕필 vs. 곽상

여기서 마지막으로 한 가지 더 검토해 보아야 할 것이 있다. 그것은 『노자』의 가장 체계적인 주석가로 유명한 왕필과 『장자』의 가장 체계적인 주석가로 알려진 곽상의 입장을 비교해 보는 일이다. 이 두 명의 주석가는 각각 『노자』와 『장자』를 해석하는 데 있어 그 철학적 권위를 인정받고 있는 대표적 인물들이다. 만약 두 사람의 주석가가 『노자』와 『장자』로부터 읽어낸 관점이 서로 유사하다면, 지금까지 논의된 우리의 입장은 타당성을 잃을 우려가 있다. 반대로 두 사람의 주석가가 두 가지 텍스트로부터 서로 다른 전망을 읽어낸다면, 우리의 입장은 그만큼 설득력을 얻을 수 있게 될 것이다. 우선 왕필이 『노자』를 어떻게 이해하고 있는지를 분명하게 보여 주는 다음 구절을 살펴보도록 하자.

> 천하의 모든 개별자들은 모두 '있음'〔有〕을 삶이라고 생각한다. 그렇지만 있음이 시작되기 위해서는 '없음'〔無〕을 뿌리로 생각해야만 하니, 장차 있음을 온전하게 유지하고 싶다면 반드시 없음으로 돌아가야만 한다. ─왕필, 『노자주』(老子注)

노자는 도가 만물을 낳았다고 생각했다. 다시 말해 현실적인 개체들 이전에 그들을 낳았던 도가 존재론적으로 먼저 있었다는 것이다. 물론 그렇다고 해서 만물이 생긴 다음에 도가 사라지는 것은 아니다. 오히려 도는 현실적 개체들이 살아가도록 계속 영향을 끼치고 있다고 간주되는 것이다. 왕필은 노자의 이런 입장을 뿌리와 가지라는 도식, 즉 본말(本末)의 이미지로 간결하게 정리하였다. 뿌리가 없으면 가지들이 살아갈 수 없는 것처럼, 도에 의지하지 않고는 현실적 개체들은 자신의 삶을 유지할 수 없다는 말이다. 왕필은 눈에 보이지 않는다는 점에서 뿌리를 '없음'[無]이라고, 그리고 볼 수 있다는 점에서 가지들을 '있음'[有]이라고 부르고 있다. 그렇다면 그에게 있어 도는 뿌리이자 없음으로서, 그리고 만물은 가지이자 있음으로서 표현될 수밖에 없었을 것이다.

그렇다면 이제 『장자』 고본을 33편으로 정리한 것으로 유명한 곽상이 『장자』로부터 배웠던 것이 무엇이었는지를 살펴보도록 하자.

'없음'[無]은 이미 없는 것이니 '있음'[有]을 생기게 할 수 없다. 아직 생기지 않은 있음이 또 노력해서 생길 수는 없다. 그렇다면 생긴 것을 생기게 한 것은 누구인가? 홀로 스스로 생긴 것일 뿐이다. 스스로 생긴 것일 뿐이니 내가 생기게 한 것이 아니다. 나는 이미 다른 사물을 생기게 할 수 없고, 다른 사물도 나를 생기게 할 수는 없다. 그렇다면 나는 스스로 그러한 것이다. ─곽상, 『장자주』(莊子注) 「제물론」

여기서 우리는 곽상이 왕필에 대해 철저하게 대립적인 입장을 취하고 있음을 확인할 수 있다. 그는 왕필이 그렇게도 강조했던 '없음'을 철저히 부정하고 있기 때문이다. 그는 형이상학적 실체를 거부하고, 다양한 만물들의 입장에 서려 한다. 물론 모든 것을 낳는 실체로 이해된 없음을 부정하였기 때문에, 그에게 있어 만물은 무엇으로부터가 아니라 어느 순간 저절로 발생하고 살아가는 것일 뿐이다. 왕필에게서는 덧없는 존재에 불과했던 만물들이 이제 곽상에 의해 긍정적인 가치를 부여받게 된 것이다. 그렇다면 결국 왕필과 곽상에게 있어 『노자』와 『장자』는 전혀 다른 함의를 가진 것으로 독해되었다고 말할 수 있다. 물론 『노자』에 대한 체계적인 해석을 통해 왕필은 『장자』도 해석하려 했고, 반대로 『장자』 해석을 통해 곽상은 『노자』마저도 그런 경향으로 해석하려 했던 것이 사실이다. 그러나 중요한 것은 두 사람이 다른 세계관을 가지고 있다는 점, 그리고 그것이 『노자』나 『장자』 중 어느 한 가지 텍스트를 강조하면서 이뤄졌다는 점이다.

지금까지 여러 논의를 통해 우리는 노자와 장자가 상당히 이질적인 사유를 전개하고 있었다는 점을 확인하게 되었다. 아니 좀더 정확히 말해서 노자와 장자는 서로 대립적이기까지 하다. 물론 노자와 장자를 노장으로 묶어서 동일한 사유 경향으로 이해하려는 관례가 전적으로 사마천으로부터만 유래한 것이라고 볼 수는 없다. 여기에 일조했던 가장 강력한 원인으로 우리는 불교 사유의 영향을 꼽을 수 있다. 노자와 장자를 제대로 이해하는 데 장애가 되었던 불교의 영향은 크게 두 가지로 나누어 살펴볼 수 있다. 첫째는 4세기 경 격의불교(格義佛教)의 영향이고, 둘째는 명나라 말기와 청나라 초기의 삼교일치론(三教一致論)의 영향이었다.

격의불교란 산스크리트어로 되어 있는 불교 개념들을 『노자』와 『장자』에 등장하는 개념들로 번역했던 시기의 중국 불교 전통을 말한 다. 대표적인 예로 우리는 집착이 소멸된 마음 상태를 가리키던 '니 르바나'(nirvāṇa)라는 용어가 『노자』에 나오는 '무위'(無爲) 개념으로 번역되었던 사실을 생각해 볼 수 있다. 정치철학적 함축을 가진 용어 들이 심리적 상태를 기술하기 위한 불교 용어로 사용되면서, 기본적 으로 노자철학의 핵심 취지마저 희석되는 비운을 겪게 되었다. 이런 악영향이 단순히 용어상의 문제가 아니라 내용상의 문제로까지 비화 된 것은 감산(憨山, 1546~1623) 스님을 대표로 한 삼교일치론의 영 향 때문이다. 명나라 말기와 청나라 초기에 유행했던 삼교일치론은 유학사상, 불교철학 그리고 도가철학이 근본적으로 동일한 가르침을 피력하고 있다고 주장했었다. 이런 입장이 옳다면 이미 공자와 노자 도 동일한 진리를 공유하고 있는데, 노자와 장자는 말해서 무엇 하겠 는가?

# 찾아보기